Gerhard   Rohlfs

Beiträge zur Entdeckung und Erforschung Afrika's

Berichte aus den Jahren 1870-1875

Gerhard   Rohlfs

Beiträge zur Entdeckung und Erforschung Afrika's
Berichte aus den Jahren 1870-1875

ISBN/EAN: 9783337198626

Hergestellt in Europa, USA, Kanada, Australien, Japan

Cover: Foto ©ninafisch / pixelio.de

Weitere Bücher finden Sie auf **www.hansebooks.com**

Beiträge

zur Entdeckung und Erforschung

Africa's.

Berichte aus den Jahren 1870-1875

von

Gerhard Rohlfs.

Leipzig,

Verlag der Dürr'schen Buchhandlung

1876

Mit dem Stahlstich-Portrait des Verfassers

Contributions

à la découverte cf á l'exploration

de l'Afrique

Récite des anneés 1870-1875

Herr Gerhard Rohlfs

Leipzig

Dürr

1876

Beiträge

zur Entdeckung und Erforschung

Afrika's.

Berichte aus den Jahren 1870-1875

von

Gerhard Rohlfs.

Leipzig,

Verlag der Dürr'schen Buchhandlung

1876

INHALT

1. Der Kanal von Suez.

Es hat kaum ein großartigeres Unternehmen mehr das Interesse der gebildeten Welt in Anspruch genommen, als der Durchstich des Isthmus von Suez, eine Unternehmung, wie sie eben nur der vor nichts zurückschreckende Geist des 19. Jahrhunderts erdenken konnte. Und keine Arbeit ist mehr besprochen und beschrieben worden, als gerade dieser Kanal, Stimmen haben sich dafür und dagegen erhoben; Enthusiasten wollten den Kanal in ein paar Jahren vollenden, unterschätzten die Schwierigkeiten, setzten die Kosten zu gering an; ihre Gegner sprachen von unüberwindlichen Hindernissen, vom Niveauunterschiede der beiden zu verbindenden Meere, von nicht zu besiegenden Sandstürmen der Wüste, vom Mangel an Geld und endlich, falls der Kanal zu Stande käme, von den zu großen Kosten, welche die Rheder für ihre durchgehenden Fahrzeuge zu entrichten haben würden.

Im Jahre 1854, als Hr. von Lesseps vom Vicekönig die Autorisation bekam zur Anlegung eines maritimen Kanals durch die Landenge, constituirte sich infolge dessen eine internationale Commission, bestehend aus Ingenieuren von England, Oesterreich, Spanien, Frankreich, den Niederlanden und Preußen, um einen Plan auszuarbeiten, und nachdem diese Commission festgestellt hatte, daß kein Niveauunterschied zwischen den beiden getrennten Meeren vorhanden sei, hatte sie die Bildung des Kanals von Suez und eine Subscription zur Folge. Die auszuführenden Arbeiten waren auf 200 Mill. Frs. veranschlagt worden, welche Summe aufgebracht wurde. Im Jahre 1859 begannen die ersten Arbeiten unter der unmittelbaren Direction der Compagnie selbst.

Diese bestanden hauptsächlich in Menschenwerk; das ägyptische Gouvernement hatte contractlich 20,000 Fellahin oder Leibeigene zu liefern, welche eine monatliche Dienstzeit hatten, wobei sie auf Kosten der Compagnie ernährt und abgelohnt wurden. Jeden Monat löste ein Haufen anderer Zwangsarbeiter den alten ab.

Als nun Ende 1865 die Unzulänglichkeit dieser Arbeiten sich herausstellte, schloß die Compagnie mit dem Hause Borrel und Lavaley einen Contract, demzufolge das genannte Haus es übernahm, sämmtliche Erdarbeiten, die Ausgrabung und Ausbaggerung des Kanals durch Maschinen bewerkstelligen zu wollen. Zugleich wurde der Firma Dussaud Frères die Vollendung der großen Molen von Port-Said überwiesen und die Arbeiten, welche dieses Haus durch seine colossalen künstlichen Steinblockbauten in Algier, Cherbourg u.s.w. ausgeführt und dem man neuerdings noch die Construction des Hafens von Smyrna übergeben hatte, waren hinlänglich Bürge, daß ihnen die Molen von Port-Said würden ebenbürtig zur Seite gestellt werden können.

Es handelte sich nun aber darum, das ägyptische Gouvernement, welches sich verpflichtet hatte, während des Kanalbaues so und so viele Arbeiter zu liefern, dahin zu bringen, daß es für die jetzt unnöthig gewordenen Menschenkräfte einen äquivalenten Theil an Geld gewährte und die ägyptische Regierung, immer bei der Hand, das Unternehmen auf's Großmütigste zu fördern, ging auf's Bereitwilligste daraus ein. Indeß stellte es sich heraus, daß die Ablösungssumme, welche die Compagnie verlangte, 54 Mill. Frs. dem Vicekönig zu hoch gegriffen schien und man kam nun überein, sich einem Schiedsrichter zu unterwerfen, wozu beide Parteien den Kaiser Napoleon wählten. Aber nicht für 54 Millionen entschied sich der Kaiser der Franzosen, sondern für 84 Millionen, welche die ägyptische Regierung der Compagnie zu zahlen habe. Die anfängliche

Schätzung der Compagnie war also bedeutend durch den Ausspruch des Kaisers Napoleon überboten worden. Man hat behaupten wollen, der Umstand, daß Herr von Lesseps ein Verwandter der Kaiserin Eugenie ist, habe nicht wenig dazu beigetragen, eine für die Compagnie so außerordentlich günstige Entscheidung herbeizuführen. Außerdem hatte die Compagnie einen neuen Geldzuschuß von 10 Mill. Frs. als Entschädigung für die Domäne Tel-el-kebir vom Vicekönig erhalten. Trotzdem daß nun die ursprünglich veranschlagte Summe von 200 Mill. Frs. sich so um fast 100 Millionen erhöht fand, stellte es sich schon im kommenden Jahre heraus, daß zur Beendigung des Kanals noch wenigstens 100 Millionen erforderlich seien. Deshalb ging Anfang 1868 Herr Lesseps nach Paris, um eine neue Anleihe zu negociiren. Eine Anleihe als solche scheiterte indeß, es gelang aber Herrn Lesseps eine Lotterie mit Bewilligung der französischen Kammer zu Stande zu bringen, welche bis Anfang Juni 1868 40-45 Millionen ergab und endlich wurden durch verschiedene Operationen die finanziellen Schwierigkeiten des Kanalbaues überwunden.

Nach der damaligen Abmachung sollten die Arbeiten bis zum 1. October 1869 fertig sein und nach den Arbeiten des Hauses Borrel und Lavaley zu schließen, konnte dies auch geschehen. Denn um von dem Augenblicke an den Kanal so herzustellen, daß er überall an der Wasserlinie eine Breite von 100 Meter, an der Basis 22 Meter (an einigen Stellen indeß oben 75 Meter und unten blos 12 Meter) mit einer Tiefe von überall 8 Metern habe, blieben vom Juni 1868 an noch 34 Millionen Kubikmeter Terrain wegzuräumen übrig. Mit der Arbeitsfähigkeit, welche Borrel und Lavaley zu ihrer Disposition hatten und wodurch bis Mai 1868 circa 18 Millionen Kubikmeter Erdreich weggeschafft wurde und welche im Juli 1868 bis auf 20 Millionen Kubikmeter gesteigert werden konnte, stellte es sich heraus, daß in der

That bis Ende des Jahres 1869 der Kanal fertig sein würde. Ob aber derselbe dann schon für die größten Fahrzeuge passirbar sein würde, war eine andere Frage; jedenfalls aber konnten Borrel und Lavaley, die mit der Compagnie übereingekommen waren, eine so und so große Menge von Erdreich aus der vorgeschriebenen Linie des Kanals hinwegzuräumen, ihren Verpflichtungen nachkommen. Zur Ausführung dieser großartigen Arbeit hatten Borrel und Lavaley folgende Maschinen, welche sämmtlich entweder in England oder Frankreich und Belgien angefertigt sind, zur Disposition: a) 10 mechanische Zermalmer; b) 4 Handbaggermaschinen; c) 19 kleine Baggermaschinen; d) 58 große Baggermaschinen, von denen 20 mit langen Abgüssen; e) 30 Dampfschiffe, um Schutt wegzufahren, mit Seitenklappen; f) 79 Schuttdampfschiffe mit Grundklappen, 37 von diesen hielten das Meer; g) 18 Elevateurs; h) 90 schwimmende Chalands mit Schuttkisten; i) 30 Dampfwidder; k) 15 Dampfchalands; l) 60 Locomobilen; m) 15 Locomotiven; n) 20 Dampferdhöhler theils für trockenen, theils nassen Boden; o) 1800 Erdwagen; p) 25 Dampfcanots oder Remorqueurs; q) 200 eiserne Chalands.

Wir brauchen nicht zu erwähnen, daß auch noch ein genügendes und massenhaftes Material von kleinen Geräthen, als Schaufeln, Hacken, Schiebkarren u.s.w. vorhanden war. Borrel und Lavaley hatten außerdem eine Arbeitskraft von circa 12,000 Menschen auf dem Platze, welche theils aus Eingeborenen, die sich freiwillig zum Arbeiten gemeldet hatten, theils aus Europäern bestand. Alle Arbeiten waren contractlich; erstere bekamen für 1 Meter Kubikfuß 1 Fr. 95 Cent., wo das Terrain leicht zu bearbeiten war; wo es hingegen, wie in Chalouf, schwierig war, bis 2 Frs. 45 Cent., die Handwerker und Europäer hatten nicht unter 5 Frs. per Tag.

Bald darauf wurden aber wieder viele Stimmen laut, daß

nach vollendetem Kanalbaue zwei große Schiffe neben einander nicht würden passiren können; indeß bei den geringsten Dimensionen von 75 Meter an der Wasserlinie und 12 Meter an der Basis waren wir berechtigt, anzunehmen, daß dies der Fall sein würde oder daß man dem würde abhelfen können. Man wollte ferner behaupten, daß die Ausfüllung der Bitterseen vom Mittelmeere aus zu rasch vor sich gehen würde und so durch den hereinbrechenden Strom der Kanalbau beschädigt, wenn nicht ganz zerstört werden könnte. Die Anfüllung des Timsahsees im Jahre 1861, wozu nicht weniger als circa 100 Mill. Kubikmeter Wasser erforderlich waren, welche dem mittelländischen Meere entzogen wurden, hatte jedoch gezeigt, daß bei so großen Quantitäten mit verhältnißmäßig so geringem Falle die Strömung mit großer Langsamkeit vor sich geht; und so konnte man genau berechnen, daß zur Ausfüllung des großen und kleinen Beckens des Bittersees, welcher wenigstens 20 Mal so viel Volumen Wasser verschlingen würde, als der Timsahsee, fast zwei Monate erforderlich sein müßten.

So war, als wir Mitte Juni 1868 den Kanal besuchten, die Sachlage; und wenn wir auch nicht der Meinung der Pessimisten waren, welche behaupteten, der Kanal würde nie fertig, würde stets wieder versanden oder auch diese Compagnie würde nicht die erforderlichen Mittel aufbringen können, um die Bauten zu Ende zu führen, und es würde so selbstverständlich der Kanal in die Hände der Engländer übergehen (beiläufig gesagt wäre dies gar kein Schaden für die kommerzielle Welt), so waren uns doch auch andererseits starke Zweifel aufgestoßen, ob der Kanal schon Ende 1869 der allgemeinen Benutzung würde übergeben werden können. Denn wenn auch die Firma Borrel und Lavaley die vorgeschriebenen 34 Mill. Kubikmeter Terrain bis Ende 1869 herausgeschafft haben konnte, so war damit lange noch nicht der Kanal fertig. Vor Allem wäre überdies der Compagnie eine weise Sparsamkeit anzuempfehlen gewesen. Wozu nützte es damals, nachdem sie alle Privatarbeiten abgegeben hatte an Privatunternehmer (Borrel und Lavaley, Dussaud Frères, Couvreur in El Guisr u.a.m.), einen so großen Stab zu unterhalten? Seitdem die Compagnie sich nicht mehr direct bei den Arbeiten betheiligte, wie im Anfange, war es da nicht eine eitle Geldverschleuderung, noch immer denselben Personalbestand zu haben, welcher unter den hochtönenden Namen Agence supérieure und Direction générale des travaux ein Personal von über 200 Leuten (officiell) aufwies, von denen der geringste Beamte sicher nicht unter 5000 Frs., der Director Herr Voisin 50,000 Frs. Gehalt bezog?

Man kann von drei Seiten hinkommen, um den Kanal zu besuchen: von Port-Said, von Ismaïlia und Suez. Wir gingen im Jahre 1868 von letzterem Platze aus, uns auf dem Süßwasserkanal einschiffend, welcher von Ismaïlia kommt und in Suez sein Ende hat. Von diesem Orte an bis nach Ismaïlia hatte der Kanal eine Länge von 90 Kilometern, war an der Wasserlinie überall 14 Meter breit und hatte eine durchschnittliche Tiefe von 1,20 Meter. Es bestand eine regelmäßige Post, jedoch konnte man auch Extradahabien haben, welche von Maulthieren, die immer im schnellen Trabe oder Galop gehen, gezogen wurden. Der Verkehr war schon sehr belebt durch kleine Privatschiffe; so bezogen schon damals die indischen Schiffe und ganz Suez alle Kohlen mittelst des Kanals. Um die Fähigkeit zu haben, überall halten und aussteigen zu können, zogen wir eine Extradahabie vor, zumal die Posten sehr schmutzig und voller Ungeziefer waren. Jede Dahabie hat einen Vorraum und einen kleinen Salon, der für vier Personen geräumig ist, sogar ein kleines Ankleidezimmer und Accessoir fehlen nicht. Die unvermeidlichen Hausthiere mohamedanischer

Länder, lästige kleine Insecten, fehlen aber auch in den Extradahabien nicht, was auch ganz natürlich ist, da der Reïs oder Capitain in Abwesenheit von Passagieren sich sicher nicht zum Schlafen auf das Dach der Dahabie, sondern aus die Sophas in derselben legt und seine beiden Leute sicher seinem Beispiel folgen. Man kann, falls man sich gar nicht aufhält, die Fahrt von Suez nach Ismaïlia in 10-12 Stunden machen, indeß war es sehr gerathen, einige Stunden in Chalouf zu bleiben, um die dortigen Arbeiten zu besichtigen. Hier ist der einzige Ort, wo man auf felsiges Terrain, jedoch von lockerer Beschaffenheit, stieß. Tagtäglich fand man hier die schönsten Versteinerungen, Fische, Säugethiere und Pflanzen. Als wir den tiefen Graben besuchten, wurde gerade ein ausgezeichnet schöner Rückenwirbel eines Elephanten ausgegraben. Es herrschte in Chalouf ein reges Lebens, große Dampfpumpen waren fortwährend in Thätigkeit, um das eindringende Wasser, welches der nahe Süßwasserkanal durchsickern ließ, herauszuschaffen, während andere mächtige Maschinen die Erde selbst angriffen. Nur in Chalouf hatte man jetzt noch das Bild und Profil des Kanals, da die anderen Strecken zwischen Port-Said und Ismaïlia alle angefüllt waren. Aber gerade vor Thoresschluß den Kanal entstehen sehen die riesigen Arbeiten bewundern zu können, gerade das hatte einen besonderen Reiz. Wenn man jetzt nach Vollendung des Durchstiches über den Kanal dahinfährt, kann man sich kaum eine richtige Idee machen von den Schwierigkeiten, welche besiegt werden mußten.

Nebenbei war hier eine ganze Stadt entstanden; es gab Kirchen, Moscheen, Wirtshäuser, Spitäler, Cafés u.s.w. Von hier nun wendet sich der Süßwasserkanal ab, um die Bitterseen, deren Bassin tiefer ist, als die Basis des Süßwasserkanals, zu vermeiden, und bei der großen Hitze, die im Sommer hier herrscht, zogen wir es vor, diesen Theil des Weges Nachts zu machen, wo wir dann am anderen Morgen früh in Serapeum eintrafen; dies liegt am Nordrande der Bitterseen. Vom Süßwassercanal führt eine Zweigbahn nach Serapeum. Auch hier konnte man die Arbeiten in ihrer ganzen Großartigkeit bewundern und auch hier hatte sich rasch ein Ort entwickelt, wie es übrigens das Zusammensein so großer Arbeitermassen von selbst mit sich bringt.

Von Serapeum bis Ismaïlia sind nur noch 20 Kilometer und bald landete die Dahabie an dem schönen steinernen Kai; vorbeifahrende Wagen, die Menge der Schiffe (unter denen manche Dreimaster und stattliche Mittelmeerdampfer), Kirchthürme, Häuser und Hotels, wie man sie nur in den großen Seestädten findet, überraschen den Reisenden, so daß er glaubt in Europa zu sein.

Ismaïlia ist eine Stadt von circa 8000 Einwohnern. Nach einem vollkommen regelmäßigen Plane gebaut, ist es weit hinaus im Halbkreise von einem Süßwasserkanale umgeben, welcher von üppigen Weiden bordirt ist. Man hat eine katholische und zwei griechische Kirchen, eine Moschee, zwei Hospitäler, von denen eins für die arabische Bevölkerung bestimmt ist. Es befinden sich hier die Gebäude der Directoren, welche an Pracht und Bequemlichkeit in nichts den Sommerwohnungen der Fürsten nachstehen. Die Straßen sind breit und vor allen Privathäusern breite Blumenbeete und Baumanlagen, was einen reizenden Anblick gewährt. Namentlich der Hauptcentralplatz ist eine allerliebste Anlage und obgleich erst seit zwei Jahren geschaffen, so üppig, als ob sie seit zehn Jahren bestände. In Ismaïlia ist das beste Hôtel das Hôtel des voyageurs; es giebt aber noch fünf oder sechs andere. Natürlich wo Franzosen sind, fehlen nicht die Cafés chantants und die Roulette; diese ist jetzt in Aegypten so verbreitet, wie in Californien und namentlich zur Zeit der Baumwollenperiode wurden oft in den schmutzigsten Winkelbuden Summen umgesetzt, um die sie die Banken von Homburg, Wiesbaden und Ems hätten beneiden können. Aber auch das deutsche Bier hat seinen Weg zum Kanal gefunden und in Ismaïlia wie in allen anderen Städten Aegyptens giebt es deutsche Bierbrauer, welche ihr Bier von Wien beziehen. Es hatte den Anschein, als ob Ismaïlia nach Vollendung des Kanals sein Aufblühen, welches es den Arbeiten hauptsächlich verdankt hatte, einbüßen würde, aber jetzt im Bereiche des Eisenbahnnetzes, wird die Stadt doch immer eine gewisse Wichtigkeit behalten, wenngleich es sich wohl nie zu einer bedeutenden Stadt hinaufschwingen wird.

Der Timsahsee war jetzt vollkommen angefüllt, er ist südlich von der Stadt und circa einen halben Kilometer entfernt und hat eine Oberfläche von 60 Hectaren. Der Canal maritime geht an der östlichen Seite hindurch. Obgleich das auf dem Boden stark aufgehäufte Salz, welches sich beim Hereinlassen des Mittelmeerwassers natürlich auflöste, anfänglich keine Fische leben ließ, so ist doch durch die constante Erneuerung des Wassers, durch den Abfluß vom Süßwasserkanal her, der Salzgehalt so vermindert, daß eine Menge Fische jetzt darin leben, obgleich der Salzgehalt des Wassers noch bedeutend größer ist, als der des mittelländischen Meeres. Das Wasser ist übrigens hell, wie Krystall, und ladet Jeden zum Baden ein. Krocodile sind heute nicht mehr zu fürchten (behar el timssah heißt Krocodilsee) und eine gute Badeanstalt am Ufer des Sees sorgt für alle Bedürfnisse ihrer Clienten.

Von Ismaïlia bis Port-Said benutzte man damals schon den Canal maritime der von Port-Said an gerechnet 75 Kilometer lang ist (die Länge des ganzen Kanals beträgt bis Suez 160 Kilometer). Es war hier schon tägliche Dampfverbindung und man legte die Fahrt gewöhnlich in acht Stunden zurück. Die Dampfer, kleine Boote, waren übrigens zweckmäßig eingerichtet und hatten eine erste und zweite Classe. Der Kanal hatte hier überall die planmäßige Breite, aber noch nicht die gehörige Tiefe zwischen diesen beiden Plätzen. Durch den Balahsee kam man zuerst nach El Guisr, einem Punkte, der Interesse erregte durch die Ausstellung der Maschinen des Herrn Couvreux. Diese Maschinen, Excavateurs genannt, griffen mittelst Dampf das trockene Erdreich an, sind also Trockenbaggerer; das Süßwasser wurde nach diesem Orte durch Dampfdruckmaschinen befördert. Nichts war eigenthümlicher als der Anblick der colossalen Dampfbaggerer und der Elevateurs, die man nun von hier an auf Schritt und Tritt bis Port-Said fand. Es gab Baggerer, die in *einem* Tage bis 2000 Kubikmeter heraufholen konnten.

Man passirt dann noch den Ort El Kántara (die Brücke) von circa 2000 Einwohnern, schon früher wichtig als ein Halteplatz von Karavanen, die nach und von Syrien ziehen. In El Kántara ist eine Kirche, ein Spital und eine Moschee, dann die sehr sehenswerten Etablissements von Borrel und Lavaley, welche denen dieser Herren in Chalouf um nichts nachstehen; natürlich sind diese Werkstätten seitdem geschlossen worden.

Der einzige Ort von Wichtigkeit ist nun nur noch El Aech (sprich Aisch), ein kleines Etablissement circa 15 Kilometer von Port-Said entfernt. Bald sah man nun schon die hohen Masten der Seefahrer und nach einer Weile fuhr unser kleiner Dampfer hindurch zwischen seinen großen Seebrüdern aus der Familie der Lloyd, der Messagerie impériale und anderer Gesellschaften, die wie Riesen auf einen Zwerg, so auch auf unsere kleine Dampfnußschale herabschauten.

Port-Said ist eine vollkommen europäische Stadt und hat jetzt circa 12,000 Einwohner, welche Bevölkerung außer aus

Aegyptern hauptsächlich aus Oesterreichern (Dalmatinern), Franzosen, Italienern und Griechen besteht. Letztere, der Auswurf ihres Landes, machen indeß das Leben in Port-Said ebenso unsicher, wie in Suez und Alexandria. In allen diesen Städten konnte man zur Zeit des Kanalbaues täglich einen Mord rechnen; zum Glück für die übrigen Europäer, von denen sie wie die Pest gemieden werden, schlachteten sie sich meist unter einander selbst ab. Die Stadt hat einen ägyptischen Gouverneur und einen von der Regierung gepflegten Gesundheitsdienst, fast alle maritimen Staaten sind durch Consuln vertreten, Deutschland durch Herrn Bronn, welcher früher ebendaselbst schon Consul von Preußen war. Es giebt Kirchen für den katholischen und griechischen Cultus, eine Moschee für die Mohamedaner, Hospitäler und Klöster, in denen nichtsthuende griechische oder katholische Mönche auf Kosten der Bewohner Port-Saids ihre Bäuche mästen, eine Menge Hotels (von denen das Hôtel Pagnon das beste sein soll; wir selbst hatten unsere Wohnung auf Sr. Majestät Consulat). Cafés mit und ohne Musik, öffentliche Bäder, Clubs, kurz nichts fehlte, um Port-Said als eine kleine Großstadt bezeichnen zu können. Aber auch die Voraussicht, daß Port-Said eine bedeutende Concurrenz Alexandrien machen würde, hat sich nicht bewahrheitet. Jetzt nach einem Bestande des Canals von 5 Jahren können wir nur constatiren, daß dieser Hafen nicht die Entwicklung genommen hat, welche man seiner Lage zu Folge berechtigt zu sein glaubte, voraussetzen zu dürfen.

Zum Theil ist der Hafen nicht sicher, trotz der enormen Molen, welche man construirt hat, zum Theil passiren die Schiffe, welche nach Indien gehen, rasch ohne sich hier aufzuhalten. Der eigentliche Hafen für Aegypten ist eben Alexandria geblieben. Wenn der jetzige Chedive, der ja so große Dinge schon geschaffen hat, eines Tages dazu schreiten würde, den in unmittelbarer Nähe gelegenen

Mensaleh-See auszutrocknen, dann würde sich allerdings in der Entwicklung Port-Saids eine wesentliche Aenderung zu Gunsten der Stadt ergeben.

Sehr sehenswerth war die Fabrikation der großen Steinblöcke zur Construction der beiden Hafenmolen. Wie schon erwähnt, waren es die Herren Dussaud Frères, welche diese Arbeit übernommen hatten. Jeder Block hat 10 Kubikmeter Gehalt und wiegt 40,000 Pfund. Das Verfahren, sie herzustellen, war so einfach wie möglich: Mittelst Sand, welcher aus dem Hafen gebaggert und mit der vorgeschriebenen Partie Süßwasser gemischt wurde, brachte man dieses Gemenge unter eine Zerreibemühle und that es dann mit Kalk und Cement in gewollter Menge zusammen. Wenn alles ordentlich durcheinander gemischt war, kam diese Masse in hölzerne Formen und mußte dann zwei Monate trocknen, nach welcher Zeit eine felsenartige Härte eintrat.

Seitdem ist in der That der Kanal von Suez am 16. November 1869 eröffnet worden und alle die bösen Conjuncturen, welche man an die Lebensfähigkeit dieses gigantischen Unternehmens geknüpft hatte, haben sich als eitel Dunst erwiesen.

Ein riesiges Unternehmen, wozu man fünf Jahre Studien, wie Stephan sagt, und elf Jahre Ausführung gebraucht hatte.

Alle seefahrenden Nationen hatten sich bei dieser großartigen Feier durch ihre Flotten vertreten lassen und von Fürstlichkeiten waren der Kaiser von Oesterreich, der deutsche Kronprinz (damals noch Kronprinz von Preußen), die Kaiserin Eugenie und Prinz Heinrich der Niederlande erschienen. Alle waren Gäste des Chedive, aber nicht sie allein, sondern Tausend andere. Ja der Schreiber dieser Zeilen, welcher ebenfalls eine Einladung erhalten hatte, der er leider eingetretener Umstände halber nicht Folge geben konnte, weiß aus späterem Besuche in Aegypten, daß eine Menge *ungeladener* Gäste flott sich unter die Geladenen drängte und auf Kosten des Chedive den Festlichkeiten anwohnte. Man berechnet die Zahl der damals anwesenden Fremden auf 30,000 Personen.

Der dabei entwickelte Pomp, die Verschwendung, welche ostensibel zur Schau getragen wurde, sind unbeschreiblich; aber für den Orient, wo Alles auf Aeußerlichkeit berechnet ist, kann man sie kaum übertrieben nennen.

Wenn nun auch der Kanal bei der Eröffnung vollständig planmäßig hergestellt war, so war doch im Mai 1871 erst die Ausbaggerung des Kanals soweit vollendet, daß er in seiner ganzen Länge eine mittlere Tiefe von 8,50 Meter hatte, so daß Schiffe mit 7 Meter Tiefgang ungehindert den Kanal passiren konnten.

Im ersten Jahre hat man noch, eingeschlossen die Ausbaggerung des Außenhafens bei Port-Said, 563,060 Kubikmeter ausgeräumt, aber eine im December 1871 vorgenommene Sondirung in einer Entfernung von je 18,50 Meter vorgenommen ergab überall die Tiefe als normal. Es bestätigte sich denn auch, daß der Kanal keineswegs so viel zu leiden hatte von den Sandwehen der Dünen oder vom Abschwemmen der Ufer durch den Wellenschlag vorbeifahrender Dampfer. Ebenso haben die in Port-Said errichteten Molen vollkommen gut dem schlechtesten Wetter getrotzt, denn einige Senkungen, welche man übrigens vorausgesehen hatte, haben auf die allgemeine Sicherheit keinen Einfluß gehabt.

Die Leichtigkeit, mit welcher der Verkehr vor sich geht, hat überhaupt alle die bösartigen Voraussetzungen und Meinungen, die man anfangs mit der Lebensfähigkeit des Kanals in Verbindung brachte, zu nichte gemacht.

Im Jahre 1870 passirten 486 Schiffe

"   "   1871   "   765   "

"   "   1872   "   1082   "

"   "   1873   "   1173   "

"   "   1874   "   1264   "

Seit der Einweihung haben bis Ende 1874 4770 Schiffe den Kanal passirt mit einem Gesammttonnengehalt von 8,050,338; davon waren circa vier Fünftel Dampfer und nur ein Fünftel Segler. Die Einnahmen betrugen vom Beginn der Eröffnung bis Ende 1874 78,317,352 Frs. Am besten wird das stete Wachsen der Einnahme veranschaulicht, wenn wir die des ersten Jahres mit 5,159,327 Frs. gegen die des Jahres 1874 mit 24,859,383 Frs. halten.

Wir sehen aber, daß bei Weitem der größte Theil der Schiffe den Engländern gehört, ihr Land also in Wirklichkeit den größten Nutzen vom Durchstich der Landenge von Suez gehabt hat. Was würde Lord Palmerston, dieser eifrigste Gegner des Suezkanales, gesagt haben, hätte er ein solches Resultat noch erleben können.

Die jährlichen Ausgaben des Kanals waren auf circa 5,000,000 Frs. veranschlagt, da aber im ersten Semester 1872 die Einnahmen sich schon auf mehr als eine gleiche Summe bezifferte und da der Transit fortwährend im Steigen begriffen ist, so kann man mit Zuversicht der Zukunft entgegensehen.

Seit dem Juli 1872 hat die Umwandlung des officiellen Tonnengehaltes in die des sogenannten "gross tonnage" die Einnahmen um 40 bis 50% gesteigert.

Längs des ganzen Kanals hatte man von Mitte 1871 Fluthmesser angebracht auf sechszehn verschiedenen Stationen. Von sechs Uhr Morgens bis sechs Uhr Abends

wird viertelstündlich die Höhe des Wassers, die Schnelligkeit
der Strömung des Wassers und die Windrichtung gemessen,
so daß man jeden Augenblick am Tage die Fluthwelle von
Port-Said bis Suez in Erfahrung bringen kann. Das aus dem
rothen Meere kommende Wasser fließt gegen das Mittelmeer
mit einer intermittirenden Geschwindigkeit, welches von der
ungleichen Gezeitung beider Meere verursacht wird.

Zu erwähnen ist noch, daß die Leuchtthürme von Port-Said
und Suez ebenso wie die, welche längs des Kanals aufgestellt
sind, von electrischem Lichte erleuchtet werden, der von
Port-Said durch magneto-electrische Maschinen, welche
durch Dampf in Thätigkeit gesetzt werden.

Trotz des großen Aufschwungs, den der Kanal genommen
hat, knüpfen sich an seine Existenz nicht unwichtige
Fragen, welche bei einer eventuellen
Unabhängigkeitserklärung Aegyptens zum Austrag
kommen dürften. Jedenfalls besitzen wir aber dermalen in
der Verbindung der beiden Meere ein Werk so großartig, daß
es bis jetzt durch kein anderes Unternehmen ähnlicher Art
übertroffen worden ist.

2. Bauten in Afrika.

Wenn wir hier die Bauweise der in Afrika befindlichen Völker, soweit es dessen Norden und Centrum angeht, beschreiben wollen, so sehen wir selbstverständlich von den *antiken* Baudenkmälern ab. Allein die Schilderung der Bauten, welche wir in Aegypten namhaft machen könnten, würde Bände, oder der, welche wir in den sogenannten Berberstaaten antreffen, seien es nun Reste der Libyer, Phönicier, Griechen, Römer und Christen der ersten Jahrhunderte unserer Zeitrechnung, würde Folianten füllen, wenn Jemand sich der Mühe unterziehen wollte, ausschließlich diesen Gegenstand zu behandeln.

Indem wir aber wiederum Aegypten außer unserem Bereiche lassen, so weit es die *neuen* Bauten jetzt lebender Generationen anbetrifft, so glauben wir damit vollkommen im Rechte zu sein; denn die Paläste, die Moscheen, welche von den jetzigen Herrschern des Landes der Pharaonen errichtet worden sind, wurden nicht von den Aegyptern selbst erbaut. Ausländische Architekten leiteten die Construction, und nur die roheste Arbeit wurde von den Eingeborenen selbst verrichtet.

Anders ist es in den Berberstaaten. Obschon auch hier der christlich-europäische Einfluß sich nicht leugnen läßt, namentlich bei den Baulichkeiten von Tripolitanien, Tunesien und Algerien, so finden wir hier doch noch mehr einheimisches Wesen und Form. Fast ganz rein von europäischen Einflüssen hat sich die Bauweise in Marokko gestaltet, obschon die monumentalen Gebäude fast alle aus der Periode her datiren, wo dieses Reich mit Spanien eng verknüpft war.

Die colossalen Bauten von Fes, die Djemma-el-Karuin, die Djemma-Mulei-Dris, die Paläste des Kaisers, drei an der Zahl, das umfangreiche Schloß des Sultans in Mikenes, die Djemma-el-Fanal in Marokko selbst, das Lustschloß des Kaisers ebendaselbst, stammen alle aus der Periode des westlichen Khalifats.

Im heutigen Nordafrika können wir die Bauten der Bewohner der Städte, die Dörfer des sogenannten Tel- oder Atlasgebietes, die Burgen der Bewohner am Südwestabhange des Atlas und die Bauten der Oasenbewohner unterscheiden. Ferner haben wir Zelte, Hütten und Höhlen der Bewohner Nordafrika's in Betracht zu ziehen.

Was nun bei den Häusern der Städte (ich nehme hier Fes, die Hauptstadt des Kaiserreichs Marokko, als Vorbild) am meisten auffällt, ist, daß das Aeußere vollkommen schmucklos ist, und daß mit Ausnahme einer niedrigen Thür nirgends die Einförmigkeit einer weiß überkalkten Mauer durch Fenster oder sonstige Oeffnungen unterbrochen wird. Wie bei den alten römischen Wohnhäusern gruppirt sich Alles um einen Hof, der meistens rechtwinklig und viereckig ist. Im Hofe selbst befindet sich fast immer eine Cisterne, die das Regenwasser des ganzen Jahres ansammelt, und da, wo es möglich ist, in Fes z.B., eine Fontaine mit sprudelndem oder immer fließendem Wasser. Der Hof selbst ist bei den Vornehmen mit Marmorplatten oder mit Kieselchen mosaikartig belegt. Aus diesen nun, zu dem man von der Straße stets durch einen gewundenen Eingang hineinkommt (damit man nicht von derselben aus direct in's Innere des Hauses sehen kann), öffnen sich die Zimmer. Dieselben sind äußerst lang, und nur ausnahmsweise haben sie eine Breite von mehr als zwölf Fuß. Meist sind die Zimmer sehr hoch, mindestens immer zwanzig Fuß. Wenn ein Wohnzimmer z.B. vierzig

Fuß lang wäre und fünfundzwanzig Fuß Höhe hätte, so würden marokkanische Architekten diesem Zimmer höchstens acht Fuß Breite geben. Eine große gewölbte Thür, meist in der Mitte angebracht, führt hinein; dicht neben der Thür, rechts und links, befinden sich zwei kleine Fenster mit eisernen Gittern, ohne Glas.

Meist sind parterre mehrere solcher Zimmer um den Hof herum, und findet sich ein zweiter Stock, so ist die obere Anordnung eine ähnliche. Es läuft sodann um den Hof eine Säulenhalle herum, zu welcher man oft mittelst einer im Bau befindlichen steinernen, oft mittelst einer hölzernen Treppe hinaufkommt. Man liebt es, im Innern der Zimmer in die Wände nischenartige Vertiefungen zu machen, welche oft, mit hölzernen Thüren versehen, als kleine Schränke dienen. Der Fußboden ist meist mit Fliesen ausgelegt, welche in Fes gearbeitet werden, oft auch mit kleinen Fliesstückchen, viereckig, dreieckig, sternartig von Form, und von den verschiedensten Farben. Mit diesen legt man dann die buntesten Muster zusammen große Sterne in der Mitte oder der sogenannte Ring des Salomon bilden immer Hauptfiguren. Diese kleinen Flieschen, von denen ein einzelnes nicht größer als 1—1-1/2 Zoll ist, sind glänzend glasirt, heißen "Slädj" und werden ebenfalls in Fes fabricirt. Der Gesammtanblick einer solchen Art ausgelegten Fußbodens ist reizend.

Die Wände im Zimmer sind vollkommen weiß, manchmal jedoch mittelst Gyps in quadratische Felder abgeheilt. Bei den Reichen läuft oben, anscheinend um das Gebälk zu unterstützen, ein Kranzgesimse herum, oft auch eine breite Borte, welche Koransprüche enthält. Da in Marokko, ausgenommen bei jenen kleinen "Kubbas", welche als Grabstätten für Heilige oder Fürsten dienen, nirgends das *Gewölbe* angewendet wird, so sehen wir die Decke der Paläste und Wohnungen *nur* aus Holz gearbeitet. Oft wird, um eine solche Decke auszuschmücken, die größte Sorgfalt entwickelt, nicht nur in Holzschnitzerei, sondern auch in der Auslegung von Holz, man macht also eine Art "Parquetirung". Dünne, aber äußerst dicht neben einander liegende Balken bilden das Gerippe, darüber liegen Bretter, das Ganze wird dann inwendig teppichartig ausgeschnitzt und oft mit farbigen Holzstückchen ausgelegt; manchmal enthalten auch die Decken zwischen ihrem Teppichmuster großbuchstabige Sprüche. Diese Art, auf eine bunte und gefällige Weise die Plafonds zu schmücken, hat sich vollkommen gut in Marokko erhalten. Statt die vielen Balken, welche den Plafond stützen, offen zu zeigen, sind diese auch wohl mit Brettern beschlagen, welche dann ähnlich geschmückt werden.

Thüren, Fenster und Nischen zeigen alle jenen bekannten Hufeisenbogen, den die Araber erfunden haben sollen. Sehr oft sind die Bogen selbst auf die phantastischste Art wieder ausgewölbt und ausgezackt, so daß in einer Bogenhälfte manchmal bis zehn kleinere Bogen vorkommen. Auch die Aufstellung von zwei, drei und vier Säulen, dicht bei einander, findet man heute in Marokko noch in Anwendung. Als ich einen längeren Aufenthalt in Uesan beim Hadj Abd-es-Salam, dem Großscherif, hatte, zeigte ich ihm eines Tages eine Abbildung des Löwenhofes der Alhambra aus Sedillot's Historie des Arabes. Hadj Abd-es-Salam annectirte das Buch der Abbildungen wegen (und es ist heute noch in seinem Besitze) und verreiste dann auf längere Zeit. Als ich zurückkam, hatte er allerdings nicht einen Löwenhof, aber in seinem Garten eine reizende Veranda errichten lassen: ein längliches Viereck mit nach vorn geöffneter Seite. Die "kannelirten Bogen" wurden von Doppelsäulen getragen, der Fußboden war aus buntem "Slädj" zusammengesetzt zu einem allerliebsten Muster, und der Plafond von Holz schillerte von blauen und goldenen

Feldern.

Die Paläste des Sultans, der Großen und Reichen haben ganz ähnliche Anordnung, nur daß ihre Wohnungen statt eines Hofes oft drei, vier oder mehrere Höfe haben und alle Räumlichkeiten bedeutend größer sind.

Was die Moscheen anbetrifft, so finden sich im ganzen westlichen Afrika (nicht blos in Marokko, welches als eigentliches Westland bei den Marokkanern den Namen "Rharb-djoani" hat) gar keine, die irgendwie christliche Reminiscenzen aufkommen ließen. Denn die in Algier befindliche Moschee, die später als christliche Kathedrale eingerichtet wurde, und welche vom letzten Dei kurz vor der Eroberung Algeriens erbaut worden war, zeigt in ihrer ganzen Anlage allerdings den Styl einer christlichen Kirche, ist aber auch von christlichen Sclaven und Renegaten erbaut worden. Fast durchweg zeigen die marokkonischen Moscheen, sowie die der übrigen Berberstaaten einen großen Hof, der manchmal von einer Säulenhalle umgeben ist. Nach Osten zu vermehren sich die Säulenhallen zu verschiedenen Schiffen. So zeigt die Karuin in Fes so viele Säulen, daß die ganze Moschee 360 haben soll. Die Säulen selbst, die auf einer einfachen Basis ruhen, sind ohne Schmuck, und auch das Capital zeigt große Einfachheit. Die hufeisenförmigen Bogen gehen von Säule zu Säule, so daß, wo mehrere Schiffe sind, immer vier Bogen an einer Säule entspringen. Fast in allen Moscheen kann man, wie überall bei arabischen Bauten, die größten Unregelmäßigkeiten beobachten, und die Abwesenheit von Harmonie und Verhältnis tritt überall zu Tage. Es ist als ob z.B. die Höhe der Säulen eine überaus gleiche sein müßte, so daß man die Säulen für eine Veranda von zwanzig Fuß Breite eben so hoch macht wie die, welche das Dach einer Moschee stützen, welche vielleicht einen Flächenraum von zweihundert Fuß Geviert hat.

Die Wände in den Moscheen, welche letztere im Rharb "Djemma" genannt werden, sind von außen in der Regel ohne Schmuck, einförmig und fensterlos wie die übrigen Bauten. Im Innern ist dieselbe Anordnung zu bemerken wie in den Wohnungen. Die Gebetsnische, "Kybla" genannt, wird auch heute oft noch durch ein prächtiges Stalactit-Gewölbe überdeckt; auch diese Kunst hat sich in Marokko erhalten. Diese Stalactit-Gewölbe, wie man sie genannt hat, sind indeß weiter nichts wie einfache Auswölbungen; der Stalactitenschmuck ist von Gyps. In der eigentlichen Sculptur haben die Araber überhaupt nie etwas geleistet, da ihnen Bilder aus Stein zu meißeln verboten ist. Ihre ganze Kunstfertigkeit beschränkt sich daher auf Stuccoarbeit, und hier ließen sie ihren mathematischen Formen die Zügel schießen. So findet man denn in Gyps gearbeitet die wunderbarste Art sich kreuzender Linien.

Wenn der Reisende im Hofe der großen Djemma el Karuin zwei prachtvolle Marmorfontainen bewundert und dann vielleicht sich selber sagen möchte, hier haben doch die Araber in Steinarbeit etwas geleistet; so wird seine Meinung von den Eingeborenen in Fes selbst gleich corrigirt werden: "Diese Fontainen sind von 'Oeludj', d.h. christlichen Sclaven, gearbeitet."

Der "Mimber" oder die Treppe, welche in keiner Moschee fehlt, von der das "Kotba", d.h. das Freitagsgebet, gelesen wird, ist fast immer aus Holz. Hier bemerken wir ebendasselbe, was wir schon bei den Mauerarbeiten zu beobachten Gelegenheit hatten. Ebenso wenig, wie die Araber gelernt haben, aus Stein heraus zu arbeiten, ebenso wenig treffen wir bei ihnen jene kunstvollen Holzschnitzereien, welche *Körper* haben. Die Gebetstreppen sind daher, was die Form anbetrifft, alle roh und primitiv; aber manchmal ist die Oberfläche des Holzes ausgravirt, und wir finden dann dieselben oder ähnliche Linienbilder, welche, wenn sie mit *krummen* Linien Bezeichnet sind, "Arabesken" genannt werden, wie wir dieselben an den Wänden der Mauern in Stucco kennen gelernt haben.

Man kann also keineswegs sagen, daß die Araber Afrika's zurückgegangen sind. Aber so wie man in Sevilla und Granada zur Zeit der Almoraviden und Almohaden, zur Zeit der größten Glanzperiode der sogenannten "maurischen Architektur", baute, so baut man noch heute. Man hat keineswegs verlernt, *ebenso* zu bauen, aber *Fortschritt* in der Architektur ist nirgends zu finden. Man versteht es vollkommen, jene ogivischen Bogen, jene Porzellanmosaiken, jene Stickereien auf Gyps und Holz darzustellen, wie zur Zeit der "Abd-er-Rhaman"; wenn man aber Stillstand in Kunst und Wissenschaft als *Rückschritt* bezeichnen kann, dann haben die Araber entschieden Rückschritte gemacht. So haben sie denn auch keineswegs gelernt, ihren Bauten irgendwie Solidität zu geben. Was *heute* gebaut ist, verfällt *morgen*. Wären die Alhambra und die Giralda nicht in Spanien, wären sie der Sorglosigkeit einer mohammedanischen Zeit ausgesetzt, was würde von diesen Monumenten arabischer Architektur heute noch erhalten sein? Und wie lange stehen diese Bauten? Wie lange stehen sie im Verhältniß zu den Bauüberresten, die uns Aegypten, Griechenland und Rom überlassen haben, und die, trotzdem Jahrtausende verstrichen und Zeit und Menschen das Ihrige thaten, Alles zu vernichten, manchmal in ihren *einzelnen* Theilen sich so erhalten haben, als ob sie von gestern wären.

Die Unsolidität der arabischen Bauten kennzeichnet sich denn nicht nur in der äußeren Architektur, sondern auch in der Benutzung des Materials bei den Hauptmauern und Pfeilern. In keinem einzigen Gebäude der Berberstaaten finden wir behauene Steine aus Sandstein oder Marmor, sondern immer nur gebrannte Thonsteine angewandt. Meist aber sind die großen Mauern, namentlich die von monumentalen Bauten, aus zwischen Planken schichtweise gepreßten Steinen, Cement und Kalk errichtet. Diese Mauern halten sich aber nur dann einigermaßen gegen den Zahn der Zeit, wenn die äußere Bekleidung vollkommen gut und immer wie neu unterhalten wird; sonst ist binnen Kurzem die Baute dem Ruin ausgesetzt.

Daher liegen denn auch die Bauten, welche von Yussuf ben Taschfin und Mohammed ben Abd-Allah herrühren, heut in Trümmern, und selbst die, welche vom letzten oder vorletzten Kaiser errichtet sind, von Mulei Abd-er-Rhaman-ben-Hischam und Mulei Sliman sind halbe Ruinen. Und ist es selbst in Aegypten anders, wo doch der europäische Geist heute Alles durchdringen soll? Hörte man nicht oft genug den verstorbenen *Diebitsch* klagen, daß wenn das letzte Ende an einem Palaste fertig sei, der Anfang desselben zu verfallen beginne?!

Von den städtischen Bauten bleiben uns nur noch die Befestigungsmauern derselben und die kleinen Dome zu erwähnen. Erstere sind durchweg aus gepreßten Mauern errichtet und hinlänglich stark, um alter Artillerie einige Stunden Widerstand leisten zu können. Auf denselben führt ein Weg herum, der nach Außen durch eine mannshohe krenelirte Mauer aus Backstein geschützt ist. Man bemerkt nirgends irgend einen Plan, nirgends fortifikatorischen Sinn, um die Befestigungen irgendwie dem Terrain anzupassen; nur die Ausdehnung der Stadt selbst giebt das Maß der äußeren Schutzmauer ab. Unterbrochen und flankirt werden diese Umfestigungsmauern durch viereckige oder runde Thürme, deren Hälfte außerhalb der Mauern hervorspringt; sie sind in der Regel halb mal höher und dienen hauptsächlich dazu, die Kanonen aufzunehmen. Oft noch durch Gräben beschützt, bieten auch diese kein ernstliches Hinderniß. Bastionirte Mauern, Außenwerke, mögen es nun Fleschen, Lünetten oder gekrönte Bastionen sein, kennt man in den Berberstaaten nicht, und wenn auch die Hauptstadt Fes zwei bedeutende Außenwerke besitzt, so sind diese nicht von den Arabern errichtet, sondern von Renegaten (Oeludj) unter der Regierung des Sultan Sliman, Großvaters des jetzt regierenden. Was die erwähnten kleinen Dome anbetrifft, so dienen sie, wie schon angeführt, zu Grabstätten und sind die einzigen Gebäude[1], bei denen der Araber sich in Gewölben versucht hat. Meist ist die Grundform viereckig, aber *nie rund*. Die Kuppel hingegen oder das Dach ist fast immer *rund*, häufig achteckig. Bei der Ausschmückung der Wände und des Fußbodens wird derselbe Plan innegehalten wie oben bei den übrigen Baulichkeiten auseinandergesetzt wurde. Die Wölbung ist meist durch eingeschobene Holzquerbalken unterstützt. Das Material besteht entweder aus gebrannten Ziegeln oder unbehauenen Feldsteinen. Man findet diese Kubba in den Städten und überall auf dem Lande zerstreut; in den Städten bilden sie häufig gleichsam eine Art von Nebenkapelle, die an eine große Moschee angebaut ist.

Von den Wohnungen der Landleute nördlich vom Atlas läßt sich nur wenig sagen. Dieselben bestehen, ob sie nun von Berbern oder Arabern (und es giebt in den Berberstaaten mehr seßhafte Araber, als gewöhnlich angenommen wird) herrühren, immer nur aus einem Zimmer, das hausartig gebaut ist; oft sind sie aus gestampften Massen, oft auch aus Feldsteinen aufgebaut. Auf 20 Fuß Länge sind sie circa 8 Fuß breit und 8 Fuß hoch und von einem circa 6 Fuß hohen Strohdache bedeckt. Im Innern ist der Fußboden gestampfter Lehm; der Plafond besteht aus Rohr, welches manchmal auf Aloë-Balken, manchmal auf anderen Holzästen, die einen weniger geraden Wuchs haben, ruht.

Sehr häufig sind die Wände der Mauern auswendig und inwendig gekalkt, sonst aber ganz ohne Schmuck, mit einer niedrigen, circa 4 Fuß hohen Thür, manchmal mit ogivischem Bogen, manchmal viereckig. Fenster und Rauchfänge sind nicht vorhanden. Eine Familie hat in der Regel zwei oder drei solcher Häuser, die, durch Mauern verbunden, einen viereckigen Hof einschließen, der zugleich Nachts für das Vieh dient.

Ganz anderer Art sind die Wohnungen der Bewohner südlich vom großen Atlas, der Bewohner des Sus- und Nun-Districts. Der fortwährend unsichere Zustand jener Gegend hat es nothwendig gemacht, daß dort Jedermann darauf bedacht sein mußte, sich Schutz gegen seinen Nachbar zu suchen. So findet man hier denn auch keineswegs kleine oder große Dörfer, sondern Burgen. Ein solches Schloß—man kann sie wegen ihres stattlichen Aussehens in der That so nennen—ist oft so groß, daß es mehrere Familien beherbergt; es giebt feste Burgen, die einen Quadratraum von 500 Fuß einnehmen. Diese Bauten sind circa 50 Fuß hoch, von außen von starken, oft 5 bis 6 Fuß breiten Steinmauern (die Steine sind entweder unregelmäßig gebrochene oder wie man sie gerade gefunden hat) aufgeführt und oben krenelirt. Ein Thor, zuweilen mit einer Fallthür versehen, und immer so eingerichtet, daß aus zwei Seitenzimmern der Eingang durch Scharten beschossen werden kann, führt in einen großen geräumigen Hof. Dieser, sowie die unteren Gemächer, dienen für's Vieh. In den oberen Räumen hält sich die Bewohnerschaft auf. Zu diesem Stockwerk führt eine aufziehbare Leiter, und das flache Dach, mit gestampfter, auf Balken ruhender Erde gedeckt, dient zu gleicher Zeit zur äußeren Verteidigung. Eine Cisterne im Innern vervollständigt das Ganze. Kellerräume sind aber ebensowenig bekannt wie nördlich vom Atlas.

Als eigenthümlich der Gebirgslandschaft nördlich vom Sus erwähne ich noch die vielen öffentlichen Cisternen modernen Ursprungs. Man findet sie überall und namentlich längs der Wege. Sie sind ähnlicher Art wie die römischen, was die Form anbetrifft, aber weniger solid und weniger *großartig* gebaut. In der Regel 20 bis 25 Fuß lang auf 8 bis 10 Fuß Breite, sind sie 10 bis 12 Fuß tief und erheben sich blos mit dem *gewölbten* Dache aus dem Erdboden heraus. Aus ungehauenen Steinen errichtet, ist das Innere cementirt, und durch ein Loch des Gewölbes wird das Wasser herausgeschöpft; gespeist werden die Cisternen durch Rinnsale.

Es ist hier nicht der Ort, die Wohnungen der nomadisirenden Völker Nordafrika's zu beschreiben; aber auch diese haben mannigfache Formen und Verschiedenheiten. Das aristokratische Zelt der Uled Sidi Schich, immer auf der Spitze mit drei Bündeln Straußfedern geschmückt, unterscheidet sich von dem ärmlichen Zelte der meisten östlichen Triben, wie das große Haus mit mehreren Höfen der Hauptstadt sich von der einfachen Wohnung des Djerdjuragebirges unterscheidet. Aber nicht unerwähnt können wir die Höhlenwohnungen der Bewohner des Ghoriangebirges lassen. Meist sind diese Höhlen in Lehmboden hineingearbeitet, und sind einfache Aushöhlungen, in der Regel von kreisrunder Form. Man bemerkt gewöhnlich eine Vorkammer und ein hinteres, größeres Gemach; der Plafond ist wie gewölbt. Oben hinaus befindet sich meist eine Oeffnung zum Abzuge des Rauches. *Richardson* will im Ghoriangebirge auch Wohnungen in Felshöhlen gesehen haben; es ist übrigens fraglich, ob diese modernen Ursprungs sind. Es ist wahrscheinlich, daß dies antike libysche Höhlen sind, wie man deren namentlich in Cyrenaica noch viele antrifft.

Betrachten wir nun, nachdem wir einen Ueberblick der Bauten des nördlichen Afrika's gewonnen haben, die Wohnungen der Völkerschaften der Sahara.

Mit Ausnahme der zum Theil nomadisirenden Tuareg sind alle Bewohner der Sahara seßhaft; denn die Araber, welche in die große Wüste hineingegangen sind, haben alsbald das Zelt gegen das Haus vertauscht.

Im Grunde kommen bei den Bauten der Oasenbewohner denn auch dieselben Bauregeln und Pläne beim Einrichten ihrer Moscheen und Wohnungen in Anwendung, wie bei ihren nördlichen Brüdern. Bei der wohlhabenden Classe befindet sich in ihrer Wohnung meist ein Aufzimmer, d.h. ein Fremdenzimmer, auf das platte Dach des Hauptgebäudes hin errichtet. Wie immer hat dieses einen Hof, bei den Reichen auch mehrere, und auf den Hof öffnen sich die langen und schmalen Zimmer. In manchen Oasen sind die Gebäude krenelirt, aber mehr zum Schmucke als zur Vertheidigung.

Wenn aber schon bei den Arabern im Norden auf dem Tel wenig behauene Steine in Anwendung kommen, so finden wir in der Wüste als Material nur gestampfte Erdmasse oder an der Sonne getrocknete Thonziegel. Alles Gebälk und Holzwerk besteht aus dem Holze der Dattelpalme. Man wird leicht einsehen, daß mit so geringem Material nichts Besonderes in der Architektur geleistet werden kann.

Dennoch finden wir in den westlichen Oasen der Sahara Manches, was auf innigen Contact mit Marokko hinweist. Es sind die Grabdenkmale von Sidi-Hammed-ben Nasser in Tamagrut, Hauptstadt der Oase Draa, dann das prächtige Grabmal Mulei-Ali-Scherif's bei Abuam, Hauptstadt von Tafilet, inwendig auf's Reichste mit "Slädj" ausgeschmückt. Ja, man hat sich sogar nicht gescheut, für das Dachwerk (die Grabmäler sind nicht gewölbt) Holz vom Atlas kommen zu lassen, und die das spitze Dach bildenden Balken und Bretter sind hübsch mit arabeskenartigem Schnitzwerk und Malerei versehen.

Im Uebrigen sind die Moscheen oder Djemmen in den Oasen nach denselben Grundsätzen gebaut; bei den meisten fehlt jedoch ein eigentlicher Thurm oder Minaret. Ersetzt werden die Minarets durch thurmähnliche, zwei Stockwerke hohe Anbauten, welche nach oben an Umfang abnehmen. Bei sehr vielen Gebäuden der Vornehmen in den Ortschaften der Oasen finden wir ebenfalls jene thurmartigen Anbauten, die zuweilen auch als Wartthürme dienen.

Besonders zu erwähnen sind in der Sahara an den großen Straßen noch die einfachen Bezeichnungen einer Moschee durch Steine. Man deutet gewissermaßen nur den Grundriß einer Djemma durch Steine an. Sie werden jedoch von jeder vorübergehenden Karawane zum Gebet benutzt, und auch hier zeigt die Ausbuchtung oder Kibla die Gebetsrichtung an.

Die Wohnung der Großen und um so mehr die der ärmeren Bevölkerung der westlichen Oasen sind alle einstöckig. Die der ersteren sind oft kastellartig gebaut und befinden sich dann außerhalb der Ortschaften, so die Wohnungen der marokkanischen Prinzen in Tafilet, der Schechs in Tuat, der Häuptlinge der Tuareg in Rhat und Air. Architektonische Verzierungen sind hier fast gar nicht mehr zu finden, nur findet man die ogivische Thür noch überall vorherrschend. Besonders um sich gegen die Hitze zu sichern, findet man die Erdwände der Häuser sehr dick und das Palmbalkendach durch eine enorm hohe Erdschicht überdeckt. Die Thüren sind überall so niedrig, daß man nur tief gebückt hineintreten kann. Aber so vergänglich sind diese Bauten, daß ein ausnahmsweise eintretender Regen oft ganze Ortschaften im wahren Sinne des Worten hinwegschmilzt.

In den meisten Oasen sind die Städte und Dörfer befestigt; einige größere haben sogar Thürme an die meist 20 Fuß hohe Mauer angebracht. Die Mauern, oft aus gestampftem

Erdboden, oft aus Feldstein, durch Thon zusammengehalten, erbaut, sind meist krenelirt. Die Thore, welche hindurchführen, sind nie gewölbt, meist einthürig und nur so breit, daß ein beladenes Kameel hindurch gehen kann.

Ist der ganze Tel wie übersäet mit jenen kleinen Domgrabmälern, so lassen sich die der großen Sahara, welche an Ausdehnung so groß wie Australien ist, zählen. Die Grabmonumente sind der einfachsten Art; ein Haufen Steine, manchmal am Kopfende durch einen besonders großen angezeichnet, das ist die letzte Grabstätte der Wüstenbewohner.

Vor allen anderen Oasen zeichnen sich jedoch in der Bauweise zwei aus, die Oasen von Siuah und Rhadames, und wenn nicht schon die übereinstimmende Aussage der Bewohner dieser Ortschaften ihren verwandtschaftlichen Ursprung bezeugte, wenn nicht dies schon bewiesen wäre durch ihre selbe Sprache, welche, obschon beide Oerter durch einen Raum getrennt sind, der durchaus Wüste ist und in gerader Linie wenigstens so viel beträgt, wie von Paris bis Königsberg, so würde die innige Verwandtschaft, welche sich in der Bauweise beider Oerter kundgiebt, gleich auf gemeinsamen Ursprung hinweisen.

Was besonders die Bauart beider Oerter auszeichnet, sind die Höhe der Wohnungen und die bedeckten Straßen, welche mehr unterirdischen Gängen gleichen, als offenen Wegen. In Rhadames sowohl wie in der heutigen Hauptstadt des alten Ammonium, in Siuah, sind die meisten Häuser drei Stock, ja in Siuah viele fünf Stockwerke hoch. Während aber im reichen Rhadames sowohl im Innern der Häuser als im Aeußern sich ein gewisser Luxus kund giebt, alle geweißt ist, und die Mauern meist aus, wenn auch unbehauenen, Steinen gebaut sind, so macht man in Siuah die

Wohnungen nur aus Lehm, und trotzdem die architektonischen Vorbilder der Aegypter und Griechen noch heute vor Augen stehen, sind sie höchst mangelhaft gebaut. Die Wohnungen der Rhadamser und Siuahner unterscheiden sich auch noch dadurch von den übrigen Wohnhäusern in der Sahara, daß sie keinen, oder selten doch nur einen sehr kleinen Hof im Innern haben: Alles ist in Zimmer und kleine Gemächer getheilt. Oben mit platten Dächern versehen, bilden diese Dächer in Rhadamas zugleich die *Straßen* für die Frauen. Obschon durch Brustwehr von einander getrennt, werden diese von den Frauen überklettert, und ihr *Verkehr* findet nur über den Köpfen der Männer statt. In Rhadames herrscht Hufeisenform bei der Thürbildung, in Siuah eine viereckige Form vor.

Natürlich nicht zum Nomadisiren eingerichtet, verdienen die Palmenhütten der Beni Mohammed in Draa und Tafilet und einzelner Familien in Audjila und Fesan noch Erwähnung; sie sind vollkommen kunstlos aus Palmenzweigen errichtet, bald mit plattem, bald mit spitz zulaufendem Dache versehen, und auch dieses Dach ist aus Palmenzweigen gefertigt. In Fesan und Audjila sind die Seitenmauern dieser Hütten, welche manchmal viereckig, manchmal rund sind, zuweilen aus Stein oder Thon, und die Thüren immer so niedrig, das man hindurch *kriechen* muß.

Vortheilhaft, was Reinlichkeit und symmetrische Anordnung betrifft, zeichnen sich die Wohnungen der Tebu aus. In Kauar sind sie kreisrund; die Seitenwände sind aus Stein brusthoch ausgeführt und dann überdeckt mit Palmenreisern, Stroh und Matten. Dr. *Nachtigal* sagt von den Bewohnern Tibesti's: "Alle ihre Wohnungen so kunstlos, und einfach sie sind, zeichnen sich durch die größte Nettigkeit und Sauberkeit vor denen ihrer arabischen und fesanischen Nachbarn vortheilhaft aus. Vor der Hütte haben sie nicht selten einen gehärteten Erd- oder Lehmplatz, der frisch mit Sand bestreut wird, und die hervorragenden Männer eine Art offener Halle, ebenfalls aus Palmenzweigen geflochten, vor ihrer Wohnung, in der sie Besuche empfangen."

Es bleibt uns nur noch übrig, die bewegliche Wohnung der nomadisirenden Bevölkerung der Sahara zu beschreiben, das Zelt der Tuareg. Der Araber ist eigenthümlicher Weise in der großen Sahara nie heimisch geworden. Ist er ja dahin gedrungen, so hat er sich seßhaft gemacht. So haben die Mehammedin in Draa und Tafilet das Zelt gegen die Palmenhütten vertauscht. Die einzelnen Familien aber, die wir in Fesan, Rhat und anderen südlichen Oasen finden, haben Häuser. Nur die nach Kanem vertriebenen Uled Sliman haben bis jetzt das Zelt bewahrt, aber es ist kaum zu bezweifeln, daß auch sie über kurz oder lang das bewegliche Haus mit dem festen vertauschen werden, wie die Schoa und Uled-Raschid-Araber, die noch weiter im Innern Afrika's sich eine neue Heimat mitten zwischen den Negern gründeten.

Das Zelt der Tuareg ist sehr einfacher Art. Im Allgemeinen der länglichen Form der Araberzelte entsprechend, sind die Tuaregzelte bedeutend kleiner und niedriger. Kaum sechs Personen haben in ihrem Tuaregzelte Platz. In einem Araberzelte wird das Dach immer durch zwei, im Tuaregzelte durch eine Zeltstange unterstützt. Der Stoff besteht bei jenen aus grobem Haar und wollenen Zeugen, bei diesen aus gegerbtem Leder. Nach Duveyrier sind die Lederzelte oft roth gefärbt und gut genäht.

In Centralafrika angekommen, bemerken wir vorweg, daß wir *nirgends* Wohnungen nicht seßhafter Völker haben; denn die früher nomadisirenden Pullo haben mit der Erreichung ihrer größten Ausdehnbarkeit sich jetzt überall dauernde Wohnungen gebaut. Die Stämme aber, die vom Nomadenvolke par exellence, dem arabischen, abstammen und bis nach Centralafrika vorgedrungen sind—ich nenne davon nur die Schua-Araber westlich und südwestlich vom Tschad—selbst diese haben längst ihr Zelt, diese luftige Behausung der Jäger- und Hirten-Völker, aufgegeben und sich nach Art der Neger in soliden Bauten seßhaft gemacht.

Man kann bei den Negern Centralafrika's hauptsächlich drei Arten von Wohnungen unterscheiden: große aus Thon oder Luftziegeln erbaute Häuser, welche offenbar unter arabisch-berberischem Einfluß entstanden sind, verschiedene Hüttenwohnungen runder Form, entweder aus Strohmatten oder aus Thon oder Luftziegeln errichtet, und endlich große Häuser mit Giebeldächern, vielleicht durch europäischen Einfluß von der Küste aus nach Afrika verpflanzt.

In allen uns bekannten Ländern Centralafrika's, Bornu, Bagermi, Socoto, Gando, Uadai, Adamaua, Bautschi und anderen, sind die Wohnungen der Fürsten, der Großen des Reichs, der vornehmen Kaufleute, die Moscheen und Bethäuser aus soliden Mauern mit flachen Dächern errichtet. Es scheint sogar, daß man einzeln, obschon nie mit behauenen Steinen, so doch an manchen Orten mit *gebrannten* Ziegeln gebaut habe. So will *Barth* in Massenña (III. S. 346) Gebäude aus *wirklich gebrannten* Backsteinen beobachtet haben und er erwähnt bei der Gelegenheit: "auch die alte Birni (Hauptstadt) von Bornu soll aus Backsteinen gebaut gewesen sein."

Was uns anbetrifft, so haben wir jedoch *nirgends* im "schwarzen Afrika" gebrannte Steine in Anwendung gesehen, nur Luftziegel und aus Thonziegeln und aus Thon aufgelegte oder gepreßte Mauern. Zu den großen Gebäuden der Fürsten, fast ohne Ausnahme ein Stock hoch, sind trotzdem verhältnißmäßig dicke Mauern genommen, um das starke, mit Thon überlegte Dachgebälk tragen zu können. Von außen sieht eine solche Burg meist einförmig aus, da oft nur Eine Thür Unterbrechung in die schlichte Wand bringt. Sehr oft ist übrigens die Brüstung des flachen Daches auf phantastische Art geziert. Das Innere einer solchen Fürstenwohnung enthält große Zimmer und Hofräume.

Erstere erhalten Licht durch die Thüren und manchmal durch große viereckige Oeffnungen, die sich in den Wänden befinden, welche nach den Höfen zu gerichtet sind; oft sind die Gemächer vollkommen dunkel. Wenn die Räume sehr groß sind, so wird die Spannung der Deckbalken durch kolossale Thonpfeiler gestützt. In einigen Hauptstädten sehen wir sogar Bogen, hufeisenförmig gewölbt, die Decke unterstützen; wie die Pfeiler sind dieselben aus gehärtetem Thon. So finden wir bei *Barth's* (II. 124) Beschreibung des Palastes von *Kano*: "Die Gemächer sind nicht sehr dunkel, das Hauptgemach ist aber sehr schön, ja großartig zu nennen. Der ganze Charakter desselben machte um so mehr Eindruck, da die Tragbalken nicht zu sehen waren, während zwei große Kreuzbogen, aus demselben Material wie die Wände, überaus sauber geglättet und reich verziert, das Ganze zu tragen schienen. In der hinteren Wand waren zwei geräumige Nischen, in deren einer der Fürst Platz zu nehmen pflegt."

In derselben großartigen Weise sind in centralafrikanischen Ländern die Wohnungen der Fürsten eingerichtet, die sich dem Islam in die Arme geworfen haben; der Einfluß der Träger der Religion ist unverkennbar.

In diesen dem Islam zum Theil huldigenden Staaten sind die Moscheen ähnlich wie die in den nordafrikanischen Staaten erbaut, nur noch aus bedeutend schlechterem Material;

denn wenn gebrannte Steine in Bornu, Bagermi, Uadai, Adamaua, Kano, Gando und noch anderen Negerkönigreichen nicht im Gebrauche sind, so hat man auch keinen Kalk, oder wenigstens versteht man ihn nicht zu brennen und zu bereiten, das heißt zu löschen. Im großen Königreich Bornu kommen Kalkgesteine überdies nicht vor oder wären nur von den angrenzenden Ländern unter den größten Mühseligkeiten zu beziehen. Aus den zahlreichen Conchylien des Tschad-See's und der Flüsse aber verstehen die Neger keinen Kalk zu brennen. So bleibt ihnen denn weiter nichts Anderes übrig, als die Luftziegel durch Thon zu verbinden oder aus Thon und Sand zusammengepreßt die Hauswände zu bilden.

Man findet häufig die Wände der Moscheen und die Wohnungen der Großen wie geweißt; es rührt dies nicht von einer Verkalkung oder Vergypsung her, sondern ist einfach ein Ueberstrich von einem sehr weißen und feinen Thon. Dieser ist so fett und fein, daß er gar keine Sandpartikelchen enthält; ganz in der Nähe von Kuka findet man im Nordwesten der Stadt mächtige Lager davon einige Fuß tief unter dem schwarzen Humus.

Architektonisch zeichnen sich die Moscheen keineswegs aus. Etwa 20 Fuß hohe, aus Thon aufgeführte Mauern umgeben einen offenen Hofraum; nach der nach Mekka gerichteten Seite sind durch plumpe, vier- oder achteckige Erdpfeiler gebildete Bogengänge, meist in zwei oder drei Reihen, vorhanden, die dann ein oder zwei Schiffe, wenn man diese so nennen will, bilden. Nach dieser Seite zu befinden sich auch die Kibla und das Mimber. Irgend eine Ecke einer solchen Moschee bildet eine thurmartige Erhöhung, und dient als Minaret oder Sma.

Hier wollen wir denn auch der Befestigungen erwähnen, wie sie in den meisten centralafrikanischen Städten üblich sind.

Im Vergleich zu dem schlechten Mauerwerk der heutigen Araber- und Berberstädte in Nordafrika und in Anbetracht, daß in Centralafrika nirgends beim Kriegführen Feuerwaffen großen Kalibers gebraucht werden, sind dieselben sehr gut zu nennen. Die Befestigungen der Negerortschaften sind derart angelegt, daß man sieht, dieselben sind ganz ihren Verhältnissen und ihren Umständen angemessen, für dortige eventuell sich ereignende Fälle geschaffen.

Meist sind die Lehm- oder Thonmauern nach außen zu fast steil oder doch nur sehr wenig geböscht abfallend, circa 20 bis 30 Fuß hoch und fast immer mit einem tiefen, jedoch nicht sehr breiten Graben nach außen umgeben. Kuka z.B. hat eine Mauer aus hartem Thon, die circa 25 Fuß hoch ist und nach außen zu fast senkrecht in einen 12 Fuß tiefen Graben abfällt. Nach innen jedoch verbreitert sie sich dachartig durch Stufen nach unten, derart, daß oben die äußerste Kante, welche zugleich als Brustwehr dient, circa 4 Fuß hoch und nur circa 2 Fuß breit ist, während die Basis der ganzen Umfassungsmauer ebenso breit wie hoch ist. Die Thore durch solche Erdmauern oder Erdwälle sind manchmal überdacht, manchmal offen; immer aber ist unten die Thür enger als oben und vor Erdnachsturz durch Gebälkauskleidung geschützt. In den Städten großer Reiche sind die Gräben ordentlich überbrückt mittelst soliden Balkenwerks, so daß die schwersten Lastthiere hinüber passiren können. Nicht so ist es bei den kleineren Städten auf der Grenze des Islam und des Heidenthums.

Südlich von Keffi-abd-es-Senga begegnete es mir mehrere Male, daß ich vom Besuche einer solchen schwer zugänglichen Stadt abstehen mußte. Ueber den allerdings nicht sehr breiten, aber tiefen Graben führte zum Thore der Stadt nur *Ein einziger schwankender Palmstamm*. Meine noch dazu mit großen Elfenbeinzähnen beladenen Begleiter gingen sicher und festen Schrittes hinüber; vom Schwindel ergriffen, wollte ich indeß solch ein Seiltänzerkunststück nicht wagen und blieb zurück. Ja, selbst als eines Tages schon alle Diener hinüber waren, und nach einem anstrengenden Marsch ein lukullisches Negermahl winkte, konnte ich es doch nicht über mich bringen, über einen so schwankenden Stamm dahin zu schreiten. Ich versuchte hinüber zu klettern, fand aber bald, daß die Neger mich auslachten, und ich verzichtete auf diese Art, ihre Stadt zu besuchen, da ich zu sehr in ihrer Achtung sinken würde. Auch widerstand ich dem Anerbieten, die Schultern eines der Neger zu besteigen; es blieb nichts Anderes übrig, als auf den Besuch der Stadt zu verzichten.

Einzelne Städte haben außer dem Walle und dem äußeren Graben noch einen inneren und fügen Verhaue und Dornhecken hinzu, um dem Feinde das Annähern zu erschweren. So berichtet *Barth* II. S. 211 von den Manga, daß sie außer der Erdmauer und dem Graben noch ein Dornverhack hatten, das sich 10 Fuß dick außerhalb herumzog; in Band II. S. 184 von Birmenaua, daß dies ein kleiner, aber stark befestigter Ort sei mit zwei Gräben, einem innerhalb, einem außerhalb der Mauer.

Am unvollkommensten finden wir die Hütten da, wo der mohammedanische Glaube Eingang gefunden hat. So im ganzen Norden von Centralafrika. Eine Hütte in Kuka von runder, nach oben spitz zulaufender Form hat circa 12 bis 15 Fuß an der Basis im Durchmesser. Das aus Holz oder Rohr ausgeführte Gerüst ist mit Stroh überdeckt; eine Thür, oft gewölbt, oft eckig, bildet den Eingang. Aber selbst hier, wo in der Stadt der Fürst und alle Großen, wie die reichen Kaufleute Thonwohnungen haben, bildet die Hütte die Nationalbehausung. Das Innere ist äußerst reinlich gehalten und enthält manchmal eine mannshohe Scheidewand aus

Matten, um verschiedene Familienglieder von andern abzusondern. Wenigstens zwei, oft drei bis vier solcher Hütten bilden ein Haus, ein Gehöft. Umschlossen sind sie von einer thönernen Mauer, oderauch von übermannshohen Matten, welche durch in die Erde gerammte Stämme aufrecht gehalten werden.

Am schönsten finden wir die Hütten da, wo sie vollkommen aus *eigenem* Bautriebe der Neger hervorgegangen sind, bei den Negern, die noch dem Heidenthum anhangen.

So berichtet *Barth* von den Marghi-Hütten (II. S. 463): "Die Hütten haben vor ihrer Thür Rohrschwellen, die manchmal umklappbar sind, und inwendig sind die Fußböden schon gepflastert;" oder II. S. 525 von Adamaua: "In Ssarau besteht eine Wohnung aus mehreren Hütten mit Lehmwänden und vortrefflich geflochtenem Rohrdach; diese Hütten sind durch Lehmwände mit einander verbunden, so daß das Ganze ein abgerundetes Dreieck bildet. Die eine Hütte bildet den Eingang, die anderen beiden sind für die Frauen. Die Eingangshütte hat eine 3-1/2 Fuß hohe und 16 Zoll breite *eiförmige* Thür; es befindet sich hier ein Ruhebett, 7 Fuß lang und 5 Fuß breit und 3 Fuß über der Flur, außerdem eine Feuerstelle. Die hellbraunen Wände der Hütte sind mit allerdings nicht kunstvollen Gegenständen von weißer Farbe bemalt. Die beiden andere Hütten sind ähnlich, enthalten zwei Rohrbetten, wovon eins für die Frau durch eine Scheidewand von dem übrigen Raume der Hütte getrennt ist. Diese 5 Fuß hohe und 4 Zoll dicke Scheidewand ist ebenfalls braun und mit weißen Streifen geziert; oben ist sie durch abwechselnd schalenartige und pyramidale Aufsätze gekrönt, welche ebenfalls verschiedene Farbe haben. Die Thüren sind auch hier *eiförmig* und noch kleiner, nur 2 Fuß hoch und 10 Zoll breit. Diese heimlichen Wohnungen übertreffen durch Harmonie der Farbentöne ihre Schwestern" u.s.w.

Am vollkommsten fand *Barth* den Hüttenbau wohl im Lande der Musgu. So berichtet er II. S. 158: "Jeder Hof hat drei bis sechs Hütten, sie sind aus Thon, und die Umschließungsmauer bei den Wohlhabenden aus demselben Material die der Aermeren aus Rohr und Holz. Die Dächer sind mit Sorgfalt gedeckt und weit besser als Strohdächer. *Die Musguhütten zeigen in der Form ihrer Giebelung selbst Spuren verschiedener Style, die vielleicht auf eine gewisse Stufenfolge im Leben zurückzuführen sind.*"

Ueberall findet man in diesen Gehöften, die nicht nur die Städte und Dörfer zusammensetzen, sondern da, wo die Sicherheit der Gegend es zuläßt, auch über die Landschaften vereinzelt anzutreffen sind, die dem Neger so unentbehrlichen Nebenbaulichkeiten. Wir erwähnen hier zuerst des Schattendaches, welches man in jeder Wohnung antrifft.

Diese Schattendächer ruhen auf 4 oder 6 Pfählen, welche nur oben mit einem dicken Strohdache oder Mattenwerk bedeckt sind. Unter ihnen ist gewöhnlich ein Rohrbett und Platz genug, daß auch die Hausfrau ihre Arbeiten im Schatten verrichten kann. Dann findet man in jedem Hofraum große Thonbehälter, oft auf Steinen ruhend, zum Aufbewahren von Korn; manchmal sind sie sehr künstlich eingerichtet. *Barth* sagt III. S. 158 bei der Beschreibung eines Musgu-Hofes: "Jeder Hofraum hat einen 12 bis 15 Fuß hohen Kornbehälter aus Thon und ein Schattendach. Die Kornbehälter haben ein gewölbtes, ebenfalls aus Thon bestehendes Dach mit einer aufspringenden Mündung, welche wieder von einem kleinen Strohdache geschützt wird." An einer andern Stelle sagt *Barth*: "Die Kornbehälter auf 2 Fuß Unterlagen haben eine Höhe von 15 Fuß und verjüngen sich nach oben. Sie haben nur eine Oeffnung am oberen Theile und sind ähnlich den ägyptischen Taubenhäusern." Außerdem findet man häufig Veranden vor den Hütten und überdachte Kochstellen.

Die vollendetsten Hütten trifft man, wie schon gesagt, da, wo das Heidenthum herrscht. Eine Hütte hat in der Regel 15 Fuß Durchmesser, und die Thonwände, oft dick, oft nur 1/2

Fuß dünn, sind in der Regel 4 bis 5 Fuß über der Erde. Das Dach ruht ganz frei auf dem runden Thonbau; in den meisten Gegenden wird es zu ebener Erde fertig gebaut und vollendet erst auf die Thonmauer gleichsam wie ein Deckel gelegt. Der Boden ist überall festgestampft und bildet manchmal einen aus kleinen Steinchen zusammengegossenen Mosaik.

Im Innern der Hütte sind verschiedene Scheidewände und außer dem beweglichen Rohrbette befindet sich wenigstens ein festes Thonbett darin. In kalten Gegenden, z.B. auf dem Gora-Gebirge, beobachtete ich, daß die Thonbetten hohl und von *inwendig zu heizen* waren. Die größte Sorgfalt wird immer auf die Eingangshütten verwendet; diese haben natürlich immer zwei Thüren. Eine Hütte des Sultans von Akun, den ich besuchte, zeigte sogar zwei Dächer, wovon das obere offenbar nur zum Schmuck angebracht ist. Manche Eingangshütten sind colossal groß, sowie die des Sultans von Keffi-abd-es-Senga; diese diente zugleich als Versammlungort seiner Gäste, war viereckig und hatte mit einem außerordentlich hohen Dache eine Veranda verbunden.

Eine ähnlich große Empfangshalle traf Schweinfurth auf seiner Reise im östlichen Centralafrika. Die L.I. Zeitung Nr. 1542 vom Jahre 1873 giebt ein anschauliches Bild davon. Die große Festhalle, in der Schweinfurth empfangen wurde, war von vielen Hundert Menschen gefüllt. Es waren die achtzig Lieblingsweiber des Königs Munsa anwesend, eine Musikbande und alle seine Trabanten. Die Empfangshalle selbst hatte die Form unserer modernen großen Eisenbahnhallen.

Die kunstlosen Hütten der Bassa-Neger auf den Inseln des Bénue verdienen hier insofern nur einer Erwähnung, als wir hier inmitten Afrika's auch auf "Pfahlbauten" stoßen.

Einen Uebergang zu den, wie es scheint, von den Europäern von der Küste her eingeführten großen Giebelhäusern und den Hütten der Neger bilden die seltsamen Wohnungen der Kado-Neger in Segseg, die gewissermaßen aus Haus und Hütte zusammengesetzt sind. Zwei circa 25 Fuß von einander entfernte Hütten sind durch ein Haus oder einen Gang verbunden, und das Dach bildet mit den beiden Dächern der Hütte ein Ganzes. Nur die eine Hütte hat eine Thür, der Gang und die zweite Hütte haben nur runde Löcher, um dem Lichte Eingang zu verschaffen.

Hier zu erwähnen sind auch noch jene kleinen Hütten für die Fetische. Manchmal sind dies nur auf Pfählen ruhende Strohdächer, unter welchen die Götter Schutz gegen die Sonne und den Regen finden, manchmal aber auch ordentlich eingerichtete Hütten. Aber jedesmal findet man sie in bedeutend verkleinertem Maßstabe. Eine Fetischhütte ist nie höher als 4 bis 5 Fuß und hat an der Basis gewöhnlich 3 bis 4 Fuß Durchmesser. Oft steht ein Fetisch oder eine ganze Fetischfamilie nur auf einem Thonteller, der circa 1 Fuß hoch, nach oben sich verjüngt und circa 3 bis 4 Fuß im Durchmesser hat. Außerdem hat jede Hütte in den Gegenden, wo Fetischismus betrieben wird, einen Fetisch in seiner Hütte, der oft aus Thon oder Holz geformt, oft aber nur ein Bild oder Relief an der Hüttenwand ist.

Je mehr man sich dem Niger nähert, desto andere Bauformen finden wir gäng und gäbe. Freilich bleibt auch hier die runde Hütte noch immer die eigentliche Nationalbehausung der Neger; aber wir finden nun bei den Wohnungen der Fürsten, der Großen und Reichen keineswegs mehr große, nach arabischer Art mit plattem Dache versehene Häuser, sondern Gebäude, die nach Art der europäischen ein Giebeldach haben. In Imaha, in Ogbomoscho und Ibadan haben die Fürsten die großartigsten Giebelbauten, bei denen europäischer Einfluß wohl kaum zu leugnen ist.

Die Fürstenwohnung in Illori ist der Art, daß sie ein längliches Viereck von 150 Fuß Länge auf 30 Fuß Breite bildet. Die Seitenmauern, circa 6 Fuß hoch und 2 Zoll dick, aus gestampftem Thon errichtet, tragen ein unverhältnißmäßiges hohes Strohdach à cheval, dessen überstehende Seitenwände über die Mauern hinausreichen, so daß sie fast den Erdboden berühren. Der Raum, der hierdurch entsteht, giebt einen schattigen Ruheplatz für die zahlreichen Sclaven ab. Im Innern läuft längs der einen Wand ein Corridor, und von diesem aus kommt man mittelst niedriger Thüren in die verschiedenen Zimmer, von denen einige einen aparten Bodenabschluß haben, andere aber frei bis unter das Dach hinaufreichen.

Höchst eigenthümlich fand Dr. Nachtigal die heidnischen Bewohner im südlichen Bagermi wohnen. Fortwährend den Ueberfällen der mohammedanischen Bevölkerung ausgesetzt, haben sie ihre Wohnungen gleich den Vögeln auf den Bäumen errichtet, und der gewaltige Baumwollenbaum (Bembax. cottontree) eignet sich vortrefflich dazu, derartige Behausungen zu empfangen: Der Baumwollenbaum gehört zu den Riesen der centralafrikanischen Vegetation. Ungefähr 50 Fuß hoch vom Boden, gehen von seinem colossalen Stamme starke horizontal verlaufende Aeste ab. Auf diese legen die Bagermi-Bewohner Balken und errichten darauf ihre Hütten; selbst der Viehstand wird in Zeiten der Gefahr mit nach oben gezogen. Mittelst einer aufziehbaren Strickleiter gelangen die Eigentümer hinauf. In der Nacht werden nach Nachtigal nie Feindseligkeiten unternommen, so daß während dieser Zeit die Inwohner eines solchen Baumdorfes ihre Vorräthe an Wasser und Lebensmitteln machen können. Und da in Bagermi der Gebrauch der Schießwaffe noch nicht eingeführt ist, so gewinnen die Besitzer in ihren hohen, luftigen Bauten eine ziemliche Sicherheit.

Je mehr man sich der Küste nähert, desto mehr schwindet die Hütte, und wenn in den Ortschaften des Konggebirges oder an den Abhängen desselben auch die Häuser der privaten nicht alle jene großen kasernenartigen Dimensionen haben, so läßt sich doch in der Anlage der europäische Einfluß auf den ersten Blick heraussehen. Gebrannte und behauene Steine findet man erst, wenn man die Küstenstädte Afrika's selbst, mithin das europäische Element erreicht hat.

Fußnoten:

[1] Allerdings sind in Marokko in den sogenannten "maurischen Bädern" auch gewölbte Kuppeln, aber diese Gewölbe sind entweder durch horizontal eingeschobene Balken gebildet und getragen, oder durch Uebertragung horizontal gelegter Steine gebildet, ähnlich wie man es in den gewölbten Kammern der griechischen Thesauren beobachtet.

3. Lagos an der Westküste von Afrika.

Keine Stadt an der Westküste von Afrika, vom Cap Spartel an gerechnet, bis zum Cap der guten Hoffnung, hat in den letzten Jahren einen so raschen Aufschwung genommen wie Lagos. Unter dem 6° 26' nördlicher Breite und dem 3° 22' östlicher L. v. Gr. gelegen (nach anderen 6° 28' n. Br. und 3° 26' östl. L. v. Gr.), war Lagos bis zum Jahre 1851 portugiesische Schutzstadt und Hauptexportstadt für den Sclavenhandel. In diesem Jahre vertrieb ein eingeborener Fürst, Namens Kosoko, den rechtmäßigen König Akitoye, weil dieser auf Betrieb Englands den Sclavenhandel unterdrückt hatte. Kosoko wurde von den Engländern wieder verjagt und der rechtmäßige König wieder eingesetzt. Aber trotzdem florirte die Negerausfuhr fort, die um so schwieriger hier zu überwachen und zu verhindern war, als der Küstenstrich wegen Lagunenbildung zahlreiche Verstecke und Schlupfwinkel bietet, wohin sich die Sclavenhändler bei drohender Gefahr zurückziehen konnten.

Am 6. August 1861 erschien deshalb das englische Kriegsschiff Prometheus, Com. Bedingfeld; Lagos wurde genommen und zur englischen Colonie erklärt. Zum Scheine ließ man jedoch den Sohn Akitoye's, Docemo, als König bestehen, er behielt jedoch nur den Titel.

Von den Eingeborenen Eko, auch Oni genannt, erhielt Lagos seinen Namen von den Portugiesen. Es liegt auf einer halbmondförmigen Insel, hat im Süden das Meer, im Norden die die Insel vom Festland trennende Lagune, und ist von den übrigen schmalen Küstenstrichen oder Inseln, welche im Osten und Westen sich fortziehen, durch enge Meeresarme getrennt. Das Festland ist circa 15 engl. Meilen entfernt. Von den schmalen Landstreifen, welche ursprünglich Festland gewesen sind, und die manchmal 3, manchmal bis 10 englische Meilen breit sind, gehört ein 60-70 englische Meilen langes Stück jetzt den Engländern. Alle diese Streifen sind mit dichtester Vegetation bedeckt, meistens mit Mangroven-Buschwerk bestanden, das von schlanken Cocosnußpalmen überragt wird, während gleich am Festlande jene undurchdringlichen Urwälder beginnen, in denen die Oelpalme und der Baumwollenbaum die hervorragendste Rolle spielen.

Hält man sich für kurze Zeit in diesem von der Natur so verschwenderisch ausgestatteten Lande auf, so sollte man glauben, es sei hier ein ewiges Paradies was das Klima anbetrifft: man glaubt in einer ewig frühlingsmäßigen Natur zu leben. Balsamische Düfte durchziehen die Luft, der tiefblaue Himmel, das saftige Grün der üppigen Pflanzenwelt, in der Ferne das tiefblaue wogende Meer, lassen den Gedanken nicht aufkommen, daß jeder Athemzug dem Körper giftige Substanzen zuführt; und doch ist dem so, wie die große Sterblichkeit der Eingeborenen sowohl wie die der Europäer ergiebt. Eben die lagunenartige Gegend, die Ausdünstungen der See, die vermodernden Pflanzentheile der nahen Sümpfe, die Vermischung von Salz- und Süßwasser nehmen alle Theil an jenen Krankheiten, die den Menschen so gefährlich sind, und meist rasch und tödtlich verlaufen.

Die mittlere Temperatur von Lagos ist unbekannt, dürfte aber zwischen 20° und 22°[2] sein. Der niedrigste beobachtete Thermometerstand war 15° C., der höchste 35°. Barometrische Aufzeichnungen von Lagos liegen gar nicht vor. Als hygrometrische Beobachtungen wurden mir 0,2 und 25° genannt, indeß nicht dabei gesagt, mit welchem Instrument und nach welchem Systeme dieselben gefunden worden sind. Die fallende Wassermenge wird wohl der von

Gabun gleichkommen, wo man in einem Jahr 250" Regen beobachtet hat. Die nasse Jahreszeit währt von April und Mai bis August und September und in dieser Zeit sind fast täglich die heftigsten Tornados (Gewitterregen) bei herrschendem Ostwinde. Im November, December, Januar und Februar ist fast nie Regen beobachtet worden. Der herrschende Wind der trockenen Jahreszeit ist West und Nordwest. In dieser Periode herrscht Nachts vollkommene Windstille; erst gegen 9 Uhr Morgens springt der Wind auf, um bis nach Sonnenuntergang als starke Brise zu blasen. Im Januar wird hauptsächlich der Harmattan beobachtet, vom Innern her wehend, und von welchem die dort lebenden Europäer noch immer glauben, daß es Nebel sei, während es nichts Anderes ist, als ein zerflossener Rauch jener großen innerafrikanischen Wald- und Grasbrände, die sich manchmal über Strecken verbreiten, die Tausende von Quadratmeilen einnehmen. Zu dieser Zeit ist der Gesundheitszustand am besten, namentlich auf äußere Hautkrankheiten übt der Harmattan einen überaus wohlthätigen Einfluß aus.

Hauptsächlich dort beobachtete Krankheiten sind, was auf die Europäer sich bezieht, Malaria und bösartige Wechselfieber, Dyssenterien und Leberkrankheiten. Cholera und gelbes Fieber sind in Lagos nie aufgetreten. Es ist übrigens wohl in Betracht zu ziehen, daß die meisten Europäer durch ihr eignes unmäßiges Leben sich derartige Krankheiten zuziehen. Während das weiche, erschlaffende Leben eine mäßige Lebensweise, namentlich Enthaltsamkeit von trockenen Weinen und Liqueuren, empfiehlt, findet man hier, wie fast überall in den Colonien, vorzugsweise spanische Weine, Sparkling Hock[3] und Brandy im Gebrauch, und die schwelgerischen Tafeln, die dort stets dem Magen vorgestellt werden, rufen denn nur zu rasch jene Krankeiten hervor, denen die Europäer zum Opfer fallen, auf dem Sterbebette noch das mörderische Klima verfluchend. Bei den Negern beobachtet man außerdem noch den Guineawurm, Elephantiasis, Pocken, Lepra, Krakra (eine widerliche Krankheit) und Yaws, eine Art von böser Frambösie.

Die Bevölkerung der Schwarzen besteht aus Eingeborenen und dorthin eingewanderten und transportirten Negern. Erstere gehören alle zu den Stämmen der großen Yoruba-Familie. Ohne so schön und hell zu sein wie die Pullo, sind die Yoruba keineswegs vollkommen schwarz, sondern haben mehr bräunliche Hautfarbe. Sie haben sanfte, nicht stark prononcirte Gesichtszüge, und werden von den dortigen Europäern für die besten und gutmütigsten aller Neger gehalten. Als die Portugiesen zuerst nach Lagos kamen, fanden sie die Eingeborenen sehr geschickt in Verfertigung von Matten und Strohflechtereien, die sie auch noch so zart und fein zu flechten wissen, daß man daraus Kleidungsstücke machen könnte, und die zum Theil auch von den Eingeborenen in früheren Zeiten als solche benutzt wurden. Baumwollenweberei, Färberei, Ledergerberei, vorzügliche Holzschnitzerei, Töpferkunst und die Verarbeitung edler und unedler Metalle waren den Eingeborenen von Lagos bekannt, als die Europäer dorthin kamen. Man kann ihre Zahl auf 35-40,000 schätzen. Haussa-Neger bilden das zweite Element, sie sind durch etwa 1000 Individuen vertreten. Die übrigen endlich sind Acra-, Fanti- und Kru-Neger, etwa 2000 Seelen stark, und einzelne von verschiedenen anderen Horden. Alle diese sind ursprünglich freie, in Lagos von jeher seßhafte Neger, dann aus dem Innern und von der Küste als Freie Eingewanderte, oder aber ursprünglich gewesene Sclaven und deren Nachkommen und zum Theil aus dem britischen Westindien, von Sierra Leone, Gambien, Liberien, Brasilien oder Cuba zurücktransportirte, gekaperte ehemalige

Sclaven. Allein die von Sierra Leone gekommenen Neger schätzt man auf 4000 Seelen.

Was die Europäer anbetrifft, so ist deren Zahl durchschnittlich gegen 100, von denen etwa 60 Engländer, 20 Deutsche und Franzosen sind, und die übrigen aus Spaniern, Portugiesen und Italienern bestehen.

Der Cultus der Eingeborenen, die noch nicht zum Christenthume übergetreten sind, ist Fetischdienst. Vornehmlich werden Bäume fetischirt, aber auch Thiere, z.B. Hunde, stehen in Verehrung. Die Anbetung von kleinen, aus Holz und Thon gearbeiteten Götzenbildern ist sehr allgemein; Herr Philippi aus Potsdam, der sich 13 Jahre in Lagos aufhielt, besitzt eine ganze Sammlung jener kleinen interessanten Gottheiten. Außer den allgemein heilig gehaltenen Thieren hat dann noch jeder Neger sein Privatheiligthier, von dem er dann natürlich auch nicht essen darf, während die Uebrigen, wenn diese Thiere zu den genießbaren zählen, davon essen. So durfte der Häuptling Tappa, eine persönliche Bekanntschaft von mir, keine Hühner essen, Docemo, der König, keine weißen Tauben. Jeder hat so seine speciellen Göttchen, die gewissermaßen als Heiligen den betreffenden Individuen dienen und in den Wohnungen den Ehrenplatz einnehmen. Im Ganzen mögen gegen 25000 Heiden in Lagos sein. Für die Umwandlung in Christen thut die englische Regierung officiell seit einigen Jahren nichts mehr, legt aber auch den Missionären, einerlei, von welcher Kirche sie abgeschickt worden sind, keine Hindernisse in den Weg.

Als Nichtchristen zählen zunächst die Mohammedaner; ihnen gehören besonders alle Haussa-Neger an, aber auch viele Yoruba. Der Islam hat sich quer durch Afrika seinen Weg gebahnt, er wird um so mehr von den Negern angenommen, als die moralischen Vorschriften besser mit den alten hergebrachten Leben harmoniren, überdies die den Mohammedanismus predigenden Lehrer gleich Sitten und Gebräuche der Schwarzen selbst annehmen, und nur die Formen und äußeren Gebräuche ihres Glaubens verlangen. Außerdem predigt der Islam Hochmuth. "Sobald ihr Gläubige seid, steht ihr über Christen und Juden, ihr gehört dann zum ausgewählten Volke, ihr seid dann gut par exellence." Eine solche Lehre gefällt den unmündigen Negern. Es gefällt ihnen das weit besser, als: "Ihr könnt das Himmelreich nur durch Buße und Glauben gewinnen, Sünder bleibt ihr aber immer; seid demüthig, verachtet den Reichtum &c." Zudem ist der christliche Missionär in unseren Tagen nicht im Stande, auf das Niveau der Eingeborenen hinabzusteigen, während er ebenso wenig vermag, diesen zu sich heraufzuziehen, das heißt ihm die äußeren Annehmlichkeiten des Lebens zu bieten, unter denen er selbst seine Existenz hat. Wie kann ein armer Neger sich denken, daß die Lehre richtig sei, wo man ihm Verachtung des Reichthums, Mäßigung, Demuth und Buße predigt, und er dies von solchen Männern hört, die gut bekleidet sind, die schöne Häuser haben, Möbel besitzen, wie er sich sie nie anschaffen kann, und über Geld in Hülle und Fülle (nach den Anschauungen der Neger) gebieten? Denn wenn auch nach europäischen Begriffen die Missionäre nicht allzuglänzend und reich ausgestattet sind, so sind sie es doch den Eingeborenen gegenüber. Ganz anders tritt der Mohammedaner auf: er hat nicht mehr als der Neger, er verdient seinen Lebensunterhalt durch seine Arbeit, durch Handel; der Eingeborene sieht, wenn der mohammedanische Lehrer zu Wohlstand kommt, woher und wie derselbe gewonnen ist. Kein mohammedanischer Apostel hat irgendwie Gehalt, er bekehrt, um einen neuen Gläubigen zu gewinnen, ganz aus eigenem Antriebe, ohne von einer Gesellschaft ermächtigt zu sein. Er glaubt auch nicht einmal, daß dies für ihn selbst ein großes Werk sei, er meint dadurch nur die Seele des Bekehrten gerettet zu haben, welche nun würdig ist, mit ihm nach dem irdischen Tode die verheißenen Freuden des Paradieses zu theilen.

Die Zahl der Mohammedaner wird auf 4000 geschätzt, und scheint dieselbe noch fortwährend zuzunehmen.

Was die Christen anbetrifft, so haben wir verschiedene Glaubensrichtungen in Lagos vertreten, und dies Nichteinheitliche der Lehre Jesu trägt gewiß dazu bei, bei Ausbreitung des Glaubens die Eingeborenen stutzig zu machen.

Von den Protestanten finden wir die englische *high church* durch die *church missionary society* vertreten, etwa 1000 Seelen; die Wesleyaner etwa 700 Seelen, und amerikanische Baptisten etwa 30 Seelen. Die römisch-katholische Kirche ist hauptsächlich durch 3-400 sogenannte *emancipados* (ehemalige Sclaven) aus Brasilien und Cuba repräsentirt. Die deutschen Protestanten halten sich zur Hochkirche. Im ganzen beläuft sich die Zahl der Christen in Lagos auf 3500. Für die Protestanten besteht ein Seminar mit einem weißen und einem schwarzen Lehrer und etwa 20 Zöglingen; ein Mädcheninstitut unter einem weißen Lehrer und einer weißen und einer schwarzen Lehrerin mit etwa 20 Schülerinnen; vier gemischte Volksschulen mit 8 Lehrern und 430 Schülern; drei kleine Kinderschulen mit 5 Lehrerinnen und 320 Schülern. Die Wesleyaner haben außerdem eine Schule mit 3 Lehrern und 170 Schülern. Ueber die Schulen der römisch-katholischen Mission liegen keine numerischen Nachrichten vor.

Die Mohammedaner sorgen für die Bildung ihrer Gläubigen durch Gebete in der Hauptmoschee, sie haben 12 bis 16 kleinere Betplätze, die zum Theil Medressen (Schulen) sind, in denen jedoch weiter nichts gelehrt wird, als mechanisch Koransprüche herzusagen. Fast mit Sicherheit kann man behaupten, daß die Lehrer selbst den Sinn der Sprüche und Gebete nicht verstehen. Nach den Begriffen der modernen Apostel des Islam ist das auch nicht nöthig, da Gott selbst Arabisch versteht, also wohl weiß, was die Gläubigen beten.

Die Regierung besteht derzeit aus einem Gouverneur (von der Kriegsflotte), einem Colonialsecretär, einem Oberrichter (*high justice*), einem Ingenieur, einem Colonialarzt, einem Schatzmeister und zwei Polizei-Inspectoren mit 45 Constablern. Das Geschwornengericht ist aus Weißen und Schwarzen zusammengesetzt. Als Garnison steht in Lagos eine Compagnie westindischer schwarzer Soldaten, und in letzterer Zeit sind darunter als Ergänzung vorzugsweise Haussa-Leute aufgenommen worden. Außerdem steht der Regierung ein Kanonenboot I.M. der Königin zu Gebote. In Lagos residiren ein norddeutsches, ein französisches und ein italienisches Consulat.

Während Lagos früher krumme, winkelige Straßen hatte, an beiden Seiten von Negerhütten besäumt, wird jetzt der Ort durch sehr breite, gerade Straßen durchzogen, die Nachts beleuchtet sind. Man unterscheidet vier Hauptstadttheile, Okofagi, Ologbowa, Offi und Egga. In letzterem befindet sich der Palast von König Docemo, der aussieht wie eine große Bude. Das Haus, welches der Gouverneur bewohnt, ganz aus Eisen errichtet und fertig von England gebracht, befindet sich, wie die meisten Wohnungen der Europäer, auf der der See zugekehrten Seite der Insel. Gleich daneben liegt die prachtvolle ehemalige O'Swaldische Factorei, die seit einigen Jahren in die Hände eines anderen Hamburger Hauses übergegangen ist.

An öffentlichen Gebäuden erwähnen wir noch das Colonial-Secretariat, das neue, aus Backstein errichtete Rathhaus, in dem zugleich der Gerichtshof ist, eine Caserne mit Spitaleinrichtung, ein Colonial-Hospital mit 20 Betten, das jedoch viel zu wünschen übrig läßt, ein Zollhaus mit Krahn, endlich 10 Kirchen für Protestanten und eine im Bau begriffene für Katholiken.

Die Häuser der Europäer sind zweckmäßig und meist aus gebrannten Ziegeln aufgeführt und fast alle von kleinen Gärten umgeben. Cocospalmen, Brodfruchtbäume und Mangos gewähren Schatten; an wohlschmeckenden Früchten sind die Ananas von Lagos als ganz vorzüglich hervorzuheben.—Die Stadt hat außerdem mehrere kleine Dampfer, welche die großen Dampfschiffe und Segler, welche die Barre nicht passiren können, befrachten und ausladen, Hunderte von kleinen Schiffen, alle numerirt und den Eingeborenen gehörend, unterhalten den Verkehr mit dem Festlande, hauptsächlich mit der Stadt Ikorodu. Sehr angenehm für die Bewohner von Lagos ist, daß die Lagunen nicht nur äußerst fischreich sind, sondern jahraus, jahrein täglich so viel Austern und Granaten (*Crangon vulgaris*) gefangen werden, wie es die Bedürfnisse erheischen. Deshalb ist denn auch die Fischerei eine der Hauptbeschäftigungen des Volkes; aber außerdem finden wir alle Handwerker vertreten, als Schreiner, Maurer, Zimmerleute, Schneider, Schuster, Schmiede, Schlosser &c.

Die Europäer sind fast durchaus Handelsleute; es giebt Engros-Häuser, sogenannte Factoreien, und Detailisten. Große Factoreien giebt es circa 20, von denen die Hamburgische von O'Swald die bedeutendste war, die sogar der Factorei der West-African-Company den Rang abgelaufen hatte.

Export und Import haben unter der englischen Regierung einen bedeutenden Aufschwung genommen, was natürlich auf die Einkünfte der Colonie bedeutend nachgewirkt hat. 1862 betrug die Einnahme 5000 Pfd. St., im Jahre 1867 schon 30,000 Pfd. St. Nach dem Blaubuche betrug 1867 der Werth der exportirten Waaren 51,313 Pfd. St., der Werth der importirten Gegenstände ist nicht angegeben, Lagos hatte aber 1868 an Zollgebühren (vom Export wird nicht gezollt) eine Einnahme von 35,000 Pfd. St.[4], aus anderen Quellen noch 4000 Pfd. St., also im Ganzen fast 40,000 Pfd. St.

Exportirt wird hauptsächlich Indigo, Grundnüsse (Arachis), Elfenbein, Mais, Baumwolle (1867 für 7112 Tons, die Tonne zu 2000 Pfund), Goro- oder Kolanüsse[5], welche nach Brasilien und Sierra Leone verschickt werden, endlich Oel- und Palmnüsse. Oel wurde 1867 im Gewicht von 12,414 Tonnen, Nüsse 9600 Tonnen exportirt. Die Nüsse wurden im Anfang gar nicht benutzt, es ist das Verdienst der O'Swald'schen Factorei, dieses Product der *Elaeis guineensis* zuerst ausgenützt zu haben. Die Nuß enthält nämlich bedeutende Mengen von Stearin, das Oel wird zum Schmieren und zur Seifefabrikation benutzt.

Man führt ein: Cawries (kauri, kungena, kerdi, eloda-Cypraea moneta L.), jene kleinen Muscheln aus den ostindischen Gewässern, die als Scheidemünze dienen im größten Theil von Centralafrika, Rollen- und Blättertabak von Brasilien, Waffen, Pulver, Stabeisen, Messingdraht, Perlen, Spiegel, Messer, Manufacturen, Salz, Spirituosen. Von Spirituosen, Cawries und Tabak wird 6 Proc. Eingangszoll erhoben.

Im Jahre 1873 arbeitete der Bürgermeister von Lagos, Mr. Goldsworthy, zusammen mit dem Gouverneur Herrn Glover, um neue Handelsstraßen nach dem Innern zu eröffnen. Im vergangenen Jahre machte Goldsworthy eine Reise von 200 englischen Meilen in nordöstlicher Richtung und berührte dabei die Gebiete von Ikale, eine wald- und sumpfreiche Gegend mit einzelnen angebauten Strichen, und von Onodo, einer Hügelkette längs der Küste und von Ife berührt. Es gelang ihm, die Kämpfe zwischen einzelnen

Stämmen zu beendigen und wahrscheinlich auch das Efou-Gebiet durch eine neue Handelsstraße zu eröffnen.

Werfen wir schließlich einen Rückblick auf Lagos, heute die volkreichste Stadt an der ganzen Westküste von Afrika, so bemerken wir, daß der Ort hauptsächlich unter der freisinnigen englischen Administration rascheren Aufschwung genommen hat wie andere Punkte in Afrika. Selbst das Klima scheint sich durch gute sanitätspolizeiliche Maßregeln, als Erweiterung der Straßen, Pflasterung der Wege, Ausrottung der nächsten Dschengel- und Mangroven-Büsche verbessert zu haben; in früheren Jahren trafen auf die weiße Bevölkerung wenigstens 20 Todesfälle, in den letzten Jahren ist das Verhältniß jedes Jahr günstiger geworden. 1869 ist, freilich wohl ausnahmsweise, nur Einer von der circa 100 Köpfe starken weißen Bevölkerung gestorben.

Auch die Gesittung und Civilisation nimmt unter den Eingeborenen erfreulich zu. Wenn Europäer, und besonders die Missionäre, beherzigen wollten, daß ein Volk, welches seither fortwährend von der Cultur der civilisirten Völker abgeschlossen gewesen, von einem primitiven Standpunkte sehr schwer innerhalb einiger Jahre auf eine solche Culturstufe gebracht werden kann, wozu wir selbst fast 2000 Jahre gebraucht haben, so würden sie langsamer vorgehen und mehr Geduld haben mit ihren Civilisationsbemühungen. Wenn man die heutigen Neger betrachtet, namentlich die Bewohner jener großen Reiche Centralafrika's, und vergleicht den Zustand dieser Völker und Länder mit jenen von Europa vor circa 2000 Jahren (natürlich Griechen und Römer ausgenommen), so wird jeder Mensch, der unbefangen urtheilt, sagen: der Vortheil ist hier auf Seiten der Schwarzen. Die großen Staaten Bornu, Sokoto und Gando &c. legen glänzendes Zeugniß ab, wie weit ohne europäische Einflüsse die Neger fähig sind, sich zu civilisiren, und General Faidherbe hat gewiß nicht Unrecht, wenn er die Schwarzen als für Civilisation empfänglicher hält, als Berber und Araber.

Aber trotzdem und trotz vieler glänzenden Beispiele, die eben beweisen, daß selbst in kürzester Zeit der Neger bei sorgfältiger Erziehung sich vollkommen mit dem Weißen gleichzustellen weiß (ich erinnere nur an Bischof Crowther, an Senator Revels, welcher Letztere jüngst im Senate der Vereinigten Staaten seine erste Rede, die als oratorisches Meisterwerk dasteht, gehalten hat), wage ich nicht zu behaupten, daß die Neger eine Zukunft vor sich haben; sie werden am Ende von den Weißen absorbirt werden.

Wir sehen in Centralafrika, daß die Pullo, welche sich als herrschendes Volk große Negerreiche unterworfen haben, heute, nach noch nicht 100 Jahren, vollkommen von den Negern assimilirt worden sind. Obschon die Pullo noch die herrschenden sind, auch ihre Pullo-Sprache noch reden, sind sie fast ganz schwarz geworden und alle reden heute neben ihrem Pullo die Sprache der Stämme, über welche sie herrschen. Ebenso haben die Araber in Centralafrika, z.B. die Schoa, fast nur noch ihre Sprache erhalten. Und so wird es den Negern ergehen den Weißen gegenüber, wenn sie nicht durch eine zu rasch mit ihnen vorgenommene Civilisationsmethode (namentlich durch unpassende Bekehrungsversuche) vorher ausgerottet werden. Ist dies nicht der Fall, so werden sie langsam verdrängt werden von den Weißen, wenn sich einmal für diese das Bedürfniß herausstellen sollte, Afrika so ernstlich in Angriff zu nehmen, wie man es mit Amerika und jüngst mit Australien gethan hat.

Fußnoten:

[2] Hunderttheilig.

[3] Rheinwein wird von den Engländern meist als Schaumwein getrunken.

[4] Fast Alles zahlt 4 Proc. nur einige Artikel 6 Proc.

[5] Als ich 1867 von Lagos nach Europa zurückkehrte, gelang es mir, Goro-Nüsse ganz frisch heimzubringen. Unser nun verewigter Liebig, dem ich dieselben zur Untersuchung einschickte, fand die Nüsse sehr reichhaltig an Coffein; außerdem gelang es ihm, im botanischen Garten zu München aus einer der Nüsse einen Baum heranzuziehen, der im vorigen Sommer schon eine Höhe von 5 Fuß erreicht hatte und laut eines Briefes vom 9.d.M. von Liebig fortfährt, sehr gut zu gedeihen.

4. Das Gora-Gebirge in Central-Afrika.

Einer der wichtigsten Gebirgsstöcke im bekannten Centralafrika ist das Gora-Gebirge, denn hier ist die Wasserscheide zwischen dem Tschad-See einerseits und dem mächtigen Niger andererseits. Zudem entspringt hier der Gongolafluß, einer der bedeutendsten Nebenflüsse des Bénue, sowie eine Menge kleinere Flüsse, die direct in den Bénue (dieser ist der bedeutendste Nebenfluß des Niger, und vielleicht ebenso bedeutend als dieser) sich werfen.

Das Gora-Gebirge erreicht eine absolute Höhe von mehr als 7000 Fuß und besteht seiner Hauptmasse nach aus Granit, doch sind an den unteren Abhängen auch alle anderen Gesteinsarten vertreten. Das Gebirge scheint sehr mineralisch zu sein, die Bewohner haben Antimon-, Zinn- und Eisenminen; über das Vorkommen von Gold ist den Eingebornen indeß nichts bekannt, noch weniger läßt sich sagen, ob Silber vorhanden sei, welches überhaupt in Centralafrika noch nicht gefunden worden ist. Der Boden besteht fast durchweg aus einem festen röthlichen Lehm und Thon, doch sieht man mitunter auch ausgedehnte Strecken mit schwarzem Humus bedeckt. Die hervorragendsten Berggipfel sind der Saranda, westlich von Bautschi (Jacoba) gelegen, der Goa- und der Gora-Knotenpunkt, von dem das ganze ausgedehnte Gebirge seinen Namen hat, und von dem die Wasser hauptsächlich entspringen, welche dem Niger, Bénue und dem Tschad zueilen.

Was Naturschönheiten anbelangt, so wird es kaum ein Gebirge geben, welches hierin die Goraberge übertrifft. Ueberall bewaldete Höhen, oft steil emporragende Felsen, rieselnde Bäche, spritzende Wasserfälle, herrliche

Steilschluchten. Hie und da wieder ein Stück Ackerland um kleine Ortschaften herumliegend, üppige Gärten mit Bananen, Gundabäumen, Erdnüssen und einigen Gemüsen —dies das Gesammtbild, wie sich das Gora-Gebirge dem Wanderer zeigt. Ja, wenn nicht die eigenthümlichen konischen Dächer der Hütten, welche jene Negerdörfer zusammensetzen, wenn nicht bei näherer Betrachtung die einzelnen Bäume der dichten Wälder, wenn nicht hie und da die schwarze Gestalt eines mit Bogen und Pfeil bewaffneten Eingeborenen einen daran erinnerten, daß man sich zwischen dem 9. und 11. Grade N. Br. befände, so würde man eher glauben, in einer üppigen europäischen Gebirgslandschaft zu sein, als in einer afrikanischen Tropengegend.

Bis auf den Kamm des Gebirges hat man es meist mit denselben Bäumen zu thun, wie sie in Bornu vorkommen, aber darunter befinden sich manche fruchttragende, die in den Tschadebenen nicht vorkommen. Auf der westlichen Seite treten hingegen die Baumarten in den Vordergrund, wie sie das Nilthal vorzugsweise aufweist, und namentlich sind es ausgedehnte Wälder des Butterbaumes, *Bassia Parki*, die nun vorherrschen. In den niederen Theilen zeigen sich Bananen und der herrliche Gunda-Baum überall wild. Indigo, zum Theil wild, Baumwolle und Tabak gezüchtet, kommen allerwärts vor. Der Wald liefert die Yams-Wurzeln, die auch gebaut werden, ebenso pflanzen die Eingeborenen in ihrem Garten Ingwer, verschiedene Zwiebeln, Erdnüsse und Kohlsorten.

In einer so üppigen Gegend ist natürlich die Thierwelt sehr reich vertreten: die niedere sowohl wie die geflügelte zeigt dem Europäer auf Schritt und Tritt Neues. Reißende Thiere, namentlich Panther und Leoparden, sind in den Schluchten der Berge nichts Seltenes, doch sind sie keineswegs so häufig, daß dadurch irgendwie die Sicherheit der Reisenden gefährdet würde.

Sehr zahlreich sind allerdings die Hyänen und Büffel vertreten; Giraffen kommen hier im Gebirge nirgends vor; Elephanten, Nashörner und Flußpferde treten erst am Bénue und Niger auf; ebenso fehlt hier der Gorilla-Affe, nur Paviane und Hundsaffen sind in erstaunlicher Menge vertreten. Wie überall, wo das Land von Ameisen beherrscht wird, ist auch der Ameisenbär anzutreffen, und jene ungeheueren Thonpyramiden, welche man über das ganze Land zerstreut sieht, sind oft von der Kralle des Ameisenbärs angebohrt. Diese Pyramiden, von denen auch schon durch Photographie fixirte Ansichten existiren, verleihen der Landschaft einen eigenthümlichen Reiz. Man beobachtet welche von einer Höhe von über 20 Fuß.

Die Bewohner des Gora-Gebirges sind echte Neger und gehörten ehedem zum großen Reiche der Haussa-Neger. Bei der Invasion der Pullo wurden sie unterjocht, und jetzt bildet das Gora-Gebirge einen Theil des Kaiserreichs Sokoto. Zum Theil gehört es zu den Königreichen Bautschi und Kano, zum Theil zu denen von Saria und Keffi-abd-es-Senga, welche alle dem Kaiser von Sokoto unterthan sind.

Mit Ausnahme der Städtebewohner gehen alle Eingeborenen vollkommen nackt und sind Heiden. Die Frauen tragen Ringe und Spangen um Arme und Fußknöchel, jedoch durchbohren sie die Ohrlappen nicht wie die europäischen Frauen, ihr Haar tragen sie ohne Schmuck und kurz abgeschnitten, während die Männer es nach Art der Bornu-Frauen helmartig zu einem Wulst zusammenwachsen lassen. Um den Leib tragen die Frauen einen Ledergurt der vorn und hinten mit Blättern behangen wird, um damit die Blößen zu bedecken; die Männer tragen ein Schurzfell, oft kunstvoll gestickt und mit vielen kleinen Muscheln geschmückt. Die Männer sind immer bewaffnet:

ein Bogen, ein Köcher mit vergifteten Pfeilen und oft ein gerades, in Hagen oder Solingen verfertigtes Schwert macht ihre Rüstung aus.

Ihre Religion ist Fetischdienst, obschon die über sie herrschenden Pullo den Islam angenommen haben. Aber obgleich sie Heiden sind, stehen sie keineswegs auf einer ganz niederen Stufe der Cultur; ihre Hütten sind so regelmäßig und gut angelegt, daß man ihnen gewissermaßen Sinn für Architektur und Geschmack nachsagen muß; der Boden ist eine Art Mosaik, welcher von den Frauen eingegossen und festgeklopft wird. Ihre Hauseinrichtungen, was Töpfe, Holzschnitzereien und andere Gegenstände anbetrifft, sind kunstvoll und mit Eleganz gearbeitet, ihre Werkzeuge verfertigen sie selbst aus Eisen. Um im Winter auf den höher gelegenen Bergtheilen sich besser gegen die Kälte schützen zu können, haben sie in ihren Hütten eigene thönerne Feuerbetten angebracht. Dieselben bestehen aus thönernen Bänken, die inwendig hohl sind; hierin wird Feuer gemacht und so gewähren sie dem darauf liegenden, der die schroffe Hitze durch Felle und Matten dämpft, eine angenehme Wärme.

Einer der Hauptstämme ist der der Bolo-Neger, aber je mehr man nach dem Süden kommt, desto verschiedener werden die Bewohner, was Sprache anbetrifft, und fast täglich hat man einen anderen Stamm vor sich. Schon der Umstand, daß sie mich als ersten Weißen unbehelligt ihr Gebirge durchziehen ließen, spricht zu ihren Gunsten. Allerdings machte auf sie das Erscheinen eines Weißen den größten Eindruck, und sie bekundeten das dadurch, daß häufig Männer und Frauen herbeikamen, um mich zu befühlen, ob ich auch wirklich aus Fleisch und Blut sei, oder daß die ganze Jugend eines Ortes hinter uns drein zog und "Thoraua, Thoraua" (Weißer, Weißer) rief; aber nirgends war irgend von einem feindseligen Worte, geschweige einer beleidigenden Handlung gegen mich die Rede. Im Gegentheil, oft gab man mir zu verstehen, ich möchte doch bald nach ihren Gegenden zurückkommen.

---

5. Höflichkeitsformen und Umgangsgebräuche bei den Marokkanern.

"Es ssalamu alikum" ist die allgemeine Begrüßung der Gläubigen, der Araber, und folglich aller Marokkaner, die der allein seligmachenden Kirche Mohammeds anhängen. "Alikum ssalam" ist die Antwort. Beiderseits muß der Gruß immer mit sichtbarem Ernste, mit einer gewissen Feierlichkeit ausgesprochen werden; ein freundlich lächelndes Gesicht würde man für ganz unpassend halten.

Wie die mohammedanische Religion am Ende weiter nichts will, als die ganze Menschheit unter *einen* religiösen Hut bringen, und dies dadurch zu erreichen hofft, daß sie jeden anderen glauben als absolut falsch verwirft, so hat dieselbe auf alle Völker, die den Islam bekennen, einen merkwürdig nivellirenden Einfluß ausgeübt. Und wie hauptsächlich Gewicht auf das *wörtliche Glaubensbekenntniß* gelegt wird und eine fortschreitende *Entwickelung* in der Religion auf's Strengste verpönt ist, so sehen wir, daß alle den Islam bekennenden Völker dahin gekommen sind, wohin der Buchstabenglaube führt: zur offenen Heuchelei, Scheinheiligkeit und zu einer entsetzlichen Verdummung und Verthierung des Volkes.

Durch Alles, was die mohammedanischen Völker thun und reden, zieht sich immer ein heuchlerischer, muckerhafter und pharisäischer Hauch, auch in Höflichkeiten. Der durch den Gebrauch Mohammed's geheiligte Gruß: "Der Gruß (Gottes) sei mit Euch" wird daher auch nie an Ungläubige verschwendet. Ein ächter Mohammedaner würde glauben, ewig verdammt zu werden, wenn er hierin nicht einen strengen Unterschied machte. Tritt er in eine Versammlung, wo Juden und Christen zugegen sind, so unterläßt er nie zu sagen: "Ssalam-ala-hali," Gruß meinen Leuten, oder will er den Unterschied noch mehr hervortreten lassen, so sagt er: "Ssalam-ala-hal-es-ssalam," Gruß den Leuten des Grußes, d.h. den Mohammedanern, da selbstverständlich den ungläubigen Hunden kein Gruß zukommt. Oder auch man sagt. "Gruß Denen, welche die Religion befolgen," womit selbstverständlich die allein seligmachende Religion des Islam gemeint ist, alle anderen Religionen, die christliche, die jüdische &c., führen den Menschen direct vom Diesseits in die Hölle.

Will ein Marokkaner recht höflich gegen einen Christen oder Juden sein, d.h. ihn beim Begegnen zuerst anreden, so sagt er wohl: "Allah-iaunek," Gott helfe dir, oder auch: Gott gebe dir zu essen. Nie aber würde er einen Glaubensgenossen so anreden, denn Alles, auch die Höflichkeitsbezeigungen, sind streng vorgeschriebene Redensarten und Handlungen.

Und es ist eigenthümlich: während äußerlich eine gewisse Gleichheit der Menschen zu existiren scheint, — denn der ärmste Mann im Lande ist nicht sicher, eines Tages zum ersten Minister oder gar zum Sultan, zum Chalif (des gnädigen Herrn Mohammed) gemacht zu werden, — herrscht dennoch ein strenger Unterschied in den Förmlichkeiten und Gebräuchen des Umgangs zwischen Hohen und Niedern, zwischen Armen und Reichen, zwischen Schriftgelehrten und Laien, zwischen Schürfa[6] und anderen gewöhnlichen Sterblichen. Ist es nicht ähnlich so in der päpstlichen Kirche? Der Sultan von Marokko betrachtet sich als den rechtmäßigen Nachfolger Mohammeds, als seinen Verweser auf Erden. Seiner Idee nach gehört von Rechtswegen die ganze Erde ihm: "Jeder kann Sultan oder Beherrscher der Gläubigen werden, vornehmlich aber die vom Blute Mohammeds"[7]. Der Papst andererseits betrachtet sich als rechtmäßigen Nachfolger Petri (oder als Stellvertreter Jesu Christi, d.h. eigentlich Gottes), seiner Meinung nach gehört von Rechtswegen die Herrschaft über die ganze Erde ihm, jeder kann Papst werden, der den Laienstand mit dem schwarzen Gewande vertauscht; wie der Sultan von Marokko, behauptet er, nicht fehlen zu können. Wo ist da der Unterschied vor dem *unparteiischen* Menschen? Aber eben so groß, wie er in der päpstlichen Kirche zwischen dem mit dreifach goldener Krone bedeckten Papste und dem einfachsten Priester der Kirche oder gar dem Bettler ist, so groß ist auch der Abstand zwischen dem von seinen tausend Weibern umgebenen Sultan und dem ärmsten Faki des mohammedanischen Reiches.

Wie es bei uns verschiedene Anreden giebt, so auch bei den Marokkanern. Der Sultan hat den Titel *Sidina*, unser "gnädiger Herr"; der Scherif, d.h. ein Nachkomme Mohammeds, den Titel *Sidi* oder *Mulei*, d.h. mein Herr; eine Scheriffrau den Titel *Lella*; einen andern Menschen redet man mit *Si, Herr*, an, welches Si dem Namen vorgesetzt wird, *aber nur, wenn er lesen und schreiben kann*. Andere ganz gewöhnliche Menschen nennt man einfach bei Namen, sowohl Männer und Frauen, wie Kinder. Will man solche rufen, so kann man ohne zu verstoßen, falls der Mann unbekannt ist, sagen: ia radjel, o Mann; ia marra, o Frau; ia uld, o Sohn; ia bent oder ia bekra, o Tochter, o Jungfrau.

Man muß sich wohl hüten, in Marokko den Titel *Sidi*, mein Herr, gewöhnlichen Menschen zu geben, nur die Juden müssen alle Gläubigen so anreden. Auch die Minister, Agha, Kaid, Mufti, Kadi, Imam u.s.w. haben, falls sie nicht Schürfa sind, kein Recht auf den Titel Sidi.

Beim *Begrüßen* sagt man bis Mittag: Dein Tag sei gut; von Mittag bis Abend: Dein Abend sei gut. Zu jeder Stunde kann man sagen: Sei willkommen.

Wenn auch vollkommen Unbekannte beim ersten Anreden sich duzen, so ist das Duzen doch nicht ausschließlich im Gebrauch. Es würde unschicklich sein, den Sultan anders anzureden, als in der zweiten Person Pluralis, ebenso lieben es auch vornehme Personen, namentlich Religionsmänner, sich in der zweiten Person Pluralis anreden zu lassen. Auch Kinder pflegen ihre Eltern mit "Ihr" anzureden. Der gebräuchlichste Gruß, es ssalamu alikum, ist ebenfalls in der zweiten Person Pluralis.

Da eine Begrüßung zwischen Leuten, die sich seit Langem nicht gesehen, immer unendlich lange dauert, manchmal eine halbe Stunde, so hat man die verschiedensten Redensarten, um sich nach dem wechselseitigen Befinden zu erkundigen., "Wie ist dein Zustand?" "Wie ist deine Zeit?" "Wie bist du?" "Wie ist dein Wie?" "Wie bist du gemacht?" u.s.w. Alle diese Redensarten werden mit monotoner Stimme wiederholt und man hat wohl Acht, dieselben mit häufigen "Gott sei gelobt", "o gnädiger Herr Mohammed" zu untermischen. Je öfterer man Letzteres thut, desto besser und frommer glaubt man zu sein und für desto heiliger wird man gehalten.

Es würde ein großes Verbrechen sein, bei den Leuten arabischen Blutes sich nach dem Befinden der Frau des Anderen zu erkundigen. Und wenn sie am Rande des Grabes stände, dürfte man das nicht direct thun. Selbst der Vater, der Bruder würde es nicht für decent halten, seinen Schwiegersohn, seinen Schwager ohne Umschweife nach der Gesundheit seiner Tochter, seiner Schwester zu fragen.

Da aber der Marokkaner ebenso gut den Trieb der Neugier besitzt, wie wir, so braucht er dann allerlei Umwege, um sich nach dem Befinden einer Frau zu erkundigen: "Wie befinden sich Adams Kinder?" d.h. alle Menschen, die Frauen also auch; oder: "Wie geht es dem Zelte?" d.h. mit Allem was darin ist; oder: "Wie geht es der Familie?"—"Wie befinden sich deine Leute?" u.s.w.

Der *Kuß* ist allgemein verbreitet. Dennoch kennt man nicht den Kuß der Liebe: den auf den Mund. Man begegnet einander, ergreift die Rechte, ohne sie zu drücken, und küßt sodann seinen *eigenen* Zeigefinger. Will man über die Begegnung recht seine Freude ausdrücken, so wird diese Procedur sechs- bis achtmal wiederholt. Ein Untergebener küßt einem Vornehmen den Saum seines Kleides oder ist dieser zu Pferde, das Knie, die Füße; ist der zu Begrüßende ein großer Heiliger, so kann man auch dessen Pferd oder irgend einen beliebigen ihm gehörigen Gegenstand küssen.

Weiß der Vornehme oder der Heilige, daß der Begrüßer Geld hat oder Geld schenken will, so giebt er wohl seine Hand zum Küssen, legt dieselbe segnend auf den Kopf oder wehrt die demüthige Geberde des Begrüßers mit Worten ab. Ist ein Untergebener zu Pferde, so steigt er schon von Weitem ab, um einen höher Stehenden zu begrüßen. Zwei Gleiche küssen sich wohl die Wangen, und will ein Vornehmer oder ein Heiliger Jemand besonders auszeichnen, so küßt er diesem die Stirn. Kommt ein Vornehmer, so erheben sich alle Anwesenden und verbeugen sich mit vor der Brust gekreuzten Armen. Vor dem Sultan, vor dem Großscherif kann man sich auch auf die Erde werfen, wie beim Gebet, und die Stirn auf den Boden drücken: "Allah-itohl-amreck!" Gott verlängere die Existenz deiner Seele, ruft man.

Der Marokkaner verläßt eine Versammlung ohne Gruß; nur wenn er auf längere Zeit verreisen wollte, würde er es für nöthig halten, sich förmlich und durch Worte zu verabschieden. Ist aber ein sehr vornehmer Mann, ein Heiliger in der Versammlung, so geht man zu ihm, küßt seine Knie, seine Hand oder den Saum seines Kleides und verabschiedet sich dann, ohne ein Wort zu sagen.

Schon an anderen Orten ist darauf hingewiesen worden, wie die marokkanische Geistlichkeit, wenn von einer solchen die Rede sein kann, ebensoviel auf äußere Ehrenbezeigungen hält, wie die der europäischen Christenheit. Wenn es auch dort nicht Sitte ist, daß sie sich kenntlich macht von den Laien durch besondere Tracht (schwarzer Anzug, weiße Cravate), so liebt es doch Jeder, der sich vorzugsweise dem Studium der Religion hingiebt, daß man ihn zuerst grüßt, daß er den Ehrenplatz erhält und daß man auf ihn die meiste Rücksicht nehme. In einem so durch die Religion fanatisirten Lande ist es daher jedem Reisenden dringend anzurathen, sich mit dieser Klasse von Menschen gut zu stellen, und da die mohammedanische Geistlichkeit ebenso wie die christliche besondere Vorliebe für Geld hat, weil dieses als die erste Bedingung zur Herrschaft erscheint, so ist es wohl gerathen, den frommen Leuten davon soviel wie möglich zukommen zu lassen. Wie richtig handelte z.B. Ali Bey in dieser Beziehung bei seinen Reisen durch Marokko.

Alle Höflichkeitsbezeigungen in Marokko müssen in fromme Redensarten gekleidet sein. Allah-iatik-ssaha, Allah-iaunik, Gott gebe dir Kraft, Gott helfe dir, ruft man einem Arbeitenden zu, und wenn einer niest, so rufe ihm ein Nedjak-Allah, Gott rette dich, zu; der Niesende dankt mit "R'hamek-Allah", Gott sei dir gnädig.

Eine Sitte oder vielmehr Unsitte existirt, die man in Europa auf's Höchste anstößig finden würde: das laute Aufstoßen während des Essens und gleich hernach. Der Aufstoßende ruft dann selbstgefällig "Stafhr-Allah", Gott verzeih' es, oder "Hamd-Allah". Gott sei gelobt. Er betrachtet das als Zeichen, daß der Appetit jetzt gestillt sei, und ebenso fassen die Mitessenden es auf, die ihn vielleicht heimlicherweise um dies seh- und hörbare Zeichen seines gesunden Magens beneiden. Jedes Essen, jeder Trunk wird begonnen, wie überhaupt Alles was man unternimmt, mit Bsm-Allah, im Namen Gottes. Und es würde vollkommen gegen alle Sitte sein, *aufrecht stehend* zu essen oder zu trinken. Dem Trinkenden wird ein: "Ssaha", Gesundheit, zugerufen.

Es würde nicht nur ein Verstoß gegen den guten Anstand sein, wollte man mit der linken Hand essen, sondern auch den Religionsvorschriften entgegen sein. Die linke Hand, welche zu gewissen Ablutionen benutzt wird, gilt für unrein, nur der *Teufel*, der sich aus religiösen Vorschriften nichts macht, bedient sich seiner Linken. Man darf sich bei dem *Essen* nie des *Messers* bedienen, namentlich das Brod darf *nicht geschnitten*, sondern muß *gebrochen* werden. Vor und nach dem Essen muß man sich die Hände und nach dem Essen die Hände und den Mund ausspülen, aber sorgfältig darauf achten, daß das zum Mundausspülen benutzte *Wasser nur aus der hohlen Hand*, nicht aus einem Gefäße genommen wird. Zum Reinigen des Mundes bedient der wohlerzogene Mann sich nur des Daumens und Zeigefingers seiner Rechten. Man soll nicht zu schnell essen, und Derjenige, der einen Vornehmen oder höher im Range Stehenden bei sich empfängt, darf sich nicht mit an die Schüssel setzen, sondern muß durch Aufwarten seine Sorgfalt für den Besuch bekunden. Der Besuchende selbst würde sehr gegen die Lebensart verstoßen, wollte er sich um seine Bagage oder um seine Diener bekümmern. Daß diese in Obhut genommen, daß die Dienerschaft mit Speise und Trank versehen, daß die Thiere abgefüttert werden, darf ihn nicht kümmern, es ist das Sache des Wirthes. Präsentirt man dir eine Tasse Thee oder Kaffee, so trinke sie nicht rasch aus, sondern nimm das Getränk *schlürfend* zu dir; wenn du beim Speisen bist, so unterlasse es nie, die Hinzukommenden zum Mitessen einzuladen, und diese, falls sie gleiches Ranges sind, erzeigen sich als wohlerzogene Leute, wenn sie wenigstens einen *Bissen* mitessen, selbst wenn sie satt sind. Sind sie aber niederer Herkunft, so dürfen sie das Anerbieten nicht annehmen; sind sie hungrig, so erfordert es der Anstand, sich zu setzen und zu *warten*, bis man ihnen die Ueberreste reicht.

Gewisse Gebräuche, als von den unseren abweichend, sind noch besonders hervorzuheben:

Man darf keinen brennenden Spahn mit dem Hauche auslöschen, sondern nur durch Hin- und Herfahren durch die Luft. Wenn man Feuer verlangt zu einer Pfeife oder um Etwas anzuzünden, so sage man nicht: "gieb mir Feuer," "attininar", denn "nar" bedeutet auch das höllische Feuer, sondern man sagt: "attini-l'afiah". Das Wort "l'afia" bedeutet Leben, Gesundheit und Feuer, oder "attini-djemra", gieb mir eine Kohle.

Höchst unanständig würde es sein, *aufrechtstehend* ein Bedürfniß zu verrichten, man muß das in hockender Stellung thun und hernach die Ablution nicht verabsäumen, oder wo Wasser fehlt, die Ablution durch Sand vollziehen.

Man vermeide, mit Schuhen ein Zimmer oder gar eine Moschee zu betreten; an der Schwelle der Thür müssen sie zurückgelassen werden. Sobald man Jemand auf der Straße anreden will und hat ihm etwas Ausführliches zu sagen, dann bleibe man nicht stehen, sondern hocke nieder, *denn im Stehen lange zu sprechen ist unanständig.*

Einen Bittenden muß man nie durch eine *abschlägige* Antwort beleidigen; "in-schah-Allah," so Gott will, sagt man, oder ist der Bittende zudringlich: "Rbi-atik", Gott wird *dir* geben; ein guter Mohammedaner darf keinen Zweifel an der Großmuth Gottes hegen.

Begeht man eine Ungeschicklichkeit, zerbricht oder wirft man aus Versehen Etwas um, *so verflucht man zuerst den Teufel*, denn der ist die Ursache alles Uebels; erst dann sagt man: "smah-li", verzeih mir, "ma-fi-schi-bass", ist kein Uebel dabei, erwiedert der Besitzer *laut*, *innerlich* aber den Urheber und Teufel zum Teufel wünschend. Sehr bequem für alle Unfälle sind auch die Redensarten: "Mektub-Allah," es war bei Gott geschrieben, oder "Hakum-Allah," es war von Gott befohlen, oder wenn man einen lästigen Frager durch eine gerade Antwort nicht befriedigen will: "Baid-alia, cha-bar-and-Allah", das ist weit von mir, Gott weiß es, oder "Arbi-iarf," Gott weiß es.

Hat man sonst nichts zu thun, stockt eine Unterhaltung, so ruft man einfach: Allah oder Rbi, d.h. Gott, *Meister*, oder Allah-akbar, Gott ist der Größte, oder man bezeugt, daß Gott ein einiger und Mohammed sein Gesandter ist, oder endlich, *man verflucht die Christen*. Grund und Anlaß zu diesen Reden brauchen nicht vorhanden zu sein, es gehört aber zum *guten Ton*, sie so oft wie möglich auszustoßen.

Für eine empfangene Wohlthat muß immer gedankt werden, wäre sie auch noch so gering: Allah-ikter-cheirek, Gott vermehre dein Gut, oder Allah-iberk-fik, Gott segne dich.

Auf das Versprechen eines Marokkaners ist nichts zu geben, wenn er auch von Höflichkeit überfließen würde und die heiligsten Eide, wie "beim Haupte des Propheten, bei Gott dem Allmächtigen" &c. geschworen hatte. Es erheischt dann aber auch die gute Sitte, daß man dergleichen Schwüre nicht genau nimmt, nicht daran erinnert.

Ist man zum Besuche, so muß man sich ja hüten, die Gegenstände oder den Besitz des Wirthes zu loben, es könnte das den Verdacht erwecken, als wolle man Etwas geschenkt haben. Thut man es ja, so füge man immer hinzu: Mabruk. Lobt man z.B. ein Pferd: mabruk el aud, das Pferd möge dir glücklich sein, oder lobt man ein Kind: Allah itohl amru, Gott verlängere seine Existenz. Lobt man einen Abwesenden, so ist es höflich, wenn man seine Eigenschaften vergleicht mit denen Desjenigen, zu dem man spricht: "ich traf letzthin mit Mohammed Ben Omar zusammen, der ebenso viel Geist, ebensoviel Ueberlegung besitzt, *wie du selbst.*" Ueberhaupt ist es Norm, Jedem die größten Schmeicheleien geradezu ins Gesicht zu sagen: "Bei Gott, wie geistreich du bist, Niemand ist, wenn es Gott gefällt, so großmüthig, wie du; ich habe, Gott stehe mir bei, noch keinen so guten Reiter gesehen, wie du einer bist" u.s.w. Der Geschmeichelte antwortet mit "Kulschi-and-Allah", Alles steht bei Gott, oder mit sonst einer frommen Redensart.

Bei gewissen Ereignissen im menschlichen Leben haben die Marokkaner ihre unveränderlichen Höflichkeitsphrasen. Bei einer Verheirathung: "Gebe Gott, daß sie dein Zelt fülle" (mit Kindern). Wenn ein männlicher Sprößling geboren wird: "Das Kind möge dir Glück bringen." Zu einem Erkrankten: "Sorge nicht, Gott hat die Zahl deiner Krankheitstage gezählt;" zu Einem, der im Gefecht verwundet wurde: "Du bist glücklich, Gott hat dich gezeichnet, um dich nicht (beim jüngsten Gericht oder beim Eintritt ins Paradies) zu vergessen." Will man Jemand über den Verlust eines Angehörigen trösten: "Seit dem Tage, wo er empfangen wurde, stand sein Tod im Buche Gottes", oder: "es war bei Gott geschrieben."

Ueber den Verlust der Frau tröstet man noch besonders mit: "Halt deinen Schmerz an, Gott wird diesen Verlust ersetzen."

Alle diese Redensarten sind *unveränderlich*, wie bei uns "guten Tag", "wie gehts" &c. Die Marokkaner haben aber auch noch andere Mittel, um sich unbemerkt oder durch Zeichensprache ihre Gedanken mitzutheilen. Zum Beispiel in einer Versammlung wäre es vielleicht wünschenswerth, irgend Jemand über die Gesinnung oder Absicht dieses oder jenes aufzuklären. Er blinzelt ihm mit dem Auge zu, reibt die beiden Zeigefinger an einander, d.h. wir sind oder ihr seid Freunde und verstehen uns oder ihr seid Gesinnungsgenossen. Ein *kreuzweises Sägen der beiden Zeigefinger* würde Feindschaft andeuten. Dergleichen conventionelle Zeichen haben die Marokkaner sehr viele, wodurch sie reden können, ohne damit in eine allgemeine Unterhaltung eingreifen zu müssen. Und es wird keineswegs als ein Act der Unhöflichkeit betrachtet, sich solcher Zeichen zu bedienen.

Fußnoten:

[6] Nachkommen des Mohammed.

[7] Sollte ja Einer auf den Thron kommen, der nicht Scherif wäre, so würde er kraft der Infallibilität, die jeder Sultan der Gläubigen besitzt, schon Papiere beibringen, um zu beweisen, daß er doch Mohammeds Blut in seinen Adern habe.

6. Beitrag zur Kenntniß der Sitten der Berber in Marokko.

Die Berber, welche Nordafrika und besonders den nordwestlichen Theil des Atlas von Marokko bewohnen, haben mehr als andere dem Islam huldigende Völker ihre eigenen Sitten und Gebräuche beibehalten. Zum großen Theile ist die Gemeinsamkeit der Sprache Ursache dieser Eigenthümlichkeit; denn wie groß auch der Raum ist, den die Berbersprache einnimmt, vom atlantischen Ocean bis zum rothen Meere, so sind die Dialekte derselben keineswegs der Art, daß nicht eine Verständigung zwischen den verschiedenen Stämmen möglich wäre.

Vorzugsweise finden wir aber Berber in Marokko, denn es dürften von der Gesammtbevölkerung des Landes zwei Drittel berberischen und nur ein Drittel arabischen Blutes sein: schlank von Wuchs, weiß von Hautfarbe, zeigen die Berber überhaupt alle die Merkmale, die wir gewohnt sind, der kaukasischen Race beizulegen; daß sie die Abkömmlinge der alten Mauren oder Numider sind, welche unter verschiedenen Namen, als Gätuler, Autolaler &c., fast dieselben Gegenden inne hatten, die wir heute von den Berberstämmen bewohnt sehen,—daran zweifelt Niemand.

So finden wir denn auch heute die Berber so leben, wie sie es vor tausend Jahren gewohnt waren, d.h. ein Theil von ihnen wohnt in Städten, wenn man größere befestigte Ortschaften so nennen will, ein anderer Theil aber wohnt nomadisirend, wie das Mela am Schlusse seines dritten Buches schon hervorhebt: hominum pars silvas frequentant et—pars in ubibus agunt, und daß heute noch dieselben Verhältnisse in Bezug auf dies Land und diese Völker gang und gebe sind, daß wir auch heute kaum mehr vom Inneren Marokkos wissen, als unsere geistigen Vorfahren, die Griechen und Römer, das wird dann klar, wenn wir die Worte des Plinius unterschreiben: "ich wundere mich aber nicht sehr, daß Rittern und Denen, welche aus diesem Orden in den Senat traten, Manches unbekannt geblieben war; aber darüber wundere ich mich, daß es auch der Luxus nicht erforscht hat. Die Macht desselben ist die wirksamste und größte. Denn man durchsucht ja die Wälder um Elfenbein, und alle gätulischen Klippen um Stachel- und Purpurschnecken[8]."

Ist es nicht, als ob dieser Passus heute geschrieben sei? Auch heute, wo der Luxus noch die größte Macht ist, ist es demselben nicht gelungen, Marokko der Civilisation zu öffnen, vielleicht aber auch, weil eben der rechte Luxusartikel, der gerade den Bewohnern genehm wäre, noch nicht gefunden worden ist.

Der vor ohngefähr tausend Jahren den Berbern aufgedrungene Islam hat wenig, oder fast kann man sagen, gar keine Veränderungen in den Anschauungen und in der Lebensweise der Berber hervorgebracht. Die Lehre Mohammeds, *nur* in der arabischen Sprache gelehrt, ist für diese Völker, von denen nur ausnahmsweise ein Individuum der Koransprache mächtig ist, ein todter Buchstabe geblieben; sogar die äußeren Vorschriften und Gebräuche, die der Prophet seinen Anhängern vorgeschrieben hat, sind für Berber nicht vorhanden.

Nur Eins hat der Islam auch zur Folge gehabt, was ja überhaupt allen hierarchischen Religionen nur eigen ist und ohne das sie nicht würden existiren können: das Verdammen einer jeden anderen Religion und Haß und Verachtung gegen alle Die, welche nicht das glauben, was man selbst glaubt. Natürlich schließt das ein, daß man die eigne Lehre, den eignen Glauben für den allein richtigen und allein seligmachenden hält.

Deshalb ist denn auch die Feindschaft, welche Berber gegen andere Völker hegen, fast nur eine aus der Religion entspringende; obschon sie nichts vom eigentlichen Islam verstehen, hassen und befeinden sie alle die Völker, die eine andere Religion haben.

Es ist daher falsch, wenn Richardson und andere Reisende behauptet haben, daß die in Marokko unter den Berbern ansässigen Juden besser gehalten seien, als die unter den Arabern wohnenden. Die Unterdrückung derselben, ihre schimpfliche Stellung ist unter den Berbern ebenso groß und in die Augen springend, wie unter den Arabern.

Was das häusliche Leben anbetrifft, so liegt zwischen Berbern und den übrigen Mohammedanern der wesentlichste Unterschied in der Stellung der Frau; aber auch in allen übrigen, die Sitten und Gebräuche betreffenden Dingen lassen die Berber bis zum heutigen Tage sich vielmehr vom *Herkommen* leiten, als von den Gesetzen des Koran. Aus diesem haben sie eben nur *das* angenommen, was ihrer Eitelkeit und Einbildungskraft schmeichelte. So pflegt denn auch die Heirath vollkommen nach dem Herkommen, el Ada genannt, stattzufinden. Indeß hat die Frau dennoch nicht die gleichberechtigte Stellung, wie sie die Frau heute bei *uns* einnimmt, sondern wird mehr als Eigenthum des Mannes, als etwas zum übrigen Vermögen Gehörendes betrachtet.

In der Heirath *nach uraltem Brauche,* Suadj el Djidi oder Gaislein-Heirath, so genannt, weil das Schlachten eines jungen Zickleins die eheliche Verbindung besiegelt, verpflichtet sich der Gatte, dem Vater seiner Zukünftigen 60 Metkal zu zahlen. Hat er das Geld nicht disponibel, so zählt er auf seine Freunde, und am Schlachttage verfehlen diese auch nicht, sich einzustellen und Jeder legt dem Freier ein kleines Geschenk zu Füßen. Im Fall der Freier gar keinen Wohnsitz hat, beeilen sie sich, Steine herbeizubringen; ein Haus, wir würden sagen ein Stall, wächst schnell aus der Erde, schlanke Aloë-Stämme giebt es genug als Gebälk und die großen und langen Rindenstücke der Korkeiche bedecken die Wohnung. Wenn aber die zur Ehe Verlangte von den Angehörigen dem Freier aus irgend einem Grunde verweigert wird[9], dann müssen sie, falls der Liebende auf seinem Heirathsprojecte besteht, wohl aufpassen, daß sie ihm keine Gelegenheit geben, sich der Wohnung der Geliebten zu nähern. Thut und kann er das, gelingt es ihm, unvermerkt auf der Schwelle seiner Ersehnten ein Gaislein zu opfern, dann ist sie ohne Widerruf mit ihm verlobt und ihre Anverwandten würden sich der Mißbilligung, ja der Feindschaft Aller aussetzen, wollten sie jetzt noch der Heirath hemmend in den Weg treten.

In einigen Triben ist es Sitte, daß die sich Vermählende vor der Hochzeit von ihren Verwandten auf einem Maulthiere durch das Dorf oder durch den Duar (Zeltdorf) geführt wird. Ueberall ertönt das gellende Geschrei und Gejauchze der Frauen, die jungen Leute lassen fleißig das Pulver sprechen. Vor jedem Hause, vor jedem Zelte, vor welchem sie vorbei kommt, beeilt man sich, eine kleine Gabe herauszutragen: hier sind in einem Strohteller große Bohnen, dort wird Gerste, hier werden trockene Feigen, dort Rosinen präsentirt. Die junge Dame nimmt von allen Sachen eine Hand voll, küßt sie und wirft dann das Ergriffene auf den Teller zurück. Aber hinterher schreitet irgend eine ihrer älteren Verwandten, die nun Alles in einen großen Sack einheimst: zur Aussteuer für die Neuvermählten.

Sobald man sich der Wohnung oder dem Zelte des Gatten

nähert, wird die Braut von anderen Frauen umringt, sie geben ihr einen Topf mit flüssiger Butter, in die sie die Hände tauchen muß als Zeichen des steten Ueberflusses im Haushalte, und sodann ein Ei, welches sie zwischen den Ohren des Maulthieres zerschlagen muß, um dadurch böse Zaubereien unschädlich zu machen. An der Schwelle der Wohnung präsentirt man der Frau einen Trunk Buttermilch und sie selbst ergreift eine Hand voll Korn und Salz um dasselbe ebenfalls als Zeichen des Reichthums und Segens rechts und links auszustreuen.

Jetzt ergreift der Mann Besitz von seiner Braut und zum Zeichen schießt er in unmittelbarer Nähe vor ihren Füßen eine Flinte ab, er ergreift das junge Mädchen und zieht sie ins Innere der Wohnung, während die Verwandten sich zur allgemeinen Belustigung zurückziehen. Ein zweiter Schuß im Innern der Behausung ertönt, Zeichen, daß die Heirath vollzogen ist; die junge Frau erscheint bald darauf an der Hand ihres Gatten, Tanz und Schmausereien, woran das junge Paar Theil nimmt, beschließen die Festlichkeit.

Die Frau ist, wie gesagt, ein Besitz, wie jedes andere Eigenthum des Mannes, wenigstens bei gewissen Stämmen des Atlas. Stirbt ihr Mann, so wird der männliche Anverwandte, der der Wittwe zuerst seinen Haïk (großes wollenes Umschlagtuch)[10] überwirft, ihr rechtmäßiger Gemahl. Zugleich ist er aber auch verpflichtet, für die etwaigen Kinder zu sorgen und deren Vermögen zu verwalten.

Scheidungen finden bei den Berbern statt, aber nie auf so leichte und grundlose Weise, wie bei den Arabern oder sonstigen Mohammedanern, wie denn überhaupt alle Berber, mögen sie nun unter dem Namen Tuareg bei Timbuktu wohnen oder als Kabylen im Djurdjura hausen, entschiedene Feinde der Polygamie sind. Grund zur

Scheidung ist Kinderlosigkeit (Berber wie Araber halten Kinderlosigkeit immer für Sterilität der Frauen); der Vater der zurückgeschickten Frau muß das Morgengeld wieder herausgeben. Ebenso, falls die Frau Infirmitäten bei der Verheirathung zeigte oder gar schon ihre Virginitas verloren hat, kann sie darauf rechnen, auf der Stelle zurückgeschickt zu werden.

Die Tochter ist manchmal dazu bestimmt, das Leben ihres Vaters oder Bruders mittelst ihrer Sclaverei zu erkaufen, aber nie würde sie für einen Oheim, Großvater, Vetter oder sonstigen noch entfernteren Verwandten mit ihrer Person eintreten können; auch herrscht diese Sitte nur bei einigen Berberstämmen. Jemand begeht z.B. einen Mord oder Todtschlag in einer anderen Familie, hat aber nicht die Mittel, um die Diya, d.h. das Blutgeld, bezahlen zu können; will er nun nicht selbst das Leben opfern, so kann er dem anderen Stamme seine Tochter oder Schwester als Sclavin überlassen. Diese verliert dadurch völlig die Rechte einer Freien, wird ebenso angesehen, wie eine Chadem (schwarze Sclavin) und ist nun vollkommen Eigenthum der anderen Familie geworden. Aber oft genug kommt es vor, daß die Sclavin, wenn sie jung und hübsch ist, das Herz eines Jünglings ihrer neuen Herrschaft erobert, ihn heirathet, dadurch frei und dann zugleich das Freundschaftsband zwischen zwei ehemals feindlichen Stämmen wird.

Es kommt häufig vor, daß zwei Männer einen Tausch mit ihren Frauen auf ganz friedliche Weise zu Wege bringen; derjenige, der das in Beider Augen häßlichere und weniger werthvolle Weib besitzt, d.h. ein solches, welches weniger jung und fett als das des Anderen ist, muß einiges Gold darauf zahlen. Hat aber Jemand seine Tochter einem jungen Manne versprochen und läßt sich nachher durch Habgier bewegen, sein Wort nicht zu halten, so entsteht Krieg. Die ganze Familie, die ganze Tribe nimmt sich sodann des

Bräutigams an und sucht mit Gewalt dessen Ansprüche geltend zu machen. Ehebruch und Verführungen sind äußerst selten, und obschon in rohen Formen, halten die Berber große Stücke auf Familienleben. Aus einer im October 1858 veröffentlichten Gesetzgebung der Kabylen vom Orte Thaslent ersehen wir auch, daß es den Männern besagter Ortschaft verboten war, mit den Frauen zu disputiren, einerlei, ob die Frau angreifender Theil war oder nicht. Hatte indeß die Frau erwiesenermaßen zuerst angefangen, so mußte ihr Mann Strafe zahlen, sonst aber der, welcher mit ihr Streit gesucht hatte. Die größten und heiligsten Pflichten glaubt aber der Berber für sein Gemeinwesen, für seinen Stamm zu haben. Ist dem Araber zuerst die Religion die Hauptsache, wie denn Mohammed überhaupt, gerade wie es in der römischen Kirche gelehrt wird, die Nationalität auslöschen will, um an deren Stelle einen Religionsstaat zu setzen, so hat der Berber, trotzdem auch er den Islam angenommen hat, dies nie begreifen können. Wenn der Berber sich auch vorzugsweise gern mit seinem Schwerte gegen die Christen wendet, so ist's ihm im nächsten Augenblicke aber auch ganz gleich, dasselbe gegen jedweden Mohammedaner zu ziehen, sobald sich dieser gegen ihn oder gar gegen seinen Stamm vergangen hat. Der Araber führt auch Krieg gegen Mohammedaner; die wüthendsten Kämpfe sind ja zwischen Stämmen arabischen Blutes oder zwischen Arabern und Türken gefochten worden und entbrennen auch jetzt noch immer wieder. Aber heuchlerischer Weise gestehen sie das nicht zu, sie behaupten nur gegen die Ungläubigen zu kämpfen, und die Araber Algeriens z.B., die einst fortwährend mit ihrer türkisch-mohammedanischen Regierung in Fehde lagen und die so erbittert gegenseitig auf einander waren, daß sie nicht wußten, auf welch grausamste Weise sie einander tödten sollten—diese selben Araber haben jetzt ganz und gar ihre grausame türkische Herrschaft vergessen. Hört man sie sprechen, so waren die Türken die mildesten, gerechtesten, gottesfürchtigsten Herrscher, sie waren ja vor allen Dingen "Gläubige", die Franzosen aber sind Ungläubige, mögen sie noch so gut regieren, sie bleiben aus religiösem Hasse immer für die Araber die "christlichen Hunde". Fragt man einen Araber: würdest du gegen die "Gläubigen" kämpfen? so wird er sicher antworten: "Beim Haupte Mohammeds, Gott hat es verboten, Gottes Name sei gelobt."

Der Berber kennt von solchen Heucheleien nichts, und durch manche Stämme bin ich gekommen, die so wenig auf ihren Islam geben, daß man von ihnen sagte, sie sind so räuberisch und diebisch, daß, wenn Mohammed in eigner Person käme und habe ein anständiges Kleid an, sie (die Berber) nicht anstehen würden, den Propheten auszuplündern.

Wenn ich vorhin anführte, daß die Ehre der Familie und des eignen Stammes den Berbern als das Höchste gilt, so ist dies so zu verstehen, daß sie z.B. denjenigen ihrer Leute keineswegs für ehrlos halten, der einen Fremden bestiehlt; aber ehrlos würde es sei, wollte Jemand einen von einem anderen Stamme, der einmal Zutritt erhalten hat oder der gar die Anaya[11] des Stammes besitzt, bestehlen oder gar ermorden. Daß aber doch solche Fälle vorkommen, ersieht man daraus, daß die Berber hierüber und hiergegen ihre eigenen (arabisch) geschriebenen Gesetze haben, die nicht wie die meisten Gesetze der übrigen Mohammedaner auf den Koran fußen, sondern aus uralten Ueberlieferungen bestehen und wohl erst im Laufe der Jahrhunderte von der Tholba zu Papier gebracht wurden. Wie stark ist z.B. der Gemeinsinn ausgeprägt, wenn es in einem alten Kabylengesetze heißt: "Der, dem eine Kuh, ein Ochse oder ein Schaf stirbt, hat das Recht, die Gemeinde zu zwingen, das Fleisch des Thieres zu kaufen als eine Hülfeleistung.—So will es der Gebrauch." Dies Gesetz ist in mehr als einer

Hinsicht interessant. Der Verlust des Viehes wird dem Eigentümer dadurch einigermaßen versüßt, weil er das Fleisch doch wenigstens verwerthen kann; der Gebrauch will, daß die Quantität, die Jeder nehmen muß, vom Chef des Ortes bestimmt wird. Sodann ist aber dieses Gesetz zugleich ein Schlag dem Koran ins Gesicht, denn Mohammed sagt ausdrücklich, daß Fleisch von gestorbenen oder gefallenen Thieren als unrein für jeden Mohammedaner "harem" d.h. verboten ist. Aber was ist dem Berber der Koran, wenn es gilt: Einer für Alle, Alle für Einen!

Wie stark im Sinne der Gemeinde-Interessen ist nicht auch folgendes Gesetz: "Der, welcher ein Haus, einen Obstgarten, ein Feld oder einen Gemüsegarten an Individuen eines anderen Dorfes verkauft, muß davon seine Brüder, Verwandte, Geschäftsfreunde und die Leute seines Dorfes überhaupt benachrichtigen, und wenn diese den Kauf rückgängig machen und sich den Käufer substituiren wollen, so haben sie demselben innerhalb dreier Tage den Kaufschilling zurückzuerstatten[12]." Durch dieses Gesetz konnte die Gemeinde verhüten, daß irgend ein ihr mißliebiges fremdes Individuum bei ihr Zutritt bekam. Es ist wahr, die Gesetze wechseln bei jeder Tribe, von Dorf zu Dorf, und es ist das ein sicheres Zeichen, daß seit langer Zeit den Berbern die einheitliche Leitung fehlt; aber im Ganzen beruhen sie doch auf denselben Grundsätzen. Es ist eigenthümlich und auch das bekundet das hohe Alter solcher Gesetzsammlungen, daß die Berber dafür den Ausdruck "kanon", ein Wort, das offenbar griechischen Ursprungs ist, haben und welches, wie General Daumas meint, eine christliche Reminiscenz in sich schließt.

In der Gesetzsammlung der Ortschaften, Thaurirt und Amokrom, der großen Kabylie, vom Herrn Aucapitaine herausgegeben, finden wir ebenfalls die weltlichen und Gemeinde-Angelegenheiten den kirchlichen übergeordnet und ausdrücklich hervorgehoben: "Wer sich ins Einvernehmen mit Schürfa, als da sind vom Stamme der Uled-Ali, Icheliden oder anderen Marabutin setzt, zahlt 50 Realen Strafe." Wenn man nun weiß, daß die Schürfa, d.h. die Nachkommen Mohammeds, unter den Mohammedanern ohngefähr dieselbe Rolle spielen, wie bei uns die Jesuiten, die sich für die besten Nachfolger Jesu halten, so wird man nicht umhin können, den weisen Sinn und den gesunden Verstand der Berber zu bewundern.

Die von den Alten schon erwähnte Vorliebe der Berber für Schmucksachen und schöne Kleidung[13] besteht auch heute noch. Der größte Ehrgeiz der Berber besteht darin, in den Besitz eines Tuch-Burnus von schreiendsten Farben zu kommen, hochroth und gelb sind als Farben besonders beliebt; kann er es ermöglichen, einen solchen mit Goldstickerei zu kaufen, so dünkt er sich ein König zu sein. Das Haar tragen die Berber heute nicht mehr nach einer bestimmten Vorschrift, wie es ehedem vielleicht Sitte gewesen ist, meist wird der Kopf sogar ganz kahl rasirt, aber alle halten darauf, einen Zopf stehen zu lassen, meist vom Hinterhaupte ausgehend. Das Haar der Berber ist durchweg schwarz; die einzelnen blonden Individuen, die man vorzugsweise im Djurdjura-Gebirge in Riffpartien und überhaupt längs des Mittelmeeres findet, sind allerdings manchmal durch einzelne Familien hindurchgehend, aber doch nur vereinzelt. Ob diese Blonden von gothischer Abkunft, ob sie vandalischen Ursprungs sind, das wird schwerlich je festgestellt werden; es ist das auch für das Berbervolk in seiner Gesammtheit höchst gleichgültig, da der Berber im Ganzen schwarzhaarig ist.

Es giebt wohl wenig Berberstämme, die nicht Ringe als Schmuck in Gebrauch haben; hier sind es große Ohrringe, manchmal 2-3 Zoll groß und aus Silber bestehend, dort kleinere; hier haben ganze Stämme die Gewohnheit,

Oberarm-Ringe zu tragen aus Serpentinstein[14] oder Metall, dort werden die verschiedenen Finger mit Ringen überladen. Und fast scheint es, als ob die Männer bei den Berbern der eitlere Theil wären. Allerdings tragen die Frauen die üblichen Fußringe, manchmal werden mehrere über einen Knöchel gezwängt; allerdings haben sie ihre Agraffen, Fingerringe und Haargeschmeide, aber schon das fast durchweg dunkle Costüm der Frauen aus dunkelblauem Kattun (was in der That bei den meisten Berberfrauen üblich ist) zeigt, daß die Frauen weniger auf hervortretende Toiletten geben.

Was die Waffen der Berber anbetrifft, so sind Bogen und Pfeile längst durch Schießwaffen verdrängt, nur einige Stämme im großen Atlas, sowie die Tuareg machen Gebrauch von der Lanze. Alle Berber haben kurze breite Dolche, viele tragen sie befestigt am Arme, so die Tuareg und die Berber südlich vom Atlas, andere haben sie im Leibgürtel stecken oder an einer Schnur hängen. Ihr Schwert ist südlich vom Atlas mehr von gerader Form, nördlich vom Gebirge ist es das schwach gekrümmte marokkanische; die Schußwaffen bestehen aus Lunten- und Steinschloßflinten.

Weil der Islam, der wie andere monotheistische Religionen leicht zu einer unumschränkten Priesterherrschaft führt, bei den Berbern nicht den Eingang gefunden hat, wie bei den Arabern, so haben jene sich einen weit größeren Grad von Freiheit und Freiheitsliebe bewahrt, und weil sie mehr Sinn für Freiheit haben, deshalb sind sie, man kann es wohl behaupten, besser als die Araber. Die geknechteten Menschen, einerlei, ob sie von einer fremden Gewalt oder von einer fremden Nation bedrückt oder von einer einheimischen, z.B. ihrer eignen Regierung oder ihrer Geistlichkeit, als Sclaven gebraucht werden, haben sich stets als die schlechtesten und sittlich am niedrigsten stehenden erwiesen. Deshalb sind die Araber so heruntergekommen, weil sie alle ihre Tholba für unfehlbar hielten und Alles glaubten, was im Koran stand. Deshalb stehen die Griechen auf so niedriger Stufe geistiger Entwicklung, weil sie von den Türken als Sclaven behandelt wurden; deshalb sind Franzosen, Spanier und andere romanische Völker weit in sittlicher Beziehung hinter den freidenkenden protestantischen Germanen zurück. Wir sehen also deutlich, daß ein Volk, je mehr es auf seine Religionsübungen verwendet, sittlich um so mehr verkommen ist; denn ohne ungerecht zu sein, können wir sagen, daß durchschnittlich mehr Sittlichkeit und mehr Bildung in den protestantischen Ländern herrscht. Die statistischen Zahlen nennen den Unterschied Derer, die lesen und schreiben können, und geben Aufschluß darüber, wo größere Achtung vor dem Gesetz und dem öffentlichen Eigenthum besteht und weniger Verbrechen begangen werden, ob in den protestantischen, ob in den katholischen Ländern. Aber Niemand wird wohl behaupten, die Protestanten seien religiöser (freilich sagen unsere Religionslehrer, die wahre Religion sei nicht bei den Katholiken) als die Katholiken. Im Gegentheil; die Katholiken gehen fleißiger zur Kirche, ihr Glaube ist viel inniger und fester, ihre frommen Stiftungen zahlreicher, ihr ganzes kirchliches Leben ausgedehnter. Aber was ihnen fehlt, ist die Freiheit des Denkens und die Schulbildung, welche, um den Menschen sittlich zu machen, nothwendig ist. Ganz ebenso ist es mit den Mohammedanern; gewöhnt, nur das zu glauben, was ihnen ihr "Buch" sagt, weil dabei eine gewisse Classe von Menschen am besten wegkommt, haben sie sich zu Sclaven dieses "Buches" und dieser Classe von Menschen gemacht. Sie haben längst aufgehört, darüber nachzudenken, oder haben sich eigentlich nie zu dem Gedanken emporschwingen können, ihr "Buch" einer Kritik zu unterwerfen — der blinde Glaube hat sie dahin gebracht, wohin sie gekommen sind, und andere Völker, die im blinden Glauben dahin leben, werden ihnen folgen.

Der Berber ist davor bewahrt worden: ohne gerade Kritik an den Islam zu legen, ist er indifferent geblieben. Ohne Contact mit anderen Völkern hat er allerdings in Bildung und Gesittung keinen höheren Standpunkt eingenommen, aber er ist frei geblieben und, wie gesagt, die Freiheit hat ihn geadelt.

Offenbar würde der Berber deshalb auch eine Zukunft haben, käme er mit gesitteten Nationen in Berührung, die frei in Beziehung auf Religion denken. Die Franzosen constatiren mit Genugthuung, daß mit den Berbern Algeriens leichter umzugehen sei, daß sie sich eher der Civilisation geneigt zeigen, als die Araber. General Faidherbe, einer der besten Kenner der Völker Nordafrika's hat dies wiederholt ausgesprochen.

Was die jetzige Lebensweise der Berber anbetrifft, so ist, wie schon erwähnt, ein Theil in festen Ortschaften, ein Theil in Zelten wohnhaft, aber mit Ausnahme der Tuareg treiben sie alle Ackerbau. Auch die in Zelten auf den Abhängen des großen Atlas lebenden Berber haben ihre Aecker. Ebenso treiben alle Berber Viehzucht, vorzugsweise die Zeltbewohner. Auf dem Tell, d.h. dem fruchtreichen Erdboden, halten sie Rinder-, Schaf- und Ziegenheerden; in der Sahara legen sie sich auf Kamelzucht. Eigen ist allen die Vorliebe für das Pferd. Mit Recht wird das Berberpferd ebenso hoch geschätzt, wie das arabische.

Die Nahrung der Berber ist einfach und fast nur vegetabilisch. Der höchste Genuß ist ihnen eine Schüssel Kuskussu, eine Mehlspeise, die aus Gerste oder Weizen bereitet wird und die auch von den Tuareg als das Non plus ultra aller Gerichte geschätzt wird. Eigentliches Brod in unserem Sinne ist den Berbern nicht bekannt, wohl aber machen sie Mehlfladen auf einer Stein- oder Eisenplatte. Oder auch Mehl wird geknetet, mit Speck und Datteln durchsetzt und auf heißem Sande gar gebacken. Bei allen Berbern werden nur zwei Hauptmahlzeiten, die Morgens und Abends stattfinden, genossen; letztere ist die reichlichere. Man ißt allgemein mit der Hand und aus *einer* Schüssel, die Frauen und Kinder getrennt von den erwachsenen Männern; für Suppen und flüssige Speisen hat man hölzerne Löffel. Wenn aber z.B. fünf oder sieben Personen aus einer Schüssel Suppe essen, so hat man in der Regel nicht mehr als zwei, höchstens drei Löffel, welche im Kreise herumgehen. Natürlich wird, da den Berbern alle Möbel, wie Stühle, Bänke und Tische, abgeben, auf der Erde hockend gesessen, die Schüssel selbst, am Boden stehend, bleibt in der Mitte. Wird ein Getränk, sei es nun saure Milch oder Wasser, herumgereicht, so kreist die Schüssel ebenfalls, und wie bei Arabern, ist es vergönnt, *stehend* zu essen oder zu trinken.

Was die geistigen Fähigkeiten der Berber betrifft, so stehen sie mindestens aus derselben Stufe, wie die Araber, wenn nicht *jetzt* höher. Daß sie bedeutend empfänglicher für Civilisation sind, als die Araber Nordafrika's, habe ich schon hervorgehoben; der freiwillige Besuch, den Tuareg-Häuptlinge vor einigen Jahren in Paris machten, ist ein glänzendes Zeugniß davon. In Algerien arbeiten Berber des Djurdjura-Gebirges oder aus dem marokkanischen großen Atlas gern bei Christen; der durch die Religion fanatistrte Araber faullenzt und hungert lieber, als daß er sich herabließe, bei den Christen zu arbeiten. Aber zu einer guten Entwicklung des Berbervolkes wäre allerdings der Contact mit religiös vorurtheilsfreien Nationen, namentlich protestantischen, nothwendig.

Fußnoten:

[8] Plinius, Naturgeschichte Bd. 5.

[9] v. Feraud, reveue africaine 1862.

[10] v. Feraud, revue africaine 1862.

[11] Anaya ist das, was die Araber Aman, d.h. Sicherheitsbrief, sauf conduit nennen.

[12] Journal Akhbar, Algèr 1858.

[13] *Strabo* im XVII. Buche, übersetzt v. *Venzel*: "Sie träufeln sich sorgfältig ihr Haupthaar und ihren Bart, tragen zur Zierde Gold auf den Kleidern, reinigen sich die Zähne, beschneiden die Nägel und selten wird man, wenn sie miteinander spazieren gehen, sehen, dass Einer dem anderen gar zu nahe kommt, aus Furcht die Frisur desselben zu verderben."

[14] Werden in Europa zu diesem Gebrauche verfertigt und von Mogador und anderen Hafenstädten aus importiert.

7. Ueber Reiz- und Nahrungsmittel afrikanischer Völker.

1. *Goro- oder Kola-Nuß.*

Die Goro- oder Kola-Nuß, `cola acuminata R. Br.` oder `sterculia acuminata Pal.`, ist eines der verbreitetsten Reizmittel bei den centralafrikanischen Völkern. Diese Nuß, von der Größe einer dicken Kastanie, wächst auf einem staudenartigen Baume, welcher ähnlich dem Kaffeebaume ist. Die Blätter desselben sind gummibaumartig. Man findet diesen Baum oder diese Staude an der ganzen Westküste von Afrika, hauptsächlich auf dem sogenannten Kong-Gebirge, aber nach dem Innern zu scheint dieselbe nicht weit vorgedrungen zu sein; auf dem Gora-Gebirge z.B., einem Gebirgsstock, zwischen Tschad-See, Bénue und Niger gelegen, fehlt die Goro-Staude. Wild wächst sie in einer Oertlichkeit, Namens Gondja. Oestlich von Sierra Leone scheint aber die Goro-Staude auch durch die Neger angebaut zu werden.

Heinrich Barth sagt, daß die in Timbuktu vorkommende Goro- oder, wie er schreibt, Guro-Nuß aus den Provinzen von Tamgrera, von Tente und Koni komme, daß die auf dem Markte von Kano vorkommende hingegen aus der nördlichen Provinz Assanti's komme, von einer Stadt, Namens Sselga.

Man unterscheidet die echte Goro-Nuß, deren Inneres dunkelrosenfarbig, von angenehmem bitteren Geschmacke und nicht schleimartig ist, mit einer Abart derselben, ebenfalls inwendig roth, aber weniger bitter und einen gummiartigen Schleim beim Zerkauen abgebend. Diese beiden sind bekannt unter dem Namen `sterculia` acuminata. Sodann die weiße oder unechte Goro-Nuß, die nur an der Küste vorkommt und am wenigsten bitter ist. Es ist dies die sterculia macrocarpa.

Nach Barth unterscheidet man sodann in Kano je nach der Größe der Frucht vier besondere Arten: guria, die größte, oft 1-1/2 bis zwei Zoll im Durchmesser haltend, die marssakatu, die soara-n-naga und die mena. Nach ihm (Band V. S. 28) unterscheidet man in Kano dann die je nach der Jahreszeit geernteten: die dja-n-karagu, die erste, welche Ende Februar, die gummaguri, die später und die nata, welche zuletzt gesammelt wird und die sich am längsten halten soll. In Timbuktu fand Barth drei verschiedene Arten. Aber alle diese Unterschiede sind nicht durch wesentliche Verschiedenheiten der Nuß selbst bedingt, sondern bestehen nur in willkürlich oder durch Gewohnheit angenommenen Merkmalen der Neger.

Wird die Goro-Nuß alt und trocken, so wird die Oberfläche mehr runzlig und das Fleisch erhärtet fast wie Holz und nimmt eine braunrothe Färbung an. In diesem Zustande wird sie Kola-Nuß genannt, denn nur frische Nüsse heißen Goro. Der Geschmack der Nuß ist aromatisch bitter, etwas adstringirend und zerkaut färbt sie den Speichel gelb-röthlich. Sie hinterläßt einen süßlichen, süßholzartigen Nachgeschmack. Es unterliegt keinem Zweifel, daß die Goro-Nuß auch tonisch wirkt. Dieser angenehme, bitter-süße Geschmack ist aber nur bei frischen Nüssen z0u bemerken, getrocknet verlieren die Kola-Nüsse fast jeden Geschmack, es ist dann fast, kaut man sie, als ob man ungebrannte Kaffeebohnen kaute. Aber auch in diesem Zustande müssen sie noch wirksame Bestandtheile besitzen, denn nur so kann man es sich erklären, daß die Kola-Nüsse noch eine so große Verbreitung und Anwendung haben.

Die Araber, welche mit den Sudanländern Verbindung

haben, schreiben der Goro-Nuß aber auch eine starke erotische Kraft zu und gerade dieser Eigenschaften wegen kauen sie dieselbe; außerdem behaupten sie, und dies gewiß mit Recht, daß die Nuß Appetit erregend sei und namentlich der Tabak besonders gut darauf schmecke.

Natürlich kann sich, was räumliche Verbreitung anbetrifft, die Goro-Nuß keineswegs mit Thee, Kaffee, Tabak, Opium oder gar alkoholartigen Getränken messen; wenn wir aber bedenken, daß mehr oder weniger alle Bewohner des nördlichen und nordcentralafrikanischen Continents von diesem Stimulans Gebrauch machen, so liegt doch wohl die Frage nahe, *weshalb* ist die Goro-Nuß so allgemein in Aufnahme gekommen, *warum* ist dieselbe heute gewissen Stämmen centralafrikanischer Völker ebenso unentbehrlich geworden, wie den meisten civilisirten Völkern der Thee oder Kaffee?

Die meisten Individuen, die Gebrauch von Thee oder Kaffee machen, wissen nichts von den eigentlichen chemischen Eigenschaften dieser Vegetabilien. Sie haben wohl nie von Koffein gehört; sie würden gar nicht verstehen, wollte man ihnen sagen, daß unsere Physiologen und Chemiker dem Thee und Kaffee directe Wirkungen auf das Gehirn zuschreiben, und dennoch genießen sie unablässig entweder das eine oder das andere Getränk oder auch beide; sie würden sich vollkommen unglücklich fühlen, wollte man sie dieser Genüsse berauben. Die schon mehr Verständigen versuchen wohl die Ausrede, der Kaffee wirke tonisch, der Thee adstringirend, aber der große Haufe nimmt Kaffee und Thee zu sich, weil beide Getränke ihm *unbewußt* ein *undefinirbares* Vergnügen und Wohlbehagen verschaffen.

Als ich von meiner Reise nach Centralafrika auf dem Rückwege Sierra Leone berührte, fand ich in der Hauptstadt dieser Halbinsel, in Freetown, auf dem dortigen Markte einen großen Vorrath Goro-Nüsse beider Arten. Ganz auf dieselbe Art verpackt, wie die Neger sie von den Küstenländern in das Innere von Afrika forttransportiren, d.h. zwischen feuchtem Moose gelagert und das Ganze in einem Bastkorbe verpackt, nahm ich einen solchen Korb voll mit nach Europa; die Nüsse hielten sich vortrefflich frisch. In Deutschland angekommen, schickte ich denn auch sogleich an meinen Gönner und Freund, unseren berühmten Chemiker, Baron Liebig, eine Partie Nüsse. Eine davon, welche gepflanzt wurde (im botanischen Garten der Universität), gedieh bis zum Jahre 1869 zu einer kräftigen Staude mit prächtigen, saftgrünen Blättern. Aber am interessantesten war für mich, daß v. Liebig mir mittheilte, daß er in den Goro-Nüssen mehr Koffeïn gefunden habe, als verhältnismäßig in den Kaffeebohnen selbst vorkomme. Man kann also dreist sagen, daß auch bei der Goro-Nuß, wie beim Kaffee oder Thee, das unbewußt Anziehende der Koffeïnstoff ist.

Der Preis der Goro-Nuß ist sehr verschieden, je nach der Oertlichkeit und je nach der Größe und Art der Frucht. Weiße Nüsse gelten an der Küste Westafrika's 3000 Stück einen M.-Th.-Thaler, also das Stück eine Muschel. Rothe, namentlich wenn sie groß sind, gelten aber auch hier oder in der eigentlichen Heimath das Stück fünf Muscheln. Nach Barth schwankt je nach der Jahreszeit, nach ihrer Größe und Güte der Preis einer Nuß in Timbuktu zwischen 10 und 1000 Muscheln. In Kuka steigt der Preis bei schlechten Ernten, bei mangelhaftem Transport (ein Esel kann circa 6000 Nüsse transportiren), oder bei gehemmtem Karawanenverkehr, manchmal auf 500, ja auf 1000 Muscheln für eine einzelne Nuß. Aber so groß ist die Begierde der Neger nach diesem Artikel, daß auch dann sich noch Käufer finden. Unter solchen Umständen theilt man sich gegenseitig die kleinsten Stücke mit, ja unter den gewöhnlichen Leuten ist so wenig Ekel, daß sie keineswegs Anstoß daran nehmen, von einem besser Situirten ein schon halb ausgesogenes und abgekautes Stückchen Nuß zu empfangen, es in den Mund zu nehmen, um es vollends seiner bittern und aromatischen Substanz zu berauben.

In allen Ländern Bornu's, Socoto's, Gando's, Yoruba's &c. ist die Uebersendung eines mit Goro-Nüssen gefüllten Korbes Seitens des Sultans oder Fürsten an den Fremden das Zeichen der Freundschaft und des Willkommens. Je größer die Nüsse, je gefüllter der Korb ist, eines um so besseren Empfanges kann man versichert sein. Und wie der Türke jeden Besucher mit einer Pfeife und einer Tasse Kaffee ehrt, so gehört es mit zum guten Ton in den civilisirten Negerländern, dem Fremden mit einer Goro-Nuß aufzuwarten. Sind die Nüsse selten oder wegen der Jahreszeit oder des Transportes theuer, so theilt man sie mit seinem Gefährten.

2. Tabak.

Von allen betäubenden Mitteln, die zugleich aufregend wirken, ist wohl keines verbreiteter als Tabak, und wenn man zu der Annahme berechtigt ist, daß die Tabakpflanze sich *nur* von Amerika aus verbreitet hat, Amerika aber erst seit einigen Jahrhunderten für die übrige Welt erschlossen wurde, so muß man noch mehr staunen. Afrika, dieser compacte Erdtheil, der sich allen Culturbestrebungen bis jetzt verschlossen gezeigt hat, hat die Tabakspflanze bis zu seinem innersten Centrum dringen lassen. Nicht etwa, daß der Tabak, einmal eingeführt, sich selbst den Weg gebahnt hätte, wie gewisse Culturpflanzen und auch Unkraute es thun, indem sie mit unwiderstehlicher Macht *von selbst* vorwärts dringen, es sind die Menschen, die Eingeborenen dieses Erdtheiles selbst die Träger und Verbreiter dieser Pflanze gewesen. Und es giebt wohl keine Art und Weise, den Tabak zu nehmen, die nicht in Afrika Anwendung fände; hier raucht man, dort wird geschnupft, hier kaut man, dort wird Tabak als medizinisches Heilmittel gebraucht. Ja, Duveyrier[15] behauptet sogar, "daß arabische Frauen, mit elf Jahren verheirathet, Mütter mit zwölf Jahren, mit zwanzig Jahren schon Greisinnen, den Tabak als ein Aphrodisiacum gebrauchen, indem sie sich gewisse Körpertheile mit pulverisirtem Tabak bestreuen".

Von verschiedenen Forschern ist die Frage ausgeworfen worden, ob bei der in Afrika durchgängigen Verbreitung des Tabaks die Pflanze nicht dort, wie in Amerika, *ureinheimisch* gewesen sein könne. Ich wage hierüber kaum eine Meinung, vielweniger noch eine Entscheidung abzugeben. Am verbreitetsten in Afrika ist jedenfalls der Bauerntabak, Nicotiana rustica; aber auch der virginische Tabak, N. tabacum L., findet sich in Afrika. Schweinfurth fand ihn bei den Monbuttos und im Tell von Algerien wird er durchweg gebaut. Indeß ist es, meine ich, kaum ein Grund, zu glauben, Nicotiana rustica dürfe darum ureinheimisch in Afrika sein, weil einige Völker ein eignes Wort dafür in ihrer Sprache besitzen und nicht eins, welches von "Tabak" abgeleitet sei oder damit in Verbindung stehe; auch für andere Gegenstände, von denen wir bestimmt wissen, daß sie ihnen von Außen zugebracht sind, haben sie oft genug das Originalwort verworfen und dafür ein neues, von ihnen erfundenes oder aus ihrer Sprache entlehntes an die Stelle gesetzt. Sodann kommt noch in Betracht: kann die Nicotiana rustica auf anderem Boden und unter anderen klimatischen Verhältnissen sich in tabacum veredeln oder ist eine Rückbildung von einer zur anderen Seite unmöglich? Verschiedene Tabakbauern haben mir gesagt, daß derartige Beobachtungen gemacht wären.

Am allgemeinsten ist unter den verschiedenen Weisen den Tabak zu nehmen, das Rauchen verbreitet, und wenn es auch Stämme und Völker giebt, die blos schnupfen oder kauen, so giebt es andererseits auch Völker in Afrika, bei denen Männer und Frauen, ohne Ausnahme, der Gewohnheit des Rauchens huldigen. So z.B. die Kadje- und Bussa-Neger, die Tuareg. "Chez les Touareg," sagt Henry Duoeyrier S. 184, "hommes et femmes fument et quoique la fumée du tabac rustique soit très acre, hommes et femmes la rendent par le nez."

Unsere Damen in Europa könnten also an den afrikanischen in dieser Beziehung lernen, denn mit Ausnahme der polnischen Aristokratie rauchen bei den *übrigen* europäischen Völkern nur die Damen des demi monde.

Während aber wir Europäer zum größten Theile den Tabaksrauch nur in die Mundhöhle einziehen, saugen die afrikanischen Völker den Rauch derart ein, daß die *ganze Lunge* davon erfüllt wird: der immer mehr oder weniger mit Nicotin geschwängerte Tabak tritt also bei ihnen vermittelst der Lungenbläschen und der Capillarblutgefäße direct ins Blut über. Natürlich folgt daraus, daß bei diesen Leuten ein schneller Rausch eintritt. Dieser Tabaksrausch scheint aber aller angenehmen Eigenschaften zu entbehren, vielmehr nur in einer Art von Bewußtlosigkeit zu bestehen.

Für die allgemeine Verbreitung des Tabaks spricht auch noch der Umstand, daß man in Afrika die einfachsten Gefäße, um den Tabak "rauchen" zu machen, nebst dem raffinirtesten, der Narghile, im Gebrauch hat. Ed. Mohr sagt aus, daß die Matchele-Neger einen Kegel aus Thonerde auf dem Boden formen, oben eine topfartige Höhlung hineindrücken, diese mit Kohlen etwas trocken brennen und siehe da, der Pfeifenkopf ist fertig. Sie füllen Tabakblätter hinein, bohren seitwärts ein Rohr ein, und nachdem nun das Kraut entzündet, kann das Rauchen beginnen. Weit complicirter ist das von Fritsch u.A. beobachtete Rauchen aus

Antilopenhörnern, die schon eine rohe und primitive Narghile-Flaschen andeuten. Ganz auf ähnliche Art rauchen Abessinier und Galastämme aus Thonkrügen oder Flaschenkürbissen. Von den Monbutto sagt Dr. Schweinfurth[16]: "Sie rauchen aus einer Pfeife primitivster, aber durchaus praktischer Art, indem sie als Rohr die Mittelrippe eines Bananenblattes verwenden. Die vornehmsten unter ihnen lassen sich indeß von ihren Schmieden ein eisernes Rohr, gleichfalls von den Dimensionen des aus Bananenlaub geschnittenen (etwa fünf Fuß lang), herstellen. Das untere Ende dieses Rohrs ist geschlossen und statt dessen seitlich, kurz vor dem Ende, ein Einschnitt gemacht, in welchen eine mit Tabak gefüllte *Düte von Bananenlaub* gesteckt wird, die als Pfeifenkopf dient."

Aber wer wollte alle die Arten und Weisen aufzählen, auf welche afrikanische Völker Tabak rauchen. Ich führe nur noch an, daß die an den Ufern des Bénue lebenden Stämme den Tabak aus Thonköpfen rauchen, ähnlich den unsern, und daran haben sie so lange Rohre, daß die Pfeife im Stehen geraucht werden kann. Diese Stämme, namentlich die Bassa-Neger, sind so verpicht auf's Rauchen, daß sie z.B., gehen sie zu Boot, eigens im Schiffe ein Feuer unterhalten, um jederzeit ihre Pfeife wieder anzünden zu können. Die in den Berberstaaten nomadisirenden oder seßhaften Berber und Araber bedienen sich ohne Ausnahme eines *Röhrenknochens* vom Schafe oder von einer Ziege. In das eine Ende der Knochenröhre wird der Tabak eingestopft und dann direct durchs andere Ende der Dampf eingesogen. Die Städtebewohner Nordafrika's huldigen der Narghile oder den Papiercigaretten. Die eigentliche Cigarre, also das Tabakrauchen unmittelbar, hat bei den Eingeborenen Afrika's bis jetzt wenig Anklang gefunden.

Weniger gebräuchlich ist in Afrika die Sitte des Tabakkauens. Ich selbst beobachtete das Tabakkauen nur bei

Tebu und einigen Negerstämmen am Tschad-See. Man nimmt dazu keinen besonders präparirten Tabak, sondern dieselben Blätter, welche Andere auch geraucht haben würden. Aber allgemein ist Brauch, den Saft des zerkauten Tabaks noch dadurch zu verschärfen, daß man Trona (kohlensaures Natron), welches in vielen Theilen Afrika's gefunden wird, hinzusetzt. Besondere Behälter, des Beschreibens werth, um Tabak und Trona aufzubewahren, haben die Eingeborenen nicht; irgend ein alter Lappen oder der Zipfel eines Kleides dient dazu.

Noch weniger gebräuchlich ist das Prisen, es ist gewissermaßen Privilegium vornehmer Eingeborener. Der zu schnupfende Tabak wird äußerst fein gestoßen und sodann mischen die meisten dazu noch ein Achtel kohlensaures Natron. Reiche und angesehene Leute in Marokko erlauben sich heute auch den Gebrauch einer europäischen Schnupftabaks-Dose oder sie haben eine aus Ebenholz gefertigte große Birne, welche den Schnupftabak birgt. Aber in letzterer ist immer nur ein kleines Loch, verschlossen durch einen hölzernen Stöpsel. Und hierbei bemerke ich, daß die frommen mohammedanischen Leute wie bei uns[17] das Rauchen für sündhafter halten, als das Schnupfen. In Marokko rauchen selten die Schriftgelehrten, aber alle schnupfen. Zum Aufbewahren des Schnupftabaks haben die Völker von Mandara eine ausgehöhlte Bohne, Schotensame eines Baumes. Diese Bohnen haben anderthalb bis zwei Zoll Durchmesser, sind aber ganz glatt; durch eine kleine Oeffnung bringt man den Tabak hinein und heraus. Eine sehr beliebte Methode, den Schnupftabak aufzubewahren, ist, ihn in ein Stück Zuckerrohr zu schütten, dessen eines Ende mit einem alten Lappen verschlossen wird. — Afrika hat jedenfalls eine bedeutende Zukunft für den Anbau des Tabaks. Die in Algerien gezogenen Tabakssorten sind vortrefflich, aus Centralafrika von mir mitgebrachte Sorten (auf dem Markte von Kuka gekauft) wurden in Bremen für ausgezeichnet erklärt. Und der Tabak scheint in Afrika überall zu gedeihen, denn selbst in den heißesten Oasen der Sahara findet man Tabaksfelder und jeder Neger zieht in der Regel seinen Tabaksbedarf in seinem eigenen Garten.

3. *Kaffee und Thee, Lakbi, Tetsch und andere alcoholartige Getränke.*

Man kann keineswegs behaupten, daß Kaffee irgendwo in Afrika ein so nationales Getränk geworden ist, wie bei verschiedenen Völkern in Europa. Und gerade da, wo er am billigsten für das Volk herzustellen wäre, scheint er am wenigsten im Gebrauch zu sein, nämlich in den südabessinischen Provinzen. Dort, wo die Staude oder der Kaffeebaum überall wild wachsen und von wo sie erst im Anfange des 15. Jahrhunderts nach Arabien importirt wurden, scheinen die umwohnenden Völker kaum die Anwendung der Bohne zu kennen; die Abessinier aber trinken keinen Kaffee, weil sie dadurch zu sündigen glauben, sie meinen nämlich, Kaffeetrinken sei nur den Mohammedanern eigen.

Der Kaffee wird in Afrika überall ohne Milch genommen, und die Art ihn durchzuseihen, ihn zu filtriren oder blos durch einen Aufguß heißen Wassers herzustellen, ist ungebräuchlich. "Kaffee machen" ist bei allen afrikanischen Völkern nur eine "decoctio"[18]. Und zwar wird nur nach augenblicklichem Bedarfe Kaffee für eine Person, höchstens für drei bis vier Personen, in kleinen Gefäßen gekocht. Der auf's Feinste zu Mehl gestoßene Kaffee wird in ein kleines eisernes, mit kochend heißem Wasser gefülltes Gefäß gethan, dann läßt man diese Mischung einige Male über Kohlen aufkochen und das Getränk ist fertig. Diese Kochgefäße sind so klein, daß wenn z.B. für eine Person Kaffee bereitet wird, dasselbe auch kein größeres Quantum Wasser aufnehmen kann, als jene bekannten sogenannten türkischen Tassen fassen.

In ganz Afrika, von Aegypten bis Marokko, von Tripolis bis nach Kuka, wird auf *diese* Art der Kaffee bereitet. Aber wie Kaffee in allen diesen Ländern nur als eine Leckerei betrachtet wird, so findet man Kaffeehäuser nur in größeren Orten; bei nomadisirenden Stämmen erlaubt sich höchstens noch der Schech oder Kaid einer Tribe den Luxus einer täglichen Tasse Kaffee; überhaupt kann man sagen, ist Kaffeeverbreitung nur nördlich vom Atlas. In den Oasen Tafilet, Draa und Tuat sind die wenigen Kaffeehäuser zu zählen und die Besitzer müssen meistenteils noch irgend einen anderen Erwerbszweig nebenbei betreiben, um leben zu können. In Fesan besteht nur Ein Kaffeehaus in der Hauptstadt Mursuck, und der Eigentümer ist ein nach diesem Orte verbannter Türke, sonst würde vielleicht gar keins vorhanden sein. In Kuka, in Bautschi, in Kano, in Timbuktu sind Kaffeehäuser unbekannt. Man kann also im Allgemeinen sagen, südlich vom 30° nördlicher Breite hört in Afrika der Gebrauch des Kaffee's auf; denn wenn auch behauptet wird[19]: "der Sohn der Wüste trinkt seinen Kaffee ungemischt und den schwarzen, aber wahrhaften Satz sammt dem Aufguß; zuweilen bringt er es auf 80 Schälchen am Tage," so ist Ersteres richtig, alle Mohammedaner trinken den Kaffee mit dem Satze; aber wo wäre der Beduine, und wäre er selbst Chef einer Tribe, der die Mittel hätte, 80 Tassen Kaffee zu bezahlen? Kaffee ist nur Luxusgetränk in ganz Afrika, d.h. in dem Sinne, als Kaffee im Allgemeinen zu theuer ist, um als Volksnahrungs- oder Reizmittel gelten zu können. Schon der erste Anlaß, wie der Kaffee unter den Arabern in Yemen Aufnahme gefunden, spricht dafür, wenn auch das Ganze eine Fabel ist, daß in demselben Etwas

111

enthalten sein muß, was eine unwiderstehliche Anziehungskraft ausübt. Man erzählt nämlich, ein armer Derwisch habe bemerkt, daß seine Schafe und Ziegen jedesmal nach dem Abweiden einer gewissen Staude äußerst heiter und lustig gewesen seien, und als er sodann selbst von dieser Staude Blätter genossen, habe er dieselbe Wirkung verspürt.

Die Sitte, Gischr, d.h. einen Absud von Kaffeehülsen zu trinken, wie Hr. v. Maltzan dies in Südarabien beobachtete, kennt man in Afrika nicht. Es hat dies übrigens gar nichts zu Verwunderndes. Denn nach Untersuchungen von Stenhouse enthalten die Blätter des Kaffeebaumes mehr Koffein als die Bohnen[20], also werden die Hülsen der Bohnen auch wohl das belebende Princip enthalten. Ebenso fand ich nicht den Gebrauch des Milchzugießens, den Maltzan auch an einigen Orten Südarabiens beobachtete. Abeken auf seiner Reise nach Oberägypten und Nubien fand dort Leute, die eine Abkochung aus rohen, ungebrannten Bohnen bereiteten. Abeken fand diese Kaffeebereitung so angenehm und schmackhaft, daß er in seinen letzten Lebensjahren immer nur eine Decoction aus ungebrannten Bohnen trank. Mir ist dieser Gebrauch nirgends vorgekommen.

Noch weniger hat sich der Thee einbürgern können; aber während der Kaffeegebrauch im Osten von Nordafrika vorwiegend ist—denn Aegypten allein consumirt mehr Kaffee, als Tripolitanien, Tunesien, Algerien, Marokko und die Sudanländer zusammen—ist hingegen der Verbrauch von Thee im Westen von Nordafrika größer. Marokko bezieht mehr Thee als alle übrigen Länder Nordafrikas zusammen. Während nach Marokko jährlich wenigstens 5000 Kisten Thee importirt werden, bedarf Aegypten, welches doch eine ungefähr gleiche Bevölkerung hat, so wenig, daß unter den amtlich genannten Einfuhrartikeln vom Jahre 1868 Thee nicht genannt wird. Bibra[21] in seinem unten citirten Werke hat also vollkommen Recht, wenn er S. 66 sagt: "Von zweien solcher Aufgußgetränke mit allen ihren physiologischen Wirkungen auf den Organismus ist eins aber sicher überflüssig," und hier hat der Instinct der Menge entschieden. Beide herrschen nirgends neben einander, sondern eines derselben wird stets als Luxusgetränk consumirt und erscheint nur ausnahmsweise irgend einem einzelnen Individuum angemessener, als das allgemein eingeführte. Im Süden findet man auf allen großen Märkten, so in Kuka, wie in Kano, Saria und Timbuktu, Thee zu kaufen.

Thee wird in Afrika nie allein bereitet; der Eingeborene von Aegypten schüttet ebenso gut wie der Tunesier und Marokkaner zu den Theeblättern einige Münzblätter oder auch Absynth, Luisa und andere aromatische Kräuter. Denn so wie man in Marokko den Thee braut, so wird er in ganz Afrika bereitet. Marokko ist ja der Religionsstaat schlechtweg, und wie alle mohammedanischen Afrikaner Malekiten sind wie die Maghrebiner, so bekommen sie auch vorzugsweise von Marokko in allen Gebräuchen, namentlich wenn diese irgendwie mit der Religion in Verbindung stehen, ihre Parole. Thee ist aber ein religiöses Getränk. Es *giebt* fromme Schriftgelehrte, die Kaffee nicht trinken, weil Kaffee *gebrannt* werden muß, Mohammed aber an irgend einer Stelle im Koran sagt: "Alles, was verbrannt ist, ist verboten."

Die Afrikaner trinken nur grünen Thee, eine ziemlich geringe Sorte, der ihnen fast ausschließlich von den Engländern zugeführt wird. Die eigenthümliche Sitte, die Barth in Timbuktu beobachtete, daß man Thee und Zucker zusammen verkauft, als ob beide Waaren unzertrennlich wären, beobachtete ich auch an verschiedenen Orten. Denn wenn man in Afrika bei den Meisten bemerkt, daß sie den

Kaffee bitter trinken, pflegen sie den Thee jedoch so stark zu süßen, daß an vielen Orten Thee ohne Zucker und Zucker ohne Thee nicht gedacht oder verkauft werden kann. Man kennt nirgends die Sitte, Thee und Milch zusammen zu mischen. In vielen Städten Nordafrika's genießen statt des Thee's verschiedene Leute einen Aufguß von Gewürzen. Ingwer, Nelken, Muscatblüthen werden mit heißem Wasser übergossen und zu dieser Infusion etwas Zucker gesetzt.

Bedeutend volkstümlicher ist Lakbi, ein aus dem Safte der Dattelpalme gewonnenes Getränk. Man findet Lakbi in ganz Nordafrika im Gebrauch vom c.25° ö.L.v.F. an, dann im Westen von Nun, im Draathal, in Tafilet und Tuat wird nirgends Lakbi getrunken. Aber in Djerid, in den Oasen südlich von Konstantine, in ganz Tripolitanien, einschließlich der großen Oase Fesan bis nach Aegypten hin, findet man in allen Palmhainen immer Bäume, die angezapft sind. Man zieht die männliche Palme zum Anzapfen vor, einmal weil dieser Baum weniger Werth hat, dann auch, weil der Saft der männlichen Palme kräftiger sein soll. Das Anzapfen wird derart gemacht, daß oben der jüngste Sproß ausgehoben wird; dann wird eine Rinne nach dem äußeren Umfange gearbeitet und darunter ein Krug oder Topf befestigt. Im Frühjahr kann man in den ersten Tagen des Anzapfens bis zu 5 Liter erhalten. Die anfangs etwas milchige, fast widerlich süß schmeckende Flüssigkeit wird nach Verlauf von 24-36 Stunden säuerlich, fängt an zu gähren und entwickelt nun Alcohol. In diesem Zustande ist Lakbi berauschender als Bier, aber schon nach abermals 24 Stunden bildet dies Spiritus haltende Getränk sich in Essig um. Den von Rüppel erwähnten *Dattelwein*, "ein widerlich süßes Getränk, aus halbgegohrenem Datteldecoct bereitet", habe ich nirgends angetroffen.

Bedeutend beschränkter ist Meth, Tetsch oder Honigwein. Man kann sagen, daß dies Getränk eigentlich nur in

Abessinien und den nächst angrenzenden Ländern getrunken wird. Die Bereitung des Tetsch geschieht in Abessinien ähnlich wie in England und bei uns, nur daß statt Hefen und Hopfen eine andere bittere Pflanze, Amdat genannt, hinzu gethan wird. Das Getränk wird in Abessinien gewöhnlich in großen Rindshörnern aufbewahrt, auch die Becher zum Trinken bestehen aus Horn. Tetsch ist sehr berauschend. Ausnahmsweise bereiten auch centralafrikanische Völker Honigwein, aber meistens stellen diese ihr bei uns Europäern unter dem Namen Busa oder auch Merissa bekanntes, berauschendes Getränk aus Getreide her. Es gehört schon ein guter Magen und ein wenig wählerischer Geschmack dazu, um das abscheuliche Getränk genießen zu können. Und da Busa und Merissa wenig alkoholartig sind, so gehören schon ungeheure Quantitäten dazu, wie sie eben nur ein Negermagen zu bergen vermag, um nur einigermaßen Wirkung zu spüren. Dennoch haben verschiedene Reisende[22] sich an dies schon äußerlich so widerlich (chocoladenfarbig) aussehende Getränk gewöhnen können. Die Maba in Wadai vertilgen ungeheure Quantitäten von Merissa, ebenso wird in Bagermi, in Mandala stark Busa getrunken; in Bornu, namentlich in der Hauptstadt Kuka, weniger.

Von den Eingeborenen Afrika's wird Wein nur in Marokko und Tunis bereitet. Die Weinrebe kommt allerdings wohl in Abessinien vor, aber nur in einzelnen Stauden. Ebenso findet man in Unterägypten Weinreben, auch im Norden von Tripolitanien, aber nur Europäer bereiten etwas Wein davon. Es liegt das eben in den Verhältnissen Nordafrika's, das jetzt ganz in den Händen der Mohammedaner sich befindet, denen Wein bekanntlich verboten ist. Aber wie trefflich der Wein in Nordafrika wird, sieht man aus den Sorten, die jetzt von Algerien aus auf den Markt kommen; sie stehen an Güte den spanischen nicht nach. Im Weinlande

Marokko aber verlegen sich trotz des Verbotes ihres Propheten genug Leute auf Weinbereitung und Weintrinken. Aber der Wein, den die Marokkaner durch Kochen herstellen, ist, obwohl sehr stark von Geschmack, herzlich schlecht und von Farbe ebenso abstoßend. Blume ist gar nicht vorhanden. Der Gebrauch des Weines in Marokko ist mehr auf dem Lande als in der Stadt zu Hause. Man nennt den Wein `Ssammed`, `Hammed` oder `Schrab`.

Die in Nordafrika seßhaften Juden bereiten auch Schnaps aus Feigen, Rosinen und Datteln. Jeder Jude fast hat seinen eignen kleinen Destillationsapparat im Hause und macht sich nach seinen Bedürfnissen seinen Schnaps selbst. Der Schnaps der Juden ist gut, auch nicht zu stark, besonders rein im Geschmack. Man würde Unrecht thun, wollte man sagen, die einzelnen Juden seien Säufer; obschon sie alle Schnaps trinken, sind sie im Ganzen sehr mäßig darin. Desto mehr haben sie von der mohammedanischen Geistlichkeit zu leiden; oft dringt ein Thaleb oder auch ein Scherif in ein jüdisches Hans, bemächtigt sich des ganzen Schnapsvorrathes, um sich wie eine Bestie damit vollzusaufen; der arme Jude kann in dem Falle noch froh sein, wenn er ohne Prügel dabei wegkommt.

Sonst ist beim eigentlichen Volke in Nordafrika das Schnapstrinken nicht gebräuchlich, erst wenn man den Niger erreicht hat, in den Yorubaländern, also der Küste zu, stößt man auf ganze Karawanen mit Kisten, welche Schnapsflaschen enthalten. Hier an der ganzen Westküste von Afrika huldigen die Schwarzen dem Gotte "Schnaps". Und welch' entsetzliches Getränk, das vorzugsweise in Frankreich und Deutschland fabricirt wird, wird ihnen zugeführt. Es unterliegt denn auch wohl keinem Zweifel daß nicht Kriege, wohl aber dieses entsetzliche Gift jene Völker in kürzester Zeit ausrotten und vertilgen werden. Denn diese Völker trinken nicht, sondern saufen, wenn sie

Schnaps besitzen, so lange, bis sie wie todt auf dem Platze liegen bleiben. Und Schnaps können sie ohne Mühe und ohne große Arbeit haben. Wenn auch der Sclavenhandel früher die Mittel zum Schnaps für die Großen jener Länder geben mußte, oder die Könige auch direct ihre Unterthanen gegen Fässer Schnaps weggaben, so geht dies allerdings jetzt nicht mehr, denn an der Westküste von Afrika ist dem Sclavenhandel wohl ein Ende gemacht. Aber dafür tauscht sich gegen Palmöl, gegen Palmnüsse jetzt Jeder seinen Schnapsbedarf ein und die Wälder sind ja vorläufig an Oelpalmen so reich, daß an Mangel nicht zu denken ist. Während also früher nur die Könige und Vornehmen der Schwarzen Schnaps trinken konnten, kann jetzt Jeder diesen Artikel bekommen, der das Glück hat, den Europäern Nüsse oder Oel zu bringen. Der Schnaps wird eher mit den Schwarzen fertig werden, als es das Schwert oder die Flinte des Europäers vermöchte.

4. *Opium und Haschisch.*

In Afrika hat Opium nur geringen Anhang gefunden und wahrscheinlich ist dies Betäubungsmittel erst durch die Türken den Eingeborenen dieses Continents mitgetheilt worden. Die Mohnpflanze, dieselbe, wie die bei uns in Europa gezogene, entwickelt bei anderen klimatischen Verhältnissen in Afrika und Asien jene Eigenschaften, gute und böse, die in der Heilkunde so segensreich wirken, aber bei unnützem und übermäßigem Gebrauche sich als eines der bewährtesten Mittel erweisen, ganze Völker der Erde ohne Pulver und Blei von derselben verschwinden zu machen.

Um Opium zu erzielen, bauen die Eingeborenen Afrika's die Mohnpflanze nur in Aegypten und zwar heute, nach Schweinfurth, *nur* in Oberägypten. Und dem Anbaue des Zuckerrohrs und der Baumwolle wird der Mohn in

Aegypten wohl bald ganz weichen müssen. Sodann wird aber auch in Marokko, namentlich in der Oase Tuat dieses Landes, Mohn des Opiums wegen angebaut, aber immer nur der Art, daß der Gewinn des Mohnsamens behufs Oelbereitung die Hauptsache bleibt, indem die Köpfe nur oberflächlich geritzt werden, damit der Samen seiner Hülsung unberaubt zur Reife kommen kann. Man kann deshalb auch sagen, daß der Gebrauch des Opiums sich nur auf die Städtebewohner beschränkt und zwar nur in Nordafrika.

Man raucht den Opium oder man nimmt das Extract in Form von kleinen Stückchen oder Pillen. Aber nicht wie im Orient raucht man Opium allein, indem man ein Stückchen in eine kleine Pfeife bringt, eine Flamme darüber streichen läßt und den heißen Opiumrauch einathmet, sondern man legt das Extract aus eine Narghile und so vermischt man Tabak- und Opium-Narcose. In Aegypten, namentlich in Damiette, sah ich indeß auch Opium allein und direct rauchen.

Das in Marokko verbrauchte Opium darf in den großen Städten nur durch von der Regierung bestellte Leute, die meistens auch den Tabakverkauf haben, verkauft werden. Früher wurde nur ägyptisches Opium verkauft, welches Pilger von ihrer Reise in kleinen, 2-3 Zoll großen Kuchen, die einen Zoll dick waren, mitbrachten. Jetzt wird in Marokko meistens aus Frankreich importirtes Opium, opium crú. d.h. wässeriges Opiumextract, gebraucht, nur in einzelnen Gegenden stellt man selbst Opium her. In Tuat, der großen südlich vom Atlas gelegenen Oase, fand ich die meisten Opiumesser und zwar Leute, die es so weit gebracht hatten, daß sie ohne Opium nicht mehr existiren konnten; in dieser Oase waren auch alle anderen Berauschungsmittel unbekannt. Leider giebt es aber auch in Afrika Europäer genug, die sich dem Opiumgenusse hingeben. Einer der gelehrtesten Männer in Keilschriften war derart dem Opium zugethan, daß er ohne dasselbe zu leben vollkommen unfähig war, er nahm Opium in roher Form und rauchte Tabak, den er in Opiumtinctur gelegt und macerirt hatte. Schon seit Jahren ist er dem Gifte erlegen. Ich selbst hatte unter Opiumgenuß monatelang zu leiden.

Erkrankt in Rhadames an einer blutigen Dyssenterie, hatte ich große Gaben von Opium genommen und konnte ich mich des Gebrauchs nicht entschlagen, da ein Aufhören im Opiumessen oder auch nur ein Vermindern der Gaben gleich wieder heftige Diarrhöen zur Folge hatte, bis plötzlich der Genuß frischer Datteln (die sonst in der Regel gegenteilig wirken) Besserung erzielte.

Keineswegs befand ich mich dabei in einem angenehmen Zustande; allerdings ist das "Bessersein", das Befreitsein von einer lästigen Krankheit schon Etwas, allerdings verspürt man eine Erleichterung, eine Behendigkeit in allen Gliedern, aber angenehme Empfindungen, sensuelle Erregungen traten nie bei mir ein. Es ist ja auch vollkommen constatirt, daß beständiger Opiumgenuß erotisch dämpfend ist. Das Haschen, das Jagen nach Opium hat wohl nur seinen Grund darin, daß es ein gewisses Wohlbehagen, eine *körperliche* und in Folge davon auch eine geistige Gleichgültigkeit gegen Alles, was Einen umgiebt, mit sich im Gefolge hat.

Viel verbreiteter als Opium ist Haschisch in Afrika. Aber die Angabe v. Bibra's, daß es 300 Millionen Haschischesser auf der Erde überhaupt gebe, möchte ich doch nicht unterschreiben. In Afrika z.B., wo von Marokko jedenfalls das größte Contingent gestellt wird, würde man höchstens sagen können, daß von der ungefähren Bevölkerung dieses Landes, die man auf circa 6,500,000 Seelen rechnen kann, höchstens die Hälfte Haschisch nimmt. Von Westen nach dem Osten nimmt in Afrika der Hanfgenuß ab, ebenso von Norden nach Süden. In Tunis, in Algerien giebt es noch viele Haschischkneipen, weniger schon in Tripolitanien und Aegypten. Schweinfurth fand Hanfesser nur im Delta, doch kommen sie sporadisch auch wohl noch weiter nach dem Süden zu vor. In Fesan baut man Hanf nur an einzelnen Orten, nach Duveyrier besonders in Tragen. Frauen huldigen sehr selten in Afrika dem Hanfe. Im Süden wird nur vereinzelt cannabis indica genommen und ist dort wohl von den Arabern importirt worden, entgegengesetzt der Ansicht von Escayrac de Lauture, der die cannabis indica aus dem Süden stammen lassen will. Hervorgerufen war wohl diese Ansicht dadurch, daß man früher glaubte, die cannabis indica sei unterschieden von der cannabis sativa. Das ist nicht der Fall. Auch hier bringen die topographischen und klimatischen Einflüsse bei *derselben* Pflanze nur andere und zwar im Süden kräftigere Eigenschaften hervor.

Aber wie die Eigenschaften des Hanfes je mehr und mehr nach Norden an Wirksamkeit zu verlieren scheinen, so scheint auch die Empfänglichkeit für dies Narcoticum im Norden schwieriger vor sich zu gehen, als in einem südlichen Klima[23]. Professor Preyer in Jena konnte mit guten Haschischblättern, die ich frisch und direct von Tripolis hatte kommen lassen, keine besonderen Rauschresultate erzielen; v. Liebig fand in Blättern derselben Sendung keine anderen wirksamen Bestandtheile, als in der cannabis sativa.

Man könnte also fast sagen, um eines vollkommenen Rausches theilhaftig zu werden, muß man in südlichen Ländern gezogenen Hanf in südlichen Ländern nehmen.

Ich habe an anderen Orten meine an mir selbst angestellten Beobachtungen niedergelegt. Und wenn ich diesen im Jahre

1866 angestellten Versuch mit denen vergleiche, die Dr. Lay, Dr. Moreau, v. Bibra, Dr. Baierlacher u. A. vorgenommen, so kann ich nur bestätigen, daß in der Hauptsache meine Empfindungen mit denen der genannten Beobachter übereinstimmen.

Der wirksame Stoff in der cannabis indica ist ein von Gastinel hergestelltes und von ihm Haschischin genanntes Alcaloid von schöner grüner, jedoch nicht von Chlorophyll herrührender Farbe. Genommen wird Hanf in Theeform oder man pulverisirt die getrockneten Blätter und schluckt sie mit Wasser hinab, oder man raucht dieselben, oder sie werden zu einer mit Zucker und Gewürzen verarbeiteten Pastete, "Madjun" genannt, gegessen[24]. Letztere Form findet man nur in den Städten.

Fast in ganz Afrika wird vorzugsweise Hanf *geraucht*, wenigstens fängt man hiermit an; erst im zweiten Stadium wird Haschisch gegessen. Das Rauchen hat einfach deshalb nicht so großen Erfolg, weil selbst geübte Veteranen im Narghilerauchen es schwer vertragen, den beißenden und ätzenden Dampf durch die Lunge direct mit dem Blute in Berührung zu bringen. Es ist deshalb auch übertrieben, wenn einzelne Reisende berichten, es gebe Hanfraucher, die es bis auf 30 Pfeifen und mehr täglich bringen könnten. Abgesehen davon, daß die Haschischpfeifenköpfe nicht größer sind, als das Viertel eines Fingerhutes einer Dame, so ziehen die auf Hanf erpichtesten Raucher selten mehr als zwei bis drei Züge aus dem Pfeifchen, pausiren sodann lange Zeit oder lassen die Pfeife ausgehen, oder aber, wenn sie reich und großmüthig sind, reichen sie die Pfeife zum Mitrauchen einem Nebensitzenden.

Das wirksame Princip des Hanfes sitzt besonders in den Blättern und den feinsten Stengeln und zwar zu der Zeit, wenn der Same eben reif geworden ist. Im Samen selbst, der stark ölartig ist, scheint Haschischin wenig oder gar nicht enthalten zu sein; die Haschischesser werfen denn auch den Samen fort, wenn sie die Blätter bereiten. In den Ländern Afrika's, die ich durchreist habe, habe ich nie von einem Harz, "Churrus" genannt[25], welches aus den Blättern schwitzt, reden hören, noch habe ich es selbst zu sehen bekommen.

Die Wirkungen des Haschisch lassen sich dahin zusammenfassen, daß im Anfange bei kleinen Dosen die Eßlust stark angeregt wird, während fortgesetzter Gebrauch und große Dosen eine Störung aller Lebensprozesse im Körper bewirken. Wem cannabis indica zur Gewohnheit geworden ist, kann sich davon schwerer entwöhnen, als der Trunkenbold von alkoholartigen Getränken, der Opiophage vom Opium. Auf das Nervensystem wirkt nach den Resultaten der Versuche, die als glaubwürdig vorliegen, das Haschisch so, daß mit einer Erleichterung im "Fühlen alles Körperlichen" (man glaubt zu schweben) eine große momentane *Gedächtnißstärke* verbunden ist, man erinnert sich an Ereignisse, welche einem seit Jahren nicht mehr ins Gedächtniß gekommen sind. Und auch körperlich scheinen die Gegenstände sich zu *vergrößern* und zu *verlängern*: Straßen werden endlos, Häuser scheinen in den Himmel hineinzuragen. Dr. Mornau sagt treffend[26]: "Die Grenzen der Möglichkeit, das Maß des Raumes in der Zeit hören auf, die Secunde ist ein Jahrhundert und mit einem Schritte überschreitet man die Welt;" und weiter sagt derselbe Beobachter: "im Gehen sei ihm eine Straße unendlich verlängert vorgekommen." Ganz dieselben Beobachtungen habe ich auch gemacht.

Es kommen sodann schließlich bei geringstem Anlasse Sinnestäuschungen vor, eine unbemalte Wand erscheint in den schönsten Farben, das Gquieke einer Thür ertönt wie symphonische Concerte und wenn einerseits das Gedächtniß neu belebt erscheint, vergißt man oft bei einem ganz kurzen Redesatze den Anfang desselben, als ob man seit Stunden geredet hätte.

So achtungswerth aber auch die Namen gewisser Reisenden sind, so möchte ich nicht die Ansicht mit vertreten, daß Haschisch eine Wirkung hervorrufen könnte, einen Menschen, wie Treevelgar erzählt, in zehntägige Katalepsie zu versetzen. Dagegen finde ich den von O'Shangnessy[27] mitgetheilen Fall von einer durch Haschisch bewirkten *vorübergehenden* Katalepsie vollkommen glaubwürdig. Fallen doch fast alle veralteten Hanfesser in eine mehr oder weniger lange anhaltende Starrsucht.

Jedenfalls wird man nicht zu viel sagen, wenn man behauptet, daß die cannabis indica, eines der heftigsten Reizmittel, im Stande ist, nicht nur die herrlichsten Empfindungen, die bezauberndsten Bilder zu schaffen, sondern auch den Menschen gewissermaßen momentan der Erde zu entrücken, aber auch andererseits wegen des Giftes, das darin liegt, eines der gefährlichsten Präparate, das mit unwiderstehlicher Gewalt den Menschen, der sich ihm hingegeben, festhält und nach Kurzem tödtet.

Fußnoten:

[15] Les Touareg du Nord, p. 185.

[16] Zeitschr. der Gesellsch. für Erdk. VII. Bd. V. Heft.

[17] Papst Urban VIII. erließ 1624 eine Bulle gegen das Tabakschnupfen in den Kirchen, aber trotz dieses unfehlbaren Edicts schnupfen heute fast alle Priester in den Kirchen wie *außerhalb*.

[18] Europäische Aerzte verordnen übrigens auch nur eine decoctio, keine infusio des Kaffee's

[19] Ausland 1872. S. 948.

[20] Dr. v. Bibra, Narcotische Genußmittel. Nürnberg 1855.

[21] Dr. v. Bibra, Narcotische Genußmittel.

[22] Auch Schweinfurth sagt, er habe auf seiner letzten Reise

ein gutes, dem deutschen Biere ähnliches Getränk gefunden.

[23] Globus 1866 und Land und Leute in Afrika, Rüthmann, Bremen 1870

[24] Ich führe hier an, daß wenn Europäer mit Hanf Versuche anstellen wollen, sie sich mit größter Vorsicht dabei des Madjun bedienen mögen, da in der Regel auch Cantharibenpulver dazwischen gemischt ist.

[25] v. Bibra, S. 266.

[26] v. Bibra, S. 272.

[27] v. Bibra, S. 284.

8. Aufbruch zur Libyschen Wüste.

"Wie ein Afrikareisender mit einer Schlittenpartie seine Reise in die Libysche Wüste antritt", hätte ich dieses Mal mein Tagebuch überschreiben können. Das ist auch wohl noch nicht dagewesen, und doch,—denn als ich meine zweite Reise antrat, mußte ich ja auch nach einigen Tagemärschen, wenn auch nicht durch oder über Schnee, so doch daran vorbei und noch dazu in Afrika selbst, auf dem großen Atlas.

Diesmal galt es nun zwar nicht, den mit Schnee bedeckten Atlas zu übersteigen, sondern auf angenehmste Weise über den herrlichsten aller Alpenpässe zu kutschiren, über den Splügen. Am Morgen in der Frühe sollte es weiter gehen, und so geschah es auch. Eine ziemlich zahlreiche Reisegesellschaft, drei große Postwagen voll Menschen beiderlei Geschlechts, von jeglichem Alter, von jedem Stande. Ich hatte für mich einen Coupéplatz bekommen und Noël[28] im selben Wagen einen Interieurplatz. Neben mir (die Coupés haben nur zwei Plätze) saß noch eine junge Dame, ein Mädchen, ein Backfisch, ein Kind—eine jede dieser Bezeichnungen würde auf sie gepaßt haben—nicht hübsch, nicht häßlich, Schweizern, mit einer entsetzlichen Aussprache des Deutschen und ungemein schüchtern, verlegen und blöde. Der Backfisch, nennen wir sie so, war in Belfort in Pension gewesen, um Französisch zu lernen; unter der Zeit waren seine Eltern von der Schweiz, wo sie ansässig gewesen waren, nach Bergamo gezogen und jetzt, nach beendigtem Cursus, sollte der Backfisch wieder heim zu den Eltern. Und das ging ganz gut, wie ein Packet wurde er befördert. In Chur logirten wir z.B. im "Luckmanier" zusammen, der Backfisch wurde von der Wirthin empfangen u. Abends, als der Wirth gehört hatte, ich reise nach Italien, kam er zu mir, ob ich nicht den Backfisch unter meine Obhut bis Como oder Lecco nehmen wolle, dort würde er von verwandten Fischern in Empfang genommen werden. Natürlich sagte ich nicht "nein" und merkwürdig genug traf es sich, daß im Interieur eine nach—der Türkei, nach Trapezunt reisende Dame sich unter Noël's Schutz begab.

Ich unterlasse es, von den Schönheiten der Via mala zu sprechen, offenbar der schönste und großartigste Paß, der über die Alpen führt und welcher, da der Baumbestand aus Nadelhölzern besteht, zu jeder Zeit grün ist. Ja, ich möchte sagen, der naturschönheitliche Reiz wird im Winter eher erhöht, als vermindert durch die starken Contraste des blendendweißen Schnees und des tiefen, fast schwarzen Grüns der Fichten und Kiefern. Als sämmtliche Passagiere obligaterweise an der Stelle ausgestiegen waren, wo die Via mala am engsten ist und wo eine Brücke über den Schlund führt, die man auch Teufelsbrücke hätte nennen können, ging es weiter und Mittags erreichten wir Splügen.

Eine gemeinschaftliche Table d'hôte brachte alle Reisenden zusammen und der gute Veltliner Wein, wie das warme Zimmer führten eine recht animirte Unterhaltung herbei, denn zur Hälfte waren die Reisenden Italiener, welche, froh, bald die Grenze ihrer cara Italia erreicht zu haben, nicht verfehlten, ein Glas mehr, als gewöhnlich, zu trinken. Mit dem Orte Splügen hat man aber keineswegs die Paßhöhe erreicht. Im Gegentheil, jetzt beginnt erst das steile Steigen und eine Viertelstunde oberhalb des Dorfes fanden wir ein ganzes Schlittendepôt. Die Postkutschen wurden verlassen und je Zwei wurden in einen eleganten Schlitten gepackt; wir hatten die Schneegrenze erreicht. Natürlich geht dieselbe im December noch tiefer, bis Chur selbst, hinunter und fängt im Januar und Februar gar unterhalb

Chur an, aber im November und October fällt Schnee nur bis Splügen und etwas oberhalb.

Hatten wir am Tage vorher abscheulich nebliges Wetter gehabt, so war unsere Via-mala-Tour, unsere Schlittenpartie über den Splügen, durch den sonnigsten, italienischen Himmel verherrlicht. Aber kalt war es. Trotz des Südwindes, der allerdings stundenlang über Gletscher und Schneefelder fegte, fror man bis auf's Innerste. Wie froh war ich, daß ich meinen grauen Mantel und die Pelzdecke mitgenommen hatte. Drei Stunden brauchten wir zu dieser Schlittenfahrt und man kann sich einen Begriff machen, welche Schneemassen im Laufe des Winters auf den Alpen angehäuft werden, wenn ich sage, daß wir manchmal Stellen passirten, wo der Schnee schon (durch Anwehen) 10-12' hoch lag. Auf der Südseite, noch mitten im Schnee, liegt die italienische Douane, während man die Grenze schon früher auf der Kante des Passes selbst passirt hat.

Die Zollbeamten waren diesmal äußerst milde; hielten sie mich für irgend eine besondere Persönlichkeit (denn in den Augen aller dieser Leute passirte Noël immer als mein Diener), oder ist die Praxis überhaupt milder geworden, genug, es wurde nur ein Koffer pro forma geöffnet und damit war Alles fertig. Ich war namentlich froh wegen meiner Patronen, die ich ja gern versteuert hätte, von denen ich aber fürchten mußte, sie würden confiscirt werden.

Bald darauf erreichten wir die südliche Schneegrenze und in ebenso guten Postkutschen ging es weiter. Den herrlichen Punkt, wo ein Gießbach ins Thal hinab braust und wo man der Fernsicht halber eigens eine Kanzel erbaut hat, von der man die schönste Aussicht genießen kann, passirten wir noch eben bei Licht, dann noch eine halbe Stunde das schönste Alpenglühen, wie ich es nie leuchtender und intensiver gesehen habe, und tiefe Nacht senkte sich rasch auf uns herab. Nach zwei Stunden, d.h. um 6-1/2 Uhr Abends, waren wir in Chiavenna.

Das Hotel zur Post, von dem Herrn Schreiber gehalten, ist berühmt in ganz Italien und auch wir konnten mit dem Nachtmahl, welches uns aufgetischt wurde, nur zufrieden sein; ja, das Lob seines Valtelliner machte, daß er uns noch eine Flasche, natürlich für unser Geld, heraufholte. Wir schieden um 10 Uhr als gute Freunde (im ganzen Hôtel ist nur deutsche Bedienung) und weiter ging's bis Colico, welchen Ort wir um 1 Uhr Nachts erreichten. In Colico selbst wurde nur umgeladen in einen anderen Wagen, der nach Lecco bestimmt war.

Aus dieser schönen Tour längs des Lago di Como, die ich übrigens zu Lande schon einmal, zur See schon mehreremal gemacht habe, merkten wir nun zwar nichts von den Reizen der Natur, aber die milderen Lüfte und zur Seite des Wagens die belaubten Olivenbäume bekundeten auch so genug, daß wir uns auf der anderen Seite der Alpen befänden.

In Lecco angekommen, wurde ich des kleinen Backfisches ledig. Als wir uns aus dem Omnibus Einer nach dem Anderen entwickelten, stand ein Herr bereit: "Sind Sie Fräulein Müller?" (Meier, Schulze oder Schmidt, so ungefähr klingt der Name). "Ja, ich bin es." Und damit fiel die junge Dame in verwandtschaftliche Arme.

Wir Anderen fuhren von Lecco gleich mit der Bahn bis Mailand weiter und direct ins Hôtel Reichmann, nächtigten daselbst und fuhren ohne Unterbrechung nach Brindisi, wo wir Abends um 10 Uhr anlangten. Von den anderen Herren war noch Niemand hier, ich vermuthete, Alle seien wegen des Choleragerüchtes über Triest gegangen. Zu meiner Freude hörte ich aber bald darauf, daß die Cholera erloschen sei.

In Brindisi ist ein vorzügliches Hôtel, das des Indes orientales. Die Absicht, in eine Locomda zu gehen, gab ich auf, da ein italienischer Reisegefährte mir unterwegs sagte, man bekäme dort unfehlbar pedocchi d.h. die Thierchen, welche die Franzosen im Gegensatze zu den Flöhen, der leichten Cavallerie, die schwere nennen. Näher brauche ich diese menschenfreundlichen Thierchen wohl nicht zu bezeichnen. Ich dachte aber, es ist noch früh genug; wenn man sich ihrer in Afrika nicht wird erwehren *können*, dann muß man mit ihnen haushalten.

Komisch erschien mir die Extravaganz der italienischen Damen in den neuesten Moden: fußhohe Chignons aller möglichen Formen, selbst die Hörner der Pullo-Frauen[29], die Wulste der Mandara-Damen[30] sind nicht ausgeschlossen; ich glaube, keine Damen der Welt entwickeln so viel Phantasie in der Herstellung aller nur möglichen Haartouren, als die schönen Milaneserinnen. Sehr häufig sieht man vorn auf der Stirn kleine Löckchen glatt angeklebt mit Pomade, ein entsetzlich schlechter Geschmack. Alles dies gilt nur von der vornehmen Welt, das Volk ist in dieser Beziehung vernünftiger.

Mein Zimmer in der Bel-Etage des Hôtels von Brindisi ging auf den Hafen, und wenn auch keine großartige Aussicht geboten ist, so hat man doch immer ein belebtes Bild.

Ich verbrachte meine Zeit damit, daß ich dem englischen Consul einen Besuch machte, um seine herrliche Sammlung von Antiken u.s.w. zu besehen. Er empfing mich sehr freundlich und hatte, wie er sagte, aus der "Times" schon mein Kommen über Brindisi erfahren. Sodann suchte ich den Archidiakon Farentini auf, der die Bibliothek unter sich hat, in der sich nebenbei ebenfalls ein kleines archäologisches Museum befindet, welches einzelne hübsche Sachen, z.B. ein prachtvolles Lacrimale[31] und interessante

Broncestatuetten enthält. Bei der Gelegenheit zeigte er mir auch eine höchst merkwürdige Vase, welche sich im Reliquien-Schreine des Doms befindet, von so feinkörnigem Granit, wie ich ihn nie gesehen. Sie soll durch Kreuzfahrer aus Palästina gekommen sein, so sagen die ältesten Chroniken. Ob sie, wie Pater Farentini behauptet, phönicischen Ursprunges ist, wage ich nicht zu bestätigen. Nach dem Volksglauben ältester Zeit soll dies dieselbe Vase sein, in der Jesus Wasser in Wein verwandelt hat. Pater Giov. Farentini fügte aber hinzu: "Ich für meinen Theil halte sie nur werth als ein höchst interessantes Kunstwerk, die damit verknüpfte heilige Legende überlassen wir dem Volke." Ein liebenswürdiger alter Mann, dieser Domherr, der sich ein über das andere Mal selbst besegnete (benedetto io), daß er meine Bekanntschaft gemacht habe. Am nächsten Tage wollte er mir noch einige Merkwürdigkeiten in der Stadt und Umgegend zeigen, obschon Brindisi in dieser Beziehung sehr arm ist.

Nur langsam erholt sich diese einst so wichtige Stadt, welche im Alterthum über 100,000 Einwohner, jetzt kaum 10,000 Seelen hat.

Strabo, welcher ausführlich von dieser alten Stadt handelt, sagt[32]. Brundusium soll, wie gesagt wird, eine Colonie der Kreter sein, die mit dem Theseus aus Knossus dahin kamen. Sodann lobt Strabo den Hafen der Stadt, nach ihm ungleich besser als der Tarents, und fügt hinzu, dieser, wie es dem Anscheine nach aussieht, einzige Hafen theilt sich inwendig in eine Menge kleinerer Busen, so daß der gesammte Hafen die Gestalt eines Hirschkopfes bekommt, daher die Stadt auch ihren Namen erhalten haben soll, denn in der Sprache der Messapier heißt ein Hirschkopf Brundusium.

Brundusium ist auch nach Strabo der gewöhnliche Hafen, aus dem man ausfährt, wenn man nach Griechenland oder

Asien übersetzen will, und alle Griechen und Asiaten landen auch hier, wenn sie Rom sehen wollen. Brundusium gilt als Geburtsstätte des Tragödiendichters Pacuvius, und Virgil ist hier gestorben.

Mit dem Zusammensinken des römischen Reiches hörte die Blüthe der Stadt aus, natürlich weil der Verkehr zwischen Morgenland und Abendland stockte. Und als dann zur Zeit der Kreuzzüge auf einmal wieder ein lebhafter, wenn auch feindlicher Zusammenstoß zwischen Occident und Orient stattfand, hob sich Brundusium rasch wieder und erlangte eine Einwohnerzahl, die auf 60,000 Seelen veranschlagt wird. Kaiser Barbarossa bevorzugte namentlich den Hafen und er ist auch der Erbauer des Castells. Mit dem Falle Jerusalems, mit der Beendigung der Kreuzzüge hing auch der Verfall Brundusiums zusammen.

Erst jetzt, wo Brindisi wieder Hauptausgangspunkt und Ankunftsort für Abendland und Morgenland geworden ist, hebt sich die Stadt wieder. Da aber jetzt die diese Straße Ziehenden bei Weitem nicht so lange im Hafen weilen wie im Alterthum, so ist der Aufschwung der Stadt ein viel langsamerer. Aber Brindisi wird jedenfalls, wird diese Linie beibehalten, immer eine gewisse Wichtigkeit bewahren.

Die Stadt selbst macht auch nur einen sehr dürftigen Eindruck; zwar sind die Straßen mit herrlichen Quadern gepflastert, aber meist sehr schmal, die Häuser zum größten Theile einstöckig, und dann macht es einen höchst traurigen Eindruck, daß so viele Bauten unvollendet gelassen, zum Theil schon wieder Ruine geworden sind. Was war die Ursache davon? Hatte man kein Geld, keine Lust zum Weiterbauen? Aber wie erquickt Einen das herrliche Grün, wie lächeln Einem die allbekannten Opuntien und langblätterigen Aloës zu, wie bekannt und heimisch winkt der hohe Palmbaum! Dazu das lebendige

Treiben auf der Straße. Die wirklich madonnenhaften Antlitze der jungen Mädchen, denn eine durchweg schöne Bevölkerung ist in Apulien und namentlich der weibliche Theil, ist fast durchaus schön zu nennen.

Und so wie es ist muß es auch sein; ich möchte nichts von dem wissen, wie wir uns Italien seit jeher vorgestellt haben und wie es in der That ist. Da scandalirt man über den Schmutz[33] der neapolitanischen Bevölkerung, über die shocking Nacktheit der dort herumlaufenden, herumkriechenden Kinder, aber man mache einmal aus Neapel eine nach holländischer Art abgewaschene Stadt— und Neapel ist nicht mehr Neapel.

Ein ununterbrochener Regen goß herab, auf der Post fand ich einen Brief von Ernst[34], dem an der Grenze die Patronen confiscirt waren, der sonst aber wohlbehalten mit Taubert[35] in Triest angekommen war. Auch Jordan[36] schrieb von dort vom 20.: er sei mit Remelé[37] und drei Dienern in Triest angekommen, habe meine beiden Diener gefunden und Freitag Nachts hätten sie sich an Bord begeben. Zittel[38] und Schweinfurth[39] könnten nun möglicherweise am selben Abend noch hierher kommen, wenn sie nicht auch die Route Triest genommen hätten; am Abend vorher hatte ich sie vergebens erwartet.

Als ich meine Briefe postirt hatte, legte sich der Platzregen, welcher den ganzen Morgen mit ununterbrochener Wuth herabgeströmt war, und bald darauf erschien der Archidiakon Farentini, um mich abzuholen. Er zeigte mir zuerst eine höchst merkwürdige Kirche, eine sehr alte Baute, die ursprünglich frei angelegt, später durch den Ueberbau einer anderen Kirche zu einer Krypta gemacht und jetzt wieder durch Hinwegräumung des umgebenden Terrains eine überirdische Kirche geworden ist. Sie rührt aus dem 5. oder 6. Jahrhundert her. Sodann gingen wir nach einer

Rotunde, einer Ruine, von der die Reisebücher behaupten, sie sei als christliche Kirche gebaut, was indeß keineswegs erwiesen ist. Jedenfalls rühren die Säulen, die Capitäler von verschiedener Ordnung von alten römischen oder griechischen Tempeln her. Es war mittlerweile dunkel geworden und wir verabschiedeten uns von einander.

Bei meiner Nachhausekunft fand ich Zittel und Ascherson vor. Sie waren beide über Rom und Neapel Nachmittags in Brindisi eingetroffen und Ascherson hatte den kurzen Aufenthalt schon benutzt, um zu botanisiren; ganz mit Pflanzen beladen kam er nach Hause. Wir dinirten noch gemeinschaftlich und gingen dann um 7 Uhr an Bord. Zuerst hatten Noël und ich, Ascherson und Zittel je eine Cajüte für uns, als aber dann in unsere Cabinen noch fremde Leute hineingesteckt wurden, tauschten wir derart, daß wir Vier zusammenkamen. Ich konnte die Nacht gar nicht schlafen, die Betten waren sehr hart und schmal und gegen Morgen entstand ein Höllenlärm, denn um 3 Uhr kam ein Londoner Expreßtrain, den auch Schweinfurth benutzt hatte, von Bologna und um 8 Uhr Morgens kurz vor Frühstückszeit, als wir auf dem Deck erschienen, waren wir schon en route; es war köstliches Wetter, das Meer leicht gewellt, was aber dem sehr großen Dampfer keine Bewegung verursachte.

Um 10 Uhr Morgens fuhren wir bei der griechischen Stadt Navarin vorbei; auch an dem Tage herrliches Wetter, wenn auch etwas trüber. Je mehr wir nach dem Süden kamen, desto milder wurde die Lufttemperatur und Abends hatten wir immer das schönste Meerleuchten, und die Zeit wäre gewiß so angenehm wie möglich vergangen, wenn nicht Regenwetter eingetreten wäre, welches uns nöthigte unter Deck zu bleiben. Die letzten beiden Tage hatten wir sogar Sturm; Zittel und Ascherson waren seekrank, Schweinfurth, Noël und ich hielten uns vortrefflich; aber Zittel mußte

134

einen ganzen Tag im Bette liegen, da er sich stark erkältet hatte und heftige Halsschmerzen bekam. Und doch war es so warm. 20 Grad im Schatten.

Um 12 Uhr Mittags kamen wir in den Hafen von Alexandrien; wir mußten die Quarantäne am Bord des Schiffes bis übermorgen Mittag halten. Alle Sachen waren angekommen und alles Andere war von Menshausen, einem deutschen Kaufmanne, besorgt. Der Vicekönig war in Kairo und v. Jasmund auch, der dort sich augenblicklich mit dem Prinzen von Hohenzollern aufhielt. In Alexandria war projectirt, nur einen Tag zu bleiben, in Kairo drei bis vier, um dann gleich bis Minieh oder Siut (Hauptstadt von Oberägypten am Nil) vorwärts zu gehen.

Welch' bewegtes Leben hier in Skendria oder Alexandria! Wir lagen am Eingange des Hafens auf der Rhede. Rechts der schöne Mex-Palast von Said Pascha, links der Leuchtthurm und der schneeweiße Palast von Mehemed Ali, der Mastenwald, mit der Stadt im Hintergrunde vor uns. In der Ferne ein üppiger Palmenwald: dies das Panorama von unserem Schiffe. Auf dem Schiffe selbst zerlumpte Soldaten mit gelber Schärpe, Abzeichen der Quarantäne. Dafür, daß ich mit Menshausen sprach, kam der wie ein Bänkelsänger aussehende Soldat gleich mit offener Hand auf mich los: "nrid backschisch", "ich möchte Trinkgeld." Er war sehr bedonnert, als ich ihn in arabischer Sprache fragte, wie er dazu käme und mit welchem Rechte er bettele. Natürlich gab ich ihm trotzdem sein Backschisch.

Schweinfurth war wieder hergestellt und Zittel und Ascherson natürlich wie durch Zauber ihrer Krankheit hier im sicheren Hafen überhoben. Mit den übrigen Herren auf dem Lloydschiffe, welches auch gekommen war und einen Flintenschuß weit von uns lag, tauschten wir, sobald wir uns durchs Fernrohr erkannten, laute Hurrahrufe aus und später kamen Jordan und Remelé herüber, um uns (natürlich immer in respectvoller Distance, da sie fünf, wir aber nur zwei Tage Quarantäne halten sollten) zu begrüßen. Die Armen mußten darauf aber das Schiff verlassen, um am Lande die Quarantäne abzuhalten. Das ist langweilig und kostspielig für sie; aber amüsant mußte es ihnen sein, die zahlreichen Pilger zu beobachten, welche, an dem Tage von Marokko kommend, ein englischer Dampfer gebracht hatte, etwa 1000 an der Zahl. Das war ein sonderbarer Anblick; ein bunteres Bild konnte man kaum sehen, als sie in kleinen Barken zu 8-10 Mann nach dem Quarantäne-Gebäude geschafft wurden. Aber bunt kann man eigentlich nicht sagen, weil alle entweder in einem schmutziggrauen, schmutzigbraunen oder schwarzen Burnus eingewickelt waren und offenbar die schlechtesten Gewänder trugen, die sie überhaupt in ihrer Heimath von ihren Angehörigen hatten auftreiben können. Wie merkwürdig, daß sich dieser Pilgerzug mitten durch die civilisirtesten Länder und Völker hindurch immer noch erhält, denn eine Abnahme des Pilgerns ist wohl kaum zu spüren. Und wie merkwürdig, daß die christlichen Engländer es heute unternehmen, die fanatischen Gläubigen zu ihrer heiligen Stätte zu führen. Auf der einen Seite geben sie jährlich Hunderttausende von Pfund Sterling aus, um dem Umsichgreifen des Islam durch christliche Missionen ein Ziel zu setzen, auf der anderen Seite leisten sie demselben Vorschub dadurch, daß sie das Pilgern erleichtern, denn es kann nicht geläugnet werden, daß die jährlichen Zusammenkünfte am Berge Ararat und beim schwarzen Steine in Mekka die Mohammedaner zu immer neuem Fanatismus anfachen. Das ist bei den mohammedanischen Pilgerfahrten so gut der Fall, wie bei den katholischen. Uebrigens Angesichts unserer eigenen Pilgerreisen inmitten des civilisirten Europa ist es kaum erlaubt, darüber zu staunen; denn dem Unparteiischen muß es schließlich einerlei sein, ob er in Nordafrika dumme

Schafheerden nach Mekka strömen sieht, oder solche von Frankreich, von Belgien, vom Rhein aus auf dem Wege nach Rom erblickt. Hier sowohl wie dort wird Dasselbe erstrebt: In Mekka wie in Rom ist für den Hohenpriester die Hauptsache, Geld zu bekommen, für die Pilger, sich Verdienste und Vergebung der Sünden zu erwerben. Einen Unterschied vermögen wir absolut nicht zu finden. Dummheit und Aberglaube sind bei den Mohammedanern wie Christen die Triebfedern.

Langeweile hatten wir an Bord nicht; die Passagiere waren noch fast alle geblieben, nur die India-Reisenden gingen am selben Tage mit einem direct nach Suez gehenden Zuge ab. Ein solcher Quarantäne-Zug wird verschlossen, darf nirgends halten und ohne Aufenthalt geht es in Suez wieder an Bord. Der Hafen ist ungemein belebt; Dampfer kommen und gehen; einige, die von inficirten Häfen kommen, werden mit der gelben Flagge, dem Abzeichen, daß sie in Quarantäne sind, geschmückt; andere, die aus gesunden Häfen ausgelaufen sind, bleiben ohne gelbes Abzeichen und dürfen gleich mit der Stadt communiciren.

Endlich schlug die ersehnte Stunde: zwei Cavassen vom Generalconsulat kamen an Bord, und uns und unsere Sachen einladend ging es fort und bald darauf hielten wir vor Abbat's Hôtel, an einem der schönsten Plätze Alexandriens gelegen. Ich ging zuerst zu Menshausen und dann aufs Consulat. Herr v. Jasmund empfing mich sehr freundlich. Für den Abend war ich mit allen meinen Begleitern zum Essen aufs Consulat geladen.

Jordan und Remelé waren gestern Abend auch noch aus der Quarantäne befreit werden, welche also keineswegs so streng beobachtet und gehalten wurde, wie ursprünglich war angeordnet worden, und so waren wir denn Alle vereint im Hôtel Abbat, wo wir zum ersten Male erfahren sollten, mit ägyptischen Preisen zu rechnen. Allein für die Diener mußte ich täglich 40 Frcs. ausgeben. Im Uebrigen konnte man mit den Zimmern, dem Essen und der Bedienung zufrieden sein, obschon die Hôtels in Alexandrien nicht so gut sind, wie die in Kairo, da in der Hafenstadt die Passagiere nur ein bis zwei Tage zu bleiben pflegen, wogegen sie in Kairo manchmal Monate lang weilen.

In Alexandria wurde meine ganze Zeit durch geschäftliche Angelegenheiten in Anspruch genommen. Nur Abends hatten wir Ruhe, uns an einem Glase Bier zu erlaben.

Bei unserer demnächstigen Abreise von Alexandrien war am Schalter wieder eine entsetzliche Wirthschaft: Es ist unglaublich, mit welcher Gemüthsruhe der Billeteur die sich drängenden und ungeduldigen Reisenden am Schalter abfertigt. Werden sie gar zu lästig, hört er einige "goddam" oder "au sacre nom de Dieu" oder Kreuz-Millionen-Donnerwetter, dann entfernt er sich für fünf Minuten, nimmt eine Tasse Kaffee, um mit neuen Kräften dem Publicum entgegentreten zu können. Endlich war an mich die Reihe gekommen, ich hatte meine Billets, die Bagage wurde eingeschrieben und bald darauf ging's fort. Da Ascherson, Jordan und Remelé noch zurückblieben, um mit einem anderen Zuge nachzufahren, so lud Herr v. Jasmund uns ein, in sein Coupé zu steigen. Die Generalkonsuln in Alexandrien bekommen jedesmal ein eigenes Coupé, wenn sie reisen.

Ich unterlasse es, über die Fahrt auch nur ein Wort zu sagen, doch muß ich erwähnen, daß wir in Kassar Sayet, beim Uebergange des linken Nilarmes, mit Nubar Pascha, der von Kairo nach Alexandria fuhr, zusammenkamen und demselben vorgestellt wurden. Eigenthümlich, ich hatte mir den Mann ganz anders gedacht, mehr diplomatenmäßig, d.h. wie bei uns die Staatsmänner auszusehen pflegen. Damit will ich aber keineswegs sagen, daß Nubar eine gewöhnliche Physiognomie habe, im Gegentheil, namentlich sein Auge ist wunderschön. Im Französischen drückt er sich gewandt aus. Er theilte uns mit, der Vicekönig wünsche der Expedition einen so wenig officiellen Anstrich wie möglich zu geben und deshalb müßten wir von einer militärischen Escorte abstehen. Dahingegen garantire er absolute Sicherheit der Gegend zwischen dem Nil und den Uah-Oasen. Die Unterredung dauerte nur kurze Zeit, da die Züge bald darauf wieder abfuhren. Mir war nichts angenehmer, aus der lästigen Escorte ledig zu sein. Wie ich denn überhaupt bemerken muß, daß der Gedanke einer militärischen Begleitung keineswegs von mir, sondern ursprünglich vom Chedive selbst ausging und zwar so gestellt wurde, daß ich glauben mußte, dem Chedive sei daran gelegen, eine militärische Bedeckung mitzugeben.

Mit dem Zuge, den wir benutzten, erreicht man Kairo in fünftehalb Stunden. Um 1 Uhr waren wir denn auch angelangt, nachdem schon längere Zeit vorher die Pyramiden, die Gräber der Chalifen, die schlanken Minarets der Mohammed-Ali-Moschee ihren Willkommengruß uns entgegen gesandt hatten.

Angekommen, begaben wir uns sogleich ins Nil-Hôtel, nachdem ich vorher vergeblich versucht hatte, die Diener in einem billigeren Hôtel unterzubringen. Nachmittags besuchten wir das Consulat, fanden aber, daß unser deutscher Viceconsul Travers auf einer Tour nach Minieh war, um den Prinzen von Hohenzollern dorthin zu begleiten. Abends waren wir im Theater und hörten die "Aida" von Verdi, welche in dieser Saison zum ersten Male aufgeführt wurde. Wer hätte nicht von den Wundern gehört, welche der Chedive durch Zaubergewalt in seiner Hauptstadt seit Jahren entstehen läßt? Wenn auch nicht alle gleich an Pracht, wie solche bei Eröffnung des Suez-Kanals dem Auge sich darbot, zeigen doch die Werke, welche der Vicekönig seitdem nach und nach ins Leben rief, um die Freuden des Lebens durch Kunstgenüsse zu erhöhen, einen derartig großen Anstrich, daß es sich wohl verlohnt, dabei zu verweilen.

Einen Lieblingsgedanken, eine Oper zu besitzen, verwirklichte Ismael Pascha bald, nachdem die Feierlichkeiten der Kanaleröffnung vorüber waren, indem er auf dem prächtigen Esbekieh-Platze ein Gebäude mit Allem, was dazu gehört, für eine italienische Oper herrichten ließ. Um dasselbe würdig einzuweihen, veranlaßte er den Maëstro Verdi, eigens eine Oper dafür zu componiren. Den geschichtlichen Stoff lieferte Mariette, die literarische Redaction besorgte Ghislanzoni.

Präcis 8 Uhr begann man mit der Ouverture, welche von einem vollkommen eingeübten Orchester meisterhaft vorgetragen wurde. Ebenso tadellos war die ganze Aufführung. Sänger und Sängerinnen sind durchweg ersten Ranges, namentlich der Tenor (Radames) Sigr. Fancelli, von einer Stärke und Höhe der Stimme, wie man ihn gewiß selten an einer der größten Bühnen Deutschlands findet. Was die Sängerinnen anbetrifft, so waren dieselben in der Saison nur aus Deutschland recrutirt, die Aida wurde von Fräulein Stolz, Amneris von Fräulein Waldmann repräsentirt. Beide waren in ihrer Art vorzüglich.

Es braucht wohl kaum gesagt zu werden, daß man bei der Costümirung auf größte Genauigkeit gesehen hat, um Kleidung und alte Gegenstände so herzustellen, wie sie durch die Aegyptologen uns bekannt und wie sie uns in den Museen aufbewahrt sind. Dazu ist Alles mit einer Pracht hergerichtet, wie es eben nur ein Fürst zu leisten vermag, dessen Mittel fast unbeschränkt sind.

Was das Sujet anbetrifft, so ist es der ägyptischen Geschichte entnommen. Aegypten und Abessinien liegen seit Jahren in Krieg miteinander. Der Feldherr des Königs von Aegypten, Namens Radames hat die Tochter des äthiopischen Königs Amonasro, Namens Aida, gefangen genommen, er giebt sie der Tochter seines ägyptischen Königs, Namens Amneris, zur Sclavin. Radames verliebt sich aber in Aida und wird von Aida wieder geliebt. Später wird der äthiopische König Amonasro auch noch gefangen genommen. Amonasro und Aida finden sich wieder, Beide, Vater und Tochter, Gefangene am ägyptischen Hofe. Man begnadigt Beide und will sie ziehen lassen. Amonasro aber überredet seine Tochter, die Liebe Radames' zubenutzen, um ihn über einen Kriegsplan auszuforschen; sie weicht endlich den Bitten des Vaters und Radames widersteht nicht dem Flehen der Aida. Er fängt an, den Plan zu verrathen, aber gerade in dem Momente kommt Amneris hinzu. Radames flieht nicht, er klagt sich selbst an, die Königstochter überliefert ihn aus Eifersucht den Priestern, er wird zum Tode verurtheilt und kann dann trotz der bitteren Reue der Amneris nicht gerettet werden. Lebendig in einem Grabe eingemauert, theilt Aida freiwillig sein Loos.

Eine solche Aufführung, wie sie in Kairo Statt hatte, muß selbst den verwöhntesten Geschmack befriedigen. Die Musik freilich wird wohl nicht überall Beifall finden. Die Freunde der Harmonie werden sagen, es sind zu viel Wagner'sche Anklänge vorhanden, die Wagnerianer werden die Musik zu dünn und zu wenig überwältigend finden. In der That ist Verdi bei dieser Composition ganz aus seiner Rolle gefallen. Der Componist des "Ernani", des "Trovatore" hat sich im Wagnerianismus versuchen wollen, aber nichts als zwangvolle Sätze sind entstanden, welche das Publicum kalt lassen.

Die innere Einrichtung des Opernhauses ist reizend. Die

Bühne ist verhältnißmäßig groß, ebenso der Orchesterraum. Links hat der Chedive eine Prosceniumsloge, die gleich hoch *allen* Logenreihen ist, darunter eine kleine dicht am Orchester. Rechts ist die chedivische Haremsloge, durch ein so feines Eisengitter verschleiert, daß die Meisten glauben, dies weiße Gewebe seien Tüllgardinen, aber in der That besteht es aus dem feinsten Eisendraht. Daran schließen sich vier andere, ähnlich verschleierte Logen, für andere Haremsdamen hoher Würdenträger.

Das Opernhaus hat vier Logenreihen übereinander. Im ersten Stock, also parallel mit den Logen ersten Ranges, befindet sich ein großes und fürstlich eingerichtetes Foyer, zugänglich für Jedermann. Daneben sind Restaurationslocale, die man übrigens auch unten findet.

Zu der Zeit wurde das Opernhaus erheblich vergrößert, weil die damaligen Räume zur Aufbewahrung der Decorationen keineswegs genügten.

Am folgenden Tage wurden wir um 10-1/2 Uhr zum Vicekönige befohlen; wir holten Herrn v. Jasmund ab. Der Vicekönig residirt in einem neuen Palais im neuen Stadttheile Ismaelia. Nach wenigen Vorstellungen, die zwischen Ali Pascha, dem Ceremonienmeister und dann einem Anderen, der der Großsiegelbewahrer ist, stattfanden, führte man uns die Treppe hinauf, wo wir oben vom Vicekönige empfangen wurden. Aus dem großen Saale führte er uns in ein kleines Zimmer. Die Unterhaltnng drehte sich natürlich nur um die Expedition. Zuerst aber, nachdem wir vorgestellt waren, hielt Herr v. Jasmund einen kleinen speech, worin er dem Vicekönige dankte für das, was er für die wissenschaftliche Expedition gethan. Dann erwiderte der Vicekönig, wie glücklich er sich schätze, mit solchen Leuten eine solche Expedition organisiren zu können, und dann stattete ich meine Grüße ab und dankte im Namen des Kaisers und Königs. Als ich dies sagte, erhob sich der Chedive von seinem Platze, aus Ehrfurcht vor dem Namen Sr. Majestät und Sr. Kaiserlichen Hoheit des Kronprinzen.

Hierauf war lange Unterhaltung (die Audienz dauerte 3/4 Stunden) über die Expedition und hierbei beklagte sich der Vicekönig bitter über Bakers Expedition, der unnütz Menschenblut vergossen und für Abschaffung des Sclavenhandels nichts gethan habe. Diese vom Vicekönige gesprochenen Worte bekräftigten also in der That, daß Sir Samuel gar nichts erreicht hat, daß seine Expedition vielmehr nach der Aussage des Chedive nur unheilvoll wirkte. Ich begriff nun auch, warum die ägyptische Regierung meiner Expedition so wenig officiellen Charakter, wie möglich, geben wollte. Gegen Samuel Baker scheint der Chedive jedoch sich ganz anders geäußert zu haben; wenigstens lesen wir in Bakers "Ismailia", daß der Chedive seine Dienste durch die Verleihung des Osmanieh-Orden belohnte, und daß Baker selbst meint, sein fester Glaube auf die Unterstützung der Vorsehung sei nicht unbelohnt geblieben, also seine Aufgaben für gelöst hielt. Das kann ich bestätigen, daß der Chedive keineswegs gesonnen schien, die Baker'sche Expedition aufzugeben, sondern in Colonel Gordon einen würdigen Mann fand, der da wieder anknüpfte, wo Baker sein Unternehmen abgebrochen hatte.

Der Vicekönig, 1830 geboren, also jetzt 45 Jahre alt, hat eine gedrungene Gestalt, ein sympathisches Gesicht, freundliche Augen, im Ganzen ein sehr intelligentes Aeußere. Jedenfalls, nach seiner Physiognomie zu schließen, ein Mann, der mehr liebt, das Gute zu thun, als das Böse.

Als wir uns verabschiedet hatten, begab ich mich mit v. Jasmund nach seinem Hôtel, um noch einige Punkte wegen des Dampfers, der Kamele &c. zu präcisiren und zu Papier zu bringen.

Darüber war es Mittag geworden. Nach Tische kam Jasmund, mich abzuholen zu einem Besuche bei Hussein Pascha, dem zweiten Sohne des Vicekönigs, der den öffentlichen Arbeiten vorsteht. Es handelte sich nämlich darum, die Papiere bezüglich des Nivellements der Eisenbahnstrecke von Siut zu bekommen, damit wir bei unserem Vorgehen von diesem Punkte eine bestimmte Basis hätten. Hussein wohnt auf der Kasbah und im selben Palais oder Harem, in welchem der große Mohammed Ali sein Leben ausgehaucht hat. Ein großartiges Gebäude von colossalen Dimensionen, dessen Bel-Etage ein immenses Kreuz bildet, derart, daß 1 das Audienzzimmer, 2 den Saal und 3, 3, 3 noch andere Zimmer umfassen. Wie im chedivischen Palaste, war auch hier Alles aufs Geschmachvollste, aufs Reichste und ohne Ueberladung decorirt. Aber die Kasbah hat nicht nur diesen einen Palast, sondern es ist dies ein Complex von Forts, Schlössern und Moscheen. Da ist z.B. das Palais, in dem der Vicekönig die Beiramsfestlichkeiten abhält, da ist vor Allem die ganz aus Alabaster, oder besser gesagt, aus ägyptischem Marmor erbaute Moschee Mehemed Ali's.

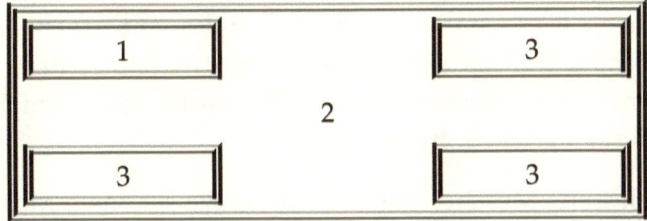

Mögen nun auch die Architekten sagen, was sie wollen, mögen sie behaupten, diese Bauten zeigen keinen bestimmten Stil, mögen sie glauben, die Minarets seien im Verhältnis zu ihrer bedeutenden Höhe zu dünn oder zu wenig umfangreich, es steht fest, daß gerade diese Moschee eine der Hauptzierden Kairos ist, daß man ohne sie sich

Kairo nicht mehr vorstellen könnte. Und in ihren einzelnen Theilen wie im Ganzen kann man sie nur schön nennen, im Innern, wie im Aeußern. Nur der häßliche Uhrthurm auf der Westfaçade des Hofes, aus Holz erbaut, paßt nicht zum Ensemble. Wir besuchten natürlich auch das Innere, es wurden uns die obligaten Schuhe übergezogen, aber ich merkte einen Fortschritt, sie waren nicht wie früher aus Stroh, sondern aus Tuch und wurden festgebunden durch Bänder.

Eine stark vergitterte Abtheilung wurde mir gezeigt und gesagt, es sei das der Ort, wo eventuell der türkische Sultan seinen Sitz nähme; dies scheint mir problematisch, ich glaube vielmehr, es ist eine Einrichtung für den Harem.

Nachdem wir dann die unvergleichlich schöne Aussicht von dem Punkte aus genossen hatten, wo beim Massacre der Mameluken einer derselben sich durch einen kühnen Sprung in die Tiefe gerettet haben soll, ein Punkt, von welchem aus man die Stadt, die Gräber der Chalifen, das rothe Gebirge (Gebel ahmer), das Mokhatan-Gebirge, die Pyramiden, den Nil, ein großes Stück des üppigen Nil-Delta und die unendliche Sahara überblickt, ein Punkt, von dem aus man das vollkommenste Bild über Aegypten gewinnt, wo man den Charakter dieses Landes mit einem Blick überschauen kann—nachdem wir dies in uns aufgenommen, stiegen wir zur Hassan-Moschee, am Fuße der Kasbah gelegen, hinab.

Die Hassan- Moschee gilt überall als die schönste Moschee von Kairo und doch keineswegs mit Recht. Die Großartigkeit der Steinmauern bestreite ich nicht, aber die schon zugeschnittenen Quadern wurden von den Pyramiden entnommen. Die Zartheit, das Kühne des Tropfsteingewölbes, das Unglaubliche der Stalaktiten-Kuppeln gebe ich gern zu, aber das Material dazu ist von

Holz, und mit Widerwillen fast wird man hier an das Vergängliche, an das Unsolide aller maurischen Bauten erinnert. Dazu kommt, daß diese Holz-Stalaktiten-Bauten derart vernachlässigt und zerfallen sind, daß alle Schönheit schon zu Grunde gegangen ist.

Was aber für den mit der religiösen Geschichte der Mohammedaner Vertrauten ungleich mehr auffällt, ist der Grundriß der Moschee. Bis jetzt hat noch kein Architekt darauf aufmerksam gemacht. Im gewöhnlichen Stil besteht nämlich jede Moschee aus zwei Körpern: dem bedeckten, nach Osten gerichteten Theile, aus manchmal vielen Säulenhallen bestehend, und dem unbedeckten Hofe im Westen, beide in der Regel viereckig. Die Hassan-Moschee aber hat im Hofe als Grundriß ein vollkommenes *Kreuz*. Wenn man weiß, wie furchtbar der Moslim Alles haßt, was nur irgendwie an die Form des Kreuzes erinnert, so muß man sich wundern, daß dies hier so prägnant zum Ausdruck gekommen ist. Jedenfalls ist es unbewußt geschehen, denn der uns begleitende Priester gab mir den Schlüssel dazu folgendermaßen: Jeder der Kreuzflügel, welche, beiläufig gesagt, überwölbt sind, dient zur Aufnahme der Anhänger der vier rechtgläubigen Bekenner, so daß in dem einen die Malekiten, im anderen die Schaffeïten, im dritten die Hambaliten, im vierten die Hanesiten Platz finden. Sultan Hassan liegt in der Moschee begraben und rund um sein Grab sieht man die unvertilgbaren Spuren von Blutlachen, Zeugen der Ermordung von Mameluken, welche sich beim Massacre in die Moschee geflüchtet hatten.

Hiernach begleiteten wir v. Jasmund nach Hause und fuhren, Zittel und ich, sodann zu Mariette Bei, dem Director des Bulac-Museums, fanden ihn aber nicht zu Hause. Das Museum konnten wir auch nur sehr flüchtig besehen, da es dunkel wurde.

Nach dem Essen gingen die Anderen noch etwas spazieren, ich schrieb, machte auch einen Gang auf die Esbekieh und hiernach trafen Zittel und ich uns wieder im Nil-Hôtel. Wir saßen Abends noch lange im Mondschein, der Mond stand hoch, fast im Zenith über uns. Die blühenden, wie Heliotrop duftenden Akazien, die milden Lüfte, Alles war zauberisch schön. Solche duftende ruhige Nächte giebt es nur in Nordafrika, wo die Nächte Winters und Sommers sich fast stets durch absolute Windlosigkeit der Atmosphäre auszeichnen.

Ein wichtiges Geschäft war dann noch abzuwickeln, nämlich gute Diener zu engagiren. Eine gewisse Erleichterung gewährte Kairo in sofern, als alle unbeschäftigten fremden Leute, alte und junge, in der Stadt einem Schich unterstehen, der, so lange sie in Kairo sind, für ihr Betragen der Polizei haftbar ist. Dieser Schich besorgte mir sodann Leute, so viel ich brauchte, und da außerdem die Polizei sich noch drein mischte, konnte ich mit ziemlicher Sicherheit sagen, gute und brave Leute engagirt zu haben. Gleich von vornherein kann ich dies auch hier bestätigen, denn im Ganzen hatten wir recht treue Diener; und wenn selbst der fromme Doctor der Theologie, welcher Prof. Ascherson's Diener war, diesen so unverschämt betrog, so folgte er wohl nur religiösen Motiven oder glaubte vielmehr seine Betrügereien durch den Mantel der Religion bedecken zu können. Ein alter Diener, den ich in Tripolis aus der Sclaverei befreit und über Cyrenaica und Siuah hierher gebracht hatte, fand mich hier wieder. Es war rührend, als er kam, mir die Hand küßte, weinte und mir das Certificat zurückstellte mit den Worten: "Jetzt brauche ich es nicht mehr, jetzt habe ich Dich wiedergefunden."

Nachdem viele Einkäufe besorgt waren, gingen wir sodann zur Sitzung des Institut d'Égypte, wo man uns zu Ehren eine Versammlung anberaumt hatte. Da waren alle

Notabilitäten der Wissenschaft Aegyptens vertreten. Mariette Bei, der berühmte Aegyptolog, präsidirte. Die Sitzung war in einem Saale des Ministeriums des Innern. Nach einer einleitenden Rede und nach Verlesung des procès verbal der letzten Verhandlung verlas ich eine Rede in französischer Sprache. Es war recht feierlich, v. Jasmund war auch da und Schweinfurth von Alexandrien herüber gekommen.

Nach diesem kurzen Aufenthalte in Alexandrien und Kairo wurde Siut erreicht, von wo die eigentliche Expedition beginnen sollte. Aber gleich beim Beginne stellten sich die Schwierigkeiten bedeutend größer heraus, als man vermuthet hatte, denn es galt, die Kamele mit Futter zu beladen, da man sich Angesichts einer absolut vegetationslosen Wüste befand. Nachdem die Bohnen, welche zu einer Reise von zwanzig Tagen nothwendig wurden, an Ort und Stelle waren, traten wir am 18. December den Marsch in die Wüste an. Dieselbe offenbarte denn auch gleich an den ersten Tagen ihre ganzen Schrecken und Gefahren, denn man befand sich in der trostlosesten Einöde. Allerdings nicht so vegetationslos, daß nicht hier und da noch einige Kräuter gesproßt hätten, aber keineswegs so krautreich, daß man darin hätte Kamele weiden können.

Nur dieser Theil der Sahara, die sogenannte Libysche Wüste, kennzeichnet sich durch eine so außerordentliche Armuth an Pflanzen, denn in der ganzen übrigen Sahara nehmen Karawanen nie Futter für die Kamele mit, sondern die Thiere begnügen sich mit dem, was sie unterwegs finden. Nur südlich von Tedjerri in Fessan hat man auch ein Terrain zu durchziehen, wo man für einige Tage Datteln als Kamelfutter mitzunehmen pflegt.

Wir erreichten dann zunächst die kleine Oase Farafrah,

keineswegs dem Nil zunächst gelegen, im Gegentheil, sie ist von Sinah am Nil die entfernteste. Aber ich hatte diesen Weg vorgezogen, weil er ein vollkommen neuer, *noch nie von Europäern begangener* war. Das Erscheinen einer so großen Karavane, 100 Kamele und circa 80 Mann, rief natürlich die größte Angst, der alsbald das Staunen folgte, bei den Eingeborenen hervor, aber als sie schnell gewahr wurden, daß wir in friedlicher Absicht gekommen waren, etablirte sich ein leidliches Verhältniß zwischen uns, soweit der Fanatismus der Bewohner es gestattete.

Sodann mußten wir nach einigen Tagen uns nach Dachel wenden, da wir in Farafrah weder für uns noch für unsere Kamele Vorräthe auftreiben konnten. Wir folgten derselben Route, welche vor uns Cailliaud gezogen war, und erreichten nach einer Woche diese freundlichste aller Uah-Oasen. Und so freundlich uns die Landschaft und der Hauptort Gasr entgegenlachten, so zuvorkommend wurden wir hier auch empfangen von der Behörde und der ganzen Bevölkerung. Erwähnen muß ich allerdings, daß die Farafrenser über unsere Ankunft noch nicht unterrichtet waren, als wir dort eintrafen, in Dachel hingegen die Behörde von Siut aus schon instruirt war, uns freundlich aufzunehmen.

Aber auch hier in Dachel waren die Vorräthe nicht so reichlich, wie man uns es vorgespiegelt hatte, und ich war gezwungen, nach Siut zurückzusenden, um sechzig neue Kamelladungen Bohnen kommen zu lassen. Aber ehe dieselben eintrafen, vermochte ich Prof. Jordan, vorauszugehen. Freilich hatte er mit großen Schwierigkeiten zu kämpfen, aber als dann Zittel auch bald nachrücken konnte, wurde abermals weiter vorgegangen und die Expedition erreichte fast den 27° O.L. v. Gr. und blieb vor einer mächtigen, von Norden nach Süden streichenden Düne liegen. Hier fand ich dieselbe lagern, als ich selbst nach einiger Zeit dort eintraf.

Eine Recognoscirung, die Zittel zu Fuße schon vorher gemacht hatte, eine andere, die ich selbst mit Prof. Jordan unternahm, stellte nun zur Evidenz heraus, daß an ein weiteres Vorgehen nach Westen nicht zu denken sei. Wir befanden uns Angesichts eines Sandmeeres, welches aus 100-150 Meter hohen Sandketten mit steilen Böschungen bestand. Die Zwischenräume zwischen diesen Sandketten waren ebenfalls mit Sand bedeckt, zeigten *kein nacktes Gestein*. Es traten nun zwei entscheidende Gründe ein, die uns zwangen, von weiterem Vorgehen nach Westen abzustehen. Erstens waren es die hohen, von *Norden nach Süden* ziehenden Dünen, welche zu *jeder Uebersteigung* mehrere Stunden nöthig machten und wodurch wir sodann höchstens per Tag 20 Kilometer hätten vordringen können mit der *gewissen* Aussicht, nach acht Tagen sämmtliche Kamele todt oder "batal"[40] gehabt zu haben. Zweitens war es unmöglich, im Sandmeer Wegzeichen zu errichten; der geringste Samum würde sie umgeweht haben; mithin war eine weitere Depôtbildung, die unumgänglich nothwendig war, sowie eine constante Verbindung mit dem Hauptdepôt Dachel nicht zu ermöglichen.

Sobald daher das Unausführbare, Kufra von Westen aus mit den uns zu Gebote stehenden Locomobilen zu erreichen, constatirt war, beschlossen wir, mit den Dünen nach Norden zu gehen, um womöglich einen Durchgang, ein Aufhören der Dünen zu finden oder Siuah zu erreichen. Die Dünen hörten nicht auf, wir waren während 14 Tagen stets zwischen hohen Ketten von Sandbergen und legten einen der sonderbarsten Märsche zurück, welche je in Afrika gemacht worden sind. *Ohne Führer* waren wir, wie das Schiff auf dem Meere, nur dem Compaß vertrauend, angewiesen, der einmal angenommenen Richtung zu folgen. War diese falsch oder wären wir durch die öftere nothwendig werdende Uebersteigung der Dünen zu weit abgekommen, so mußte voraussichtlich Siuah verfehlt werden[41]. Oder wären wir von einem *mehrtägigen* Samum überrascht worden, so wäre voraussichtlich unser Loos ein noch schlimmeres gewesen, indem wir nur für eine bestimmte Zahl von Tagen Wasser hatten. Ich konnte es überhaupt nur übernehmen, die Karavane nach Siuah zu führen, weil ich dort bekannt war und die Formation der Ufer und die Lage der Seen östlich und westlich von Siuah mir noch vor Augen stand. Ich brauchte deshalb nicht zu fürchten, falls ich zu weit westlich oder östlich herauskäme, unorientirt zu bleiben.

Und glücklich erreichten wir denn auch die Oase des Jupiter Ammon, wo wir bei der Behörde den freundlichsten Empfang fanden. Schon nach wenigen Tagen brachen wir wieder auf, gingen bis Setra zusammen in östlicher Richtung und sodann trennten Zittel und ich uns von Jordan, um wiederum *ohne Führer und auf nie begangenem* Wege direct nach Farafrah zu gehen, während Jordan mit einem in Siuah gemietheten Führer nach Uah-el-behari ging, um die auf den Karten verzeichneten Behar-bela-ma zu untersuchen.

Farafrah wurde glücklich von uns erreicht, vonwo Zittel sogleich nach Dachel weiter ging, um unseren dortigen um uns in Sorge lebenden Gefährten die Nachricht unserer glücklichen Rückkehr zu übermitteln. Ich selbst blieb noch einen Tag länger in Farafrah und ging dann auf *neuem,* noch nie begangenem Wege nach Dachel, hauptsächlich um die Gebirgszüge zu durchschneiden, welche wir früher im Westen von unserem ersten Marsche von Farafrah nach Dachel erblickt hatten. In Dachel vereinten wir uns dann nach einigen Tagen zu gemeinsamem Vorgehen über Chargeh nach Esneh, welches wir am 1. April ohne Unfall erreichten.

Ich komme nun auf die Resultate zu sprechen und hebe hervor, daß uns außer der allgemeinen Erforschung der Libyschen Wüste hauptsächlich zwei Punkte als beachtenswerth waren bezeichnet worden: die Untersuchung der verschiedenen Behar-bela-ma und die Depression der Libyschen Wüste.

Ein Bahr-bela-ma von Dachel ausgehend und nordöstlich von Beharieh in das von Ost nach West gerichtete Bahr-bela-ma von Pacho und Belzoni mündend existirt nicht. Es breitet sich zwischen ihnen ein einzig Kalksteinplateau über 300 Meter hoch aus. In der Sitzung des Institut Égyptien hatte ich schon darauf aufmerksam gemacht, daß Bahr-bela-ma in der Sahara nichts ist, als das gleichbedeutende Wort Wadi, das hundertmal vorkommt. Wenn es sich aber durch die geographischen Verhältnisse bestimmt erweisen läßt, daß ein Bahr-bela-ma als eine Längseinsenkung nicht existirt, so ist andererseits durch die geologische Untersuchung des Bodens auf das Schlagendste nachgewiesen, daß der Nil nie in dieser Richtung hat fließen können. Nirgends wurden von unserer Expedition fluviatile Niederschläge, sondern überall nur maritime Bildungen constatirt. Das Bahr-bela-ma als ein continuirliches Thal, oder gar als ein westliches Flußbett des Nil muß daher definitiv aus der Welt geschafft und von den Karten gestrichen werden.

Die zweite zu lösende Aufgabe betraf die Depressionsfrage, ob nämlich die von mir 1869 entdeckte Depression sich über die ganze Libysche Wüste erstreckt, oder vielmehr von dem Libyschen Küstenplateau (diesen Ausdruck möchte ich vorschlagen für den jetzt gebräuchlichen "Libysches Wüstenplateau") sich bedeutend nach Süden zu ausdehnt. Hierin lag zugleich die Aufgabe einer Erforschung der ganzen Libyschen Wüste; denn als Endziel war die Erreichung der Oase Kufra in Aussicht genommen.

Gleich beim Verlassen der Oase Dachel konnten wir eine merkliche Steigerung beobachten, wie ja überhaupt, mit Ausnahme von Siuah, alle Uah-Oasen höher als der Ocean gelegen sind und nur relativ Depressionen bilden. In Regenfeld waren wir schon über 300 M. gestiegen, und als wir dann nach Nord einige Grade zu West den Weg fortsetzten, fanden wir zwar eine allmälige Absenkung aber erst in Siuah konnten wir eine eigentliche absolute Depression constatiren. Die Producte des Meeres, die hier gefunden wurden, die Abwesenheit von Süßwasserbildungen oder gar von Nilschlamm schließen aber auch hier jeden Gedanken aus, daß der Nil sich durch diese Depression in die Syrte ergossen habe.

Unser Vormarsch in Regenfeld war verhindert worden durch hohe Sanddünen, welche von NNW. zu SSO. Richtung hatten und 100-150 M. hoch waren. Ein Vormarsch in westlicher Richtung war somit unmöglich geworden, theils wegen der Kamele und theils weil aus Mangel an Wegweisern keine Depositorien mehr angelegt werden konnten. Denn zwischen den Dünen war nicht etwa bloses Gestein, sondern tiefer Sand, welcher das Errichten von Wegzeichen unmöglich machte. Wir hatten also Ein einziges Sandmeer vor uns, nur unterbrochen durch 1—1-1/2 Kilometer auseinanderstehende Sandketten.

Die Sanddünen sind Meeresprodukt; ihre Formenveränderungen sind im Allgemeinen constant. Daß die Winde, die hier meist von NNW. nach SSO. wehen, während der Chamsin gleiche Richtung, aber aus entgegengesetztem Pole hat, sie verursachen, glaube ich nicht; denn dann müßten sie in der Grundform in der dem Winde entgegengesetzten Richtung laufen, sie verlaufen aber mit dem Winde.

Was die Wärmeverhältnisse anbetrifft, so hatten wir diesmal sehr geringe Schwankungen. Während auf früheren Reisen in der Wüste im Winter eine Differenz von 30° beobachtet wurde, hatten wir diesmal im Februar, welcher sich als der kälteste Monat herausstellte, einen Unterschied, der bedeutend geringer war, wenig mehr als die Hälfte. Eine mittlere Zahl kann ich noch nicht aus meinen viermal täglich angestellten Beobachtungen geben. Aber im Februar hatten wir sieben Tage, wo das Thermometer unter Null war, und am 16. zeigte das Thermometer sogar -5°. Die größte Wärme, welche im Februar beobachtet wurde, betrug nicht mehr als 24° und dies nur an zwei Tagen. Auffallend war die Erscheinung eines dreitägigen Regens in der Libyschen Wüste, und zwar erstreckte sich dieser Regenfall über ein ziemlich großes Terrain: denn in Dachel und Farafrah hatte es an denselben Tagen auch geregnet, während man aber in dem dem Mittelmeere näher gelegenen Siuah keinen feuchten Niederschlag gehabt hatte. So war denn auch der Feuchtigkeitsgehalt der Wüste ein ungemein bedeutender und nur, wenn Südwind eintrat, zeigte sich plötzlich eine auffallende Trockenheit in der Atmosphäre. Leider mußten Untersuchungen über den Electricitätgehalt der Luft ausgesetzt werden, weil die magnetische Nadel des mitgenommenen Electrometers sich als zu schwach erwies; sie reagirte gar nicht. Aeußerst interessant waren die Untersuchungen über Ozongehalt, wie man sich aus den demnächst zur Veröffentlichung kommenden Beobachtungen Zittels wird überzeugen können. Je offener der Himmel war, und je entfernter wir von bewohnten Plätzen waren, desto mehr Ozon wurde bemerkt. Bei herrschendem Samum war äußerst wenig Ozon vorhanden.

Ich unterlasse es hier, ausführlich über die von uns angetroffenen Völker in den Oasen zu reden. Bekannt ist, daß die Bevölkerung von Siuah berberischer Herkunft ist. In Uah-el-Beharieh, Farafrah und Dachel ist zweifelsohne die Abstammung der Bewohner dieselbe, wie die der Fellahin im Nilthale; doch haben sich in Uah-el-Beharieh und Dachel einzelne Araber früher seßhaft gemacht. Hervorheben müßte ich noch, daß es Prof. Ascherson gelungen ist, nachzuweisen, daß nicht Farafrah die Oase Trinythis der Alten ist, sondern daß dieser Name mit der Oasis magna in Verbindung gebracht werden muß.

Was die archäologischen Ergebnisse anbetrifft, so beruhen dieselben auf genauen photographischen Bildern, welche die Expedition von den Tempeln in Chargeh und Dachel gemacht hat. Zu diesem Behufe mußte der Tempel in Dachel erst ganz vom Schutte und Sand ausgeräumt und zum Theil 50 Centner schwere Blöcke entfernt werden. Prof. Ebers in Leipzig, der die Güte hatte, die Bilder durchzusehen, hat auf den Tempelwänden von Dachel den Namen des Kaisers Vespasian gelesen und der berühmte Aegyptologe ist der Ansicht, daß die feineren Skulpturen von allgemeinen Künstlern hergestellt seien, während die gröberen von Dachelaner Steinhauern selbst ausgeführt worden wären. Viel ergiebiger und interessanter zeigten sich die Inschriften des Tempels von Chargeh. Wir sehen dort den opfernden König Darius, dem Ammon Libationen und Rauchopfer anbietend. Darius wird als Liebling des Ammon von "Heb" (dies der alte Name für Chargeh) bezeichnet, auch ein bisher Ebers unbekannter Vorname des Darius, "Basetut", ist angeführt. Nach Ebers wurde der Tempel von Chargeh erst nach dem Tode Darius vollendet; daher die vielen leeren Königsschilder, welche ursprünglich für den Namen des Darius bestimmt waren. Die sehr interessanten Inschriften, schrieb mir Ebers, beweisen, daß das ganze ägyptische Pantheon, Ammon an der Spitze, in der Oase verehrt wurde, daß dort eine ägyptische Priesterschaft mit reichlicher Versorgung dem Cultus vorstand, daß Chargeh Heb hieß, daß Darius als König Aegypten und wahrscheinlich auch die Oasen besucht hat. Daß auf einer der Platten, welche in Kairo Brugsch vorgelegt wurde, dieser Gelehrte den alten Namen der Hauptstadt der Oase Dachel als "Mondstadt" bezeichnet fand, glaube ich schon mitgetheilt zu haben.

In Betreff der Ausbeute der mich begleitenden Fachgelehrten kann ich noch nichts Detaillirtes mittheilen. Indeß gereicht es mir zur Freude, sagen zu können, daß die botanischen Ergebnisse des Prof. Ascherson keineswegs so gering gewesen ist, wie wir fürchteten. Gab es auch manchmal ganz vegetationslose Strecken, so boten aber gerade die Oasen in der Zeit, als wir dort waren, ein um so reicheres Pflanzenleben. Prof. Jordan hat alle wichtigen Punkte astronomisch bestimmt. Täglich wurden Breitenbestimmungen gemacht und die Declination der Magnetnadel notirt. Und was Zittel anbetrifft, so sind dessen Funde in paläontologischer Beziehung wahrhaft überraschend gewesen. Der Wahn der einförmigen Numinulitenformation, welche man früher für die ganze Libysche Wüste annahm, ist somit gründlich zerstört.

Dies die wissenschaftlichen Resultate der Expedition. Praktische hat dieselbe keine aufzuweisen, wenn nicht das bewiesen wäre, daß der Europäer in Afrika auch ohne Führer reisen kann, daß durch Mitnahme von eisernen Wasserbehältern man in der Wüste nicht blos Wege, wo Brunnen oder Wasserlöcher sind, zu nehmen braucht, sondern monatelang ohne solche existiren kann. Selbst die ausgedehnten Eisensrunde werden nie zu verwerthen sein, weil es in der Libyschen Wüste an zwei Bedingungen, sie zu verarbeiten, fehlt: Kohlen und Wasser. Aber praktische Resultate hat die Expedition auch nie erzielen wollen, und obschon dieselbe Kufra aus unüberwindlichen Hindernissen

nicht erreichen konnte, wird nicht bestritten werden
können, daß sie der Hauptsache nach ihre Aufgaben gelöst
und auf alle Fälle in Anstrebung des vorgesteckten Zieles
ihre Pflicht gethan hat.

Fußnoten:

[28] Noël ist der junge stattliche Afrikaner, welcher in Folge der Bestimmung Sr. Maj. des Kaisers von Deutschland in Lichtenfelde bei Berlin eine deutschen Begriffen entsprechende Bildung genoß, nun aber, da ihm das nördliche Klima nicht bekam, auf Befehl des Kaisers mit nach Aegypten ging, um dort noch eine weitere Ausbildung zu erhalten.

[29] Centralafrikanischer Volksstamm.

[30] Mandara ist eine Landschaft in Nordafrika, welche von einem eigenthümlichen Negervolke von übrigens ausgezeichneter Körperbildung bewohnt wird.

[31] Das ist eines jener Thränengläser, die sich oft in Gräbern der Alten bei Todtenurnen finden und worin angeblich die Hinterbliebenen den Verstorbenen ihre Thränen mitgaben.

[32] Buch VI, S.10, deutsche Uebersetzung von Penzel.

[33] Den Schmutz der internationalen Waggons verdamme ich trotzdem.

[34] Mein deutscher Diener.

[35] Herrn Remelé's Diener.

[36] Der Astronom der Expedition.

[37] Photograph.

[38] Archäeolog und Geodät.

[39] Schweinfurth reiste im selben Winter nach Chargeh, aber unabhaengig von der Expedition.

[40] Batal = tragunfähig.

[41] Eine Breitenbeobachtung konnte Jordan freilich Abends machen, aber zu einer Längen-Nahme fehlte die Zeit.

9. Das jetzige Alexandrien.

Mehr als zweiundzwanzig Hundert Jahre steht die Stadt, welche den Namen des großen Mannes trägt, der nach Aegypten gekommen war, um im weltberühmten Orakelheiligthum des Ammonium die Frage zu stellen, ob er wirklich ein Sohn des Zeus sei. Gewaltig sind die Stürme der menschlichen Geschichte über die Stadt dahingebraust, welche einst der Glanzpunkt der Welt in wissenschaftlicher und commerzieller Beziehung war. Alexandrien, die Stadt des Museum und Serapeum, war aber trotz seiner Weltlage im Jahre 1790 so herabgekommen, daß, als die Franzosen unter Bonaparte landeten, es nur mehr circa 6000 Einwohner hatte. Es gehörte aber auch die ganze Wirtschaft knechtischer Beys dazu, um ein Land und die Städte so ruiniren zu können, wie wir Aegypten und seine Oerter am Anfang dieses Jahrhunderts sehen. Verwundert fragt man sich: wie war es möglich, daß eine Stadt, so ungemein günstig gelegen, so tief hatte sinken können?

In der That hat Alexandrien, wie keine andere Stadt am Mittelmeere, eine vorteilhafte Lage. Wegen des ausgezeichneten Hafens braucht es nicht zu befürchten, von Port Said, das allerdings an der Mündung des Kanals von Suez liegt, überflügelt zu werden, und mittelst der Eisenbahnen und Dampfschiffe auf den Kanälen ist es ohnedieß mit dem großen Kanal in intimster Beziehung. Alexandrien liegt an einer der größten Verkehrsadern unserer Zeit, einer Verkehrsstraße, welche voraussichtlich immer als eine der am lebhaftesten pulsirenden Handelswege fortbestehen wird. Aber nicht allein das ist es, gleichsam als Etape zwischen Ostindien und Oceanien einerseits und Europa andererseits zu dienen; die Stadt Alexander des

Großen liegt an der Mündung des einzigen schiffbaren Flusses von Nordafrika, welcher mit seiner mächtigen Verästelung ein ungeheures Gebiet beherrscht. Welche Zukunft erschließt sich der Stadt, wenn die Producte aus Centralafrika nilabwärts ihr zugeführt werden. Denn jetzt vermittelt der Nil blos Das, was an Erzeugnissen längs seines 300 Meilen langen Stammes producirt wird. Welche Zukunft wird aber Alexandrien haben, wenn die Felsen der Katarakte gesprengt und man mit Dampfschiffen direct vom Mittelmeere bis zu den See'n Innerafrikas, den großen Wasserreservoirs des Nils, wird fahren können!

Aber wenn man auch Alexandrien ein immer mehr günstig sich gestaltendes Prognostikon stellen kann, so hat die Stadt keineswegs Ursache, mit ihrer heutigen Entwickelung unzufrieden zu sein. Es ist der Großvater des jetzigen Chedive, Mohammed Ali, dem die Stadt ihren jetzigen Aufschwung verdankt. Dadurch, daß er der Stadt den Kanal herstellte, wurde ihr nicht nur gutes Trinkwasser, sondern auch ein leichter Verkehrsweg mit dem Innern geschaffen. Mohammed Ali war auch der Erste, welcher den Schiffen der christlichen Nationen den Eingang in den alten Hafen eröffnete; bis vor seiner Regierung mußten sie den neuen, wenig sicheren Hafen benutzen.

Alexandrien mit etwa 200,000 Einwohnern zerfällt in zwei Stadttheile, von denen der eine von der europäischen Bevölkerung der andere von den Eingeborenen bewohnt wird. Der arabische[42] Stadttheil ist im Nordwesten und Westen gelegen; die Straßen sind eng, unregelmäßig, im Sommer staubig, im Winter mit undurchdringlichem Schmutz erfüllt; die Häuser sind meist einstöckig und höchst launenhaft gebaut. Hier steht eins mit halber Front, diagonalartig zur Straße, dort hängt eins mit dem oberen Stockwerk über; hier ist eins in die Straße selbst hineingebaut, dort ist eins, welches einen weiten Hof vor sich hat. Fenster sind spärlich vorhanden, namentlich im Erdgeschosse; ist eine Bel-Etage vorhanden, so findet man häufig sehr viele, mit feinem Holzgitter verschlossene Fenster. Sehr praktisch ist der zickzackartige Bau des oberen Geschosses, der Art, daß regelmäßig vorspringende Winkel, mit Fenstern versehen, angelegt sind. Alte Gebäude findet man in der Alexandrinischen Araberstadt fast gar nicht, so daß sie keineswegs ein interessantes Aussehen hat, sich höchstens gut bei Mondscheinbeleuchtung ausnimmt. So durchzogen wir sie denn auch eines Abends, ehe wir die libysche Expedition antraten, und besuchten sodann ein Kaffeehaus der Eingeborenen, um eine Mokka zu schlürfen und einen Tschibuk zu saugen. Aber auch hier fängt die Civilisation an, mit mächtiger Gewalt einzudringen. Im ganzen arabischen Viertel ist jetzt Gasbeleuchtung. Wie lange wird es dauern und die Straßen werden gepflastert, sie werden gerade gemacht, besprengt, mit schattigen Bäumen bepflanzt und statt der kleinen Gewölbe und Boutiken mit prächtigen Verkaufsläden geschmückt werden. Das Letztere wäre namentlich wünschenswert; denn gezwungen durch die Kleinheit ihrer Verkaufsbuden, rücken die Kaufleute ihre Waaren weit in die Straßen hinein, verengern so die Passage und füllen die Luft mit den sich mischenden Gerüchen gekochter Speisen, frischen Gemüsen, rohen Fleisches, kurz aller Gegenstände, die sie feil haben.

Das muselmännische Alexandrien hat hundert Moscheen, von denen jedoch keine einzige ausgezeichnet und berühmt ist, verschiedene Sauya[43] und Medressen[44] und eine Menge Funduks und Karawanseraien, um Menschen und Thiere zu beherbergen. Es versteht sich von selbst, daß in diesen Funduks nur die Eingeborenen logiren. Die Bevölkerung des arabischen Theiles von Alexandrien beträgt etwa 100,000 Einwohner, also die Hälfte der Gesammtbevölkerung.

Ganz anders erscheint das europäische Quartier, welches, wie aus dem früher Gesagten hervorgeht, eine eigentliche Schöpfung der Neuzeit ist. Breite und gerade Straßen, zum Theil mit schönen Baumreihen bestanden, hier und da ein reizender Platz mit immergrünen Pflanzen und duftigen Blumen, an den Seiten prächtige, mehrstöckige Häuser, massive Bauten mit den elegantesten Läden, herrliches Pflaster (die Steine dazu hat man von Triest kommen lassen, *jedes Stück* hat circa 5 Francs gekostet bei einer Größe von 15 Zentimeter quadratischer Oberfläche auf 20 Centimeter Tiefe), mit schönem Trottoir für Fußgänger, machen das europäische Alexandrien zu einer der schönsten Städte am Mittelmeere. Dazu kommt eine ausreichende Gasbeleuchtung und eine künstliche Wasseranstalt (auch die arabische Stadt wird mit Wasser aus derselben versorgt), welche bei Moharrem-Bai Nilwasser in ein Reservoir pumpt, aus der die ganze Stadt mit dem besten Trinkwasser der Welt versorgt wird[45]. Der mittlere Verbrauch von Wasser beläuft sich auf 8000 kubische Meter täglich.

Auf dem Platze Mohammed Ali's, auch Place des consuls genannt, concentrirt sich am meisten das europäische Leben; hier sieht man die glänzendsten Läden, hier ist das französische Generalconsulat, das Stadthaus, mehrere große Hotels und seit zwei Jahren—Allah und Mohammed verzeihe dem Chedive und seinen Räthen diese christliche oder vielmehr heidnische Ketzerei—erhebt sich inmitten der breiten Allee die über lebensgroße Statue des Begründers der jetzigen Dynastie. Die Statue Mohammed Alis ist aus Bronce und im Ganzen 11,50 Meter hoch, wovon 6,50 Meter auf das aus toscanischem Marmor gemeißelte Piedestal kommen, während die Reiterstatue selbst 5 Meter hoch ist. Die Statue ist von prachtvoller Wirkung. Mohammed Ali in orientalischer Tracht, den Kopf beturbant, sitzt in gebietender Stellung zu Roß, seinem energischen Gesichtsausdruck sieht man es an, daß er der Mann ist, welcher das türkische Joch abschüttelte, der, hätten nicht die Großmächte ihr Veto dazwischen gerufen, sein Schwert bis nach Stambul selbst hineingetragen haben würde. Furchtsam umstehen die Fellahin das Denkmal, fromme Flüche und Verwünschungen murmelt der scheinheilige Taleb oder Faki beim Anblick dieses gewaltigen Mannes; am liebsten würde er gleich das "Bild" vernichten. Aber der Preis und die Belohnung, welche er sich dafür im Paradies unfehlbar erwerben würde, scheint doch nicht so sicher zu sein, als die irdische Strafe, welche einem solchen Versuche auf der Stelle folgen würde. Ismael, der jetzige Regent von Aegypten, kennt seine Leute, er weiß, was er ihnen bieten kann und er weiß, daß der einigermaßen denkende Mohammedaner heute der irdischen Belohnung und der irdischen Strafe vor den unsicheren zukünftigen Versprechungen oder den jenseitigen Qualen den Vorzug giebt. Tout comme chez nous. Wer fürchtet sich heute bei uns vor den Flammen der Hölle und vor der Aussicht, Milliarden von Jahren dem Allerhöchsten ein Hallelujah zu singen!—Aber das irdische Gesetz und das eigne Pflichtgefühl, die Liebe zum Guten und Schönen, der Haß des Bösen und Häßlichen, welche uns *jetzt* schon erblich, möchte ich sagen, überliefert werden, das sind heute die großen Triebfedern, welche die menschliche Ordnung und Gesellschaft zusammenhalten müssen.

Daß für die religiösen Bedürfnisse der Europäer reichlich gesorgt ist, versteht sich von selbst in einer orientalischen Stadt, wo die meisten Europäer Katholiken sind oder der griechischen Kirche angehören. Es giebt 3 katholische Kirchen, 4 für den griechischen Ritus, 3 protestantische, 1 koptische und 1 maronitische Kirche. Die Juden haben 3 Synagogen. Daß Mönche und Klöster nicht fehlen in einer so großen Stadt am Mittelmeere, der Geburtsstätte so vieler

Religionen, braucht wohl kaum gesagt zu werden. Der koptische Patriarch residirt auch in der Regel in Alexandrien.—An Wohlthätigkeitsanstalten besitzt die Stadt 4 Hospitäler, das für Militär und Civilpersonen eingerichtete Gouvernementshospital, das allgemeine europäische Hospital, das Diaconissenhospital und ein griechisches. Von den barmherzigen Schwestern wird auch ein Findlinghaus geleitet.—Die Schulen sind alle in den Händen der Geistlichkeit, aber es dürfte, seit Herr Dor, ein Schweizer, die Leitung des Unterrichts in Aegypten übernommen hat, bald eine günstige Veränderung eintreten; auch eine deutsche Schule ist unter den Auspicien des deutschen Generalconsulats gegründet worden. Von den übrigen europäischen Schulen nenne ich das Institut der Lazaristen (collège des Lazaristes), ähnlich eingerichtet, wie ein französisches Lyceum: man unterrichtet in französischer Sprache Lateinisch und Griechisch. Das Arabische, Neugriechische, Italienische ist facultativ. Englisch und Zeichnen und Musikunterricht werden besonders bezahlt, der Pensionpreis beträgt 1000 Francs jährlich. Die 12 Lehrer sind sämmtlich Geistliche. Die Schule wurde 1873 von 60 Schülern besucht. Das italienische Lyceum steht unter italienischer Regierungscontrole; die Zahl der Schüler betrug 255 im selben Jahre. Die Schule der schottischen Kirche, die der apostolischen Amerikaner, die der Griechen, die allgemeine, unter dem Protectorat des ägyptischen Erbprinzen stehende Schule mit unentgeltlichem Unterricht sind alle mehr oder weniger stark frequentirt. Auch die Juden haben eine von etwa 120 Schülern besuchte Anstalt. Außerdem giebt es 6 Mädchenschulen. Sowohl von den Kirchen, wie auch von den Schulen haben mehrere ein monumentales Aeußere.

Die Vereinigung der ersten Gelehrten, welche jedoch kein eignes Gebäude besitzen, ich meine l'Institut Égyptien ist seit Anfang dieses Jahres nach Kairo verlegt worden. Es giebt sodann viele Wohlthätigkeitsvereine und auch gesellige; von den letzteren sind die bedeutendsten der Börsencirkel, der philharmonische Gesellschaftskreis, vorwiegend aus Franzosen bestehend, und der Club der Deutschen. Für das geistige Leben ist durch eine öffentliche Bibliothek und durch das Erscheinen von 9 Zeitungen gesorgt, von denen 3 in italienischer, 1 in englischer, 2 in griechischer und die übrigen in französischer Sprache erscheinen.

Im hübsch gelegenen und elegant erbauten Siziniatheater werden italienische Opern aufgeführt, außerdem giebt es noch ein kleines Theater, Namens Alsieri. Erwähnen wir schließlich noch, daß französische, englische, italienische und griechische Freimaurerlogen in Alexandrien sind, im Ganzen 8, an der Zahl, so glauben wir aller Anstalten Erwähnung gethan zu haben. Nur möchte ich für etwaige nach Aegypten Reisende hervorheben, daß es dort eine Reihe guter Hôtels giebt, von denen 2 ersten Ranges, daß Kaffeehäuser und Restaurationen in großer Anzahl vorhanden sind, ja daß es sogar viele deutsche Bierstuben giebt, wo Wiener Bier verzapft wird. In der Stadt Alexander des Großen, des Ptolemäus Philadelphus, deutsches Bier von deutschen Jungfrauen geschenkt! In der Stadt des Pompejus, der Cleopatra Gas- und Dampffabriken! Welche Gegensätze und doch so groß nicht, wie man denkt! Denn in der Stadt, wo das weltberühmte Museum mit 700,000 Büchern oder vielmehr Schriftrollen war und die im Serapeum eine zweite Bibliothek mit 200,000 Bänden besaß und deren Straßen eben so wohl und gerade angelegt waren, wie jetzt die des europäischen Viertels[46], in der zur Zeit, als die Römer die Herrschaft antraten, nach Diodorus Siculus fast eine Million Einwohner sich befanden, soll die Zukunft erst wieder eine gleiche Blüthe und Bevölkerung hervorbringen, wie wir solche zu Zeiten der Ptolemäer dort vorfanden.

Von den 200,000 Einwohnern kommen auf die europäische Bevölkerung von Alexandrien circa 100,000 Seelen[47] und sind dahin auch die Türken und ihre Descendenz zu rechnen, mit einem ziemlich zahlreichen Contingent. Sie bewohnen die Halbinsel, welche, ehedem als selbe nur durch einen steinernen Damm mit dem Festlande verbunden war, Insel Pharos hieß. Die Straßen dieses Viertels sind auch ziemlich breit und gerade, und besser im Stande gehalten als im arabischen Viertel. Hier wohnen die Paschas, Beys, Effendis und hohen Würdenträger des Königreichs. An der westlichen, äußersten Spitze des Vorgebirges Ras es Tin oder Feigenvorgebirge genannt, ließ Mohammed Ali ein nach dem Plane des Serail in Konstantinopel erbautes Schloß errichten. Dasselbe wird noch von dem Vicekönig benutzt; auch Harem und Dienstzimmer für die Minister befinden sich in demselben. Das Harem steht ganz isolirt inmitten des schönen Gartens. Dicht daneben ist auch das Arsenal.

Der alte Hafen von Alexandrien hat seit 1870 eine vollkommene Umwandlung erlitten, indem die großartigsten Molenbauten[48] ganz neue Bassins schufen. Im Jahre 1876 wird Alexandrien ein äußeres Hafenbecken besitzen mit einer Oberfläche von 350 Hektaren und einer Tiefe von wenigstens 10 Meter. Dieser Vorhafen wird nach der offenen Seite durch einen Wellenbrecher geschützt sein, welcher 2340 Meter lang und 8 Meter hoch sein soll. Die Blöcke dazu werden zum Theil künstlich hergestellt und werden 20,000 benöthigt, jeder 10 Kubikmeter groß und 20 Tonnen[49] wiegend. Dieser Wogenbrecher hat zwei Eingänge, einer zwischen dem Nordende und Ras el Tin, 600 Meter breit, für kleinere Schiffe, ein anderer am südlichen Ende, 800 Meter breit, für große Fahrzeuge.

Das innere Hafenbecken wird 72 Hektaren Oberfläche haben und wenigstens 8,50 Meter tief sein. Auch dieser Hafen wird durch besondere Molen geschützt sein und hydraulische Kräne zur Leichterung der Schiffe erhalten. Die jährliche Schiffsbewegung beläuft sich jetzt auf circa 3000 einkommende und ebenso viel ausfahrende Schiffe mit einem Gehalt von circa 1,500,000 Tonnen.

Der "Guide" von François Levernay, dem wir die Zahlen für diesen Aufsatz entnommen, giebt die mittlere Jahrestemperatur von Alexandrien zu +20º C. an, mit einem Maximum von 27º und einem Minimum von 7º. Ich glaube, sorgfältiger angestellte Beobachtungen würden eine um einige Grad wärmere Temperatur ergeben. In Alexandrien ist noch nie Frost beobachtet worden; in der Libyschen Wüste, obschon sich dieselbe bedeutend weiter nach Süden erstreckt, fällt das Thermometer jeden Winter unter Null. Der kälteste Monat in Alexandrien ist der Januar, Juli und August sind die heißeste Zeit. Der Nord und Nord-Nord-West-Wind sind, wie in ganz Unterägypten, die vorherrschenden, erst Ende April und im Mai weht der Chamsin (d.h. der während 50 Tagen wehende Süd-Süd-Ost-Wind) und bringt oft eine unerträgliche Hitze, die jedoch nur während des Windes selbst anhält. Während des Chamsin ist selbst am Meeresstrande die Luft kaum mit Feuchtigkeit geschwängert, während der übrigen Monate ist aber gerade in Alexandrien ein ungemein hoher Feuchtigkeitsgehalt, was den Aufenthalt in den Spätsommerwochen so unangenehm macht. Die Quantität des Regenfalls variirt zwischen 100 und 335 Mm. jährlich; doch macht man auch hier die Wahrnehmung, daß mit der steigenden Baumcultur auch die Menge des Regenfalles sich jährlich in Alexandrien vermehrt. Stürme sind in Alexandrien selten, Hagel fällt durchschnittlich ein- oder zweimal des Jahres, im März oder April; Nebel, aber von kurzer Dauer, treten im März, November und December auf.

Wie der Chedive, der Hof und die ganze Regierung im Sommer von Kairo nach Alexandrien übersiedeln, der frischen Meeresbrisen wegen, so folgen auch die meisten Europäer diesem Beispiel. Aber sie wohnen dann weniger in Alexandrien selbst, als im nahe gelegenen Ramleh, einem Orte, welcher vor wenigen Jahren seinen Namen (Sand) noch verdiente, jetzt aber ein reizender Villencomplex geworden ist. Ramleh hat im Sommer 6500, im Winter 3200 Einwohner und man findet dort alle Annehmlichkeiten einer Villegiatur. Griechische, französische und italienische Schulen, Schauspiele, Restaurants und ein Hôtel deutet darauf hin, daß Ramleh binnen Kurzem das Scheveningen Alexandriens sein wird.

Aber auch an reizenden Spaziergängen fehlt es den Alexandrinern nicht. Längs des Mahmudie-Kanals findet man an den Seiten schattiger Alleen die herrlichsten Gärten und darin versteckt die geschmackvollsten Villen. Keine herrlichere Spazierfahrt kann man sich denken, als längs dieses von Hunderten von größeren und kleineren Schiffen, sowie von eleganten Dahabien belebten Kanals. Auch der öffentliche Garten ist hier gelegen, wo tägliche Militärmusik die elegante Welt anzieht. Wenn man Abends die Hunderte von feinen Landauern mit den schönen griechischen Damen in elegantester Toilette daherfahren sieht, dann glaubt man nicht in Afrika zu sein, sondern man denkt unwillkürlich an die wagenbelebte Chiaja in Neapel. Aber es ist Alles erst im Werden, denn mit Sicherheit fast läßt sich voraussagen, daß Alexandrien wieder werden wird, was es war, ein Emporium für den Welthandel, die bedeutendste Handelsstadt des Mittelmeeres.

Fußnoten:

[42] Wenn ich "arabisch" sage, so ist damit die eingeborne Bevölkerung von Aegypten gemeint, welche aber keineswegs arabisch ist. Ich folge in dieser Bezeichnung nur einen angenommenen Gebrauche.

[43] Sauha ist Kloster, Hochschule und Asyl; letzteres hat aber in Aegypten heute keine Bedeutung mehr.

[44] Medressa ist Schule.

[45] Die Eingeborenen und auch fremde Araber und Berber behaupten, daß das Nilwasser das süßeste und beste Wasser der Welt sei und sagen wie die Römer von ihrer Fontana Trevi, wer einmal aus dem Nil getrunken habe, den zöge es immer wieder nach Aegypten hin.

[46] Siehe Tafel 5, Zeitschrift für Erdkunde 1872. Kiepert, Zur Topographie des alten Alexandrien.

[47] Der Zahl nach kommen zuerst Griechen, dann Italiener, dann Engländer (Maltheser), dann Franzosen, endlich Deutsche; die übrigen Nationen sind in geringer Zahl vorhanden.

[48] Die Kosten dieser Bauten, mit deren Ausführung das Haus Greenfield u. Comp. betraut ist, sind auf 50,000,000 Francs veranschlagt. (Guide annuaire d'Égypte 1873.)

[49] Eine Tonne gleich 2240 Pfund.

10. Kairo, Hauptstadt von Aegypten.

Ehe wir die Beschreibung von Aegyptens Hauptstadt unternehmen, kehren wir zur Vergangenheit zurück und besonders auch kümmern wir uns um die Etymologie des Namens der Stadt selbst. Die modernen Völker haben alle mehr oder weniger eine gleiche Benennung. Wir Deutsche schreiben Cairo und Kairo und sprechen Kairo oder Kaïro; die Franzosen sagen und schreiben. Caire oder le grand Caire; die Engländer schreiben Cairo, ebenso die Italiener, welche aber Kaïro sprechen. Der gemeine Mann Aegyptens weiß aber von "Kairo" nichts, denn selbst das Wort "el Kâhira", die Unterjocherin[50], welche Veranlassung zur Bildung des Wortes Kaïro gewesen, ist nur den Gebildeten bekannt. Das Volk der Hauptstadt, sowie die Eingeborenen des Landes nennen die Stadt Masr. Auch dieses Wort finden wir von den Europäern auf die verschiedenste Art geschrieben: Masr, Misr, Messr, Masser, Messer und noch einige andere Schreibarten.

In der nachfolgenden Erklärung dieses Namens folge ich durchaus der Auseinandersetzung des gelehrten Orientalisten Wetzstein in Berlin, der die Güte hatte, mir seine bezüglichen Forschungen hierüber mitzutheilen, die um so werthvoller sind, weil sie zum Theil neue Gesichtspunkte eröffnen und vollkommen originell sind.

Wetzstein sagt: Die Hauptstadt Aegyptens heißt bekanntlich im Lande selbst Misr[51]. Da nun dieser Name ursprünglich der Name des ganzen Landes ist, denn schon im alten Testamente hieß Aegypten Misraim, so hat man hier eine Uebertragung des Landnamens auf die Landeshauptstadt zu constatiren; medinat Misr, die Hauptstadt Aegyptens, ist also zur Stadt Misr geworden. Für eine solche Uebertragung bietet die geographische Nomenclatur der Araber viele Beispiele. Hier nur einige: Syrien hieß bei den Arabern der Halbinsel schon in den ältesten Zeiten Schâm, d.h. das Nordland, und sein Hauptmarkt, bis wohin die arabischen Karavanen gingen, war in vormohammedanischer Zeit Bosrâ, die Hauptstadt Haurân's; eine Reise nach Syrien war also in der Regel für die Araber gleichbedeutend mit der Reise nach Bosrâ. Daher heißt bei ihnen in jener Zeit Bosrâ immer Schâm im Sinne von "Markt" von Schâm (Syrien). Als nun in den ersten Jahrhunderten des Islam Bosrâ verödete und die Karavanen bis Damask gehen mußten, ging die Benennung Schâm naturgemäß auf die Stadt über, so daß der Name Damaskus vollständig unterging[52] und Schâm seitdem zugleich Syrien und Damask bedeutet. Nur blieb an den Ruinen von Bosrâ noch der Name Alt-Schâm (türkisch: Eski-Schâm) haften.

Ein anderes Beispiel: Die Hauptstadt von Bahrein, d.h. von dem nordöstlichen Küstenstriche der arabischen Halbinsel, war im Alterthum der berühmte Handelsplatz Gerrha (arabisch H'gér), der Ausgangs- und Zielpunkt der aus und nach Bahrein expedirten Karawanen. Auch dieses Emporium verlor unter den Arabern seinen Eigennamen und nahm den des Landes Bahrein an.

Dasselbe geschah mit der alten Hauptstadt Jemâma, dem heutigen Wahabiten-Reiche, westlich von Bahrein. Sie hieß Hagr; aber die arabischen Geographen erwähnen selten diesen Namen. Meistens nennen sie die Stadt entweder Medinat-el-Jemâma oder geradezu Jemâma, wie das Land selbst. Diesen Beispielen fügen wir noch die Stadt Ramla (bei Lydda) bei, welche bis zum Beginn der Kreuzzüge von großem Umfange und Hauptstadt der Provinz Felistin (damals Westpalästina) war; sie wird in den arabischen Schriften jener Zeit geradezu Felistin im Sinne von "Hauptstadt Palästina's" genannt. Liest man, Jemand habe in Felistin übernachtet, oder von Felistin nach Jâhâ oder Jerusalem sei eine Tagereise, so ist immer Ramla gemeint.

Diese Bezeichnungsweise ist oft verwirrend und kann das Verständniß einer geographischen oder historischen Angabe erschweren. Entstanden wird sie sein durch die Redeweise der Karawanen, insofern z.B. die aus Arabien abgehende Kâfilat-Misr, Karawane von Misr, immer zugleich die nach dessen Hauptstadt dirigirte war, und man darf annehmen, daß Misr schon Jahrhunderte lang *vor dem Islam* bei den Arabern jene doppelte Bedeutung hatte.

Uebrigens wäre auch folgende Erklärung denkbar: Unter den Ptolemäern entstand zwischen Heliopolis und Memphis ein Waffenplatz, der wahrscheinlich das volkreiche Memphis im Zaume halten sollte und zur Erinnerung an Alexander's Feldzug in Asien Babylon genannt wurde. Nach und nach verödete Memphis, indem es einen kleinen Theil seiner Bevölkerung und seines Baumaterials an dieses Babylon abgab, welches in den ersten Jahrhunderten der christlichen Aera (abgesehen von Alexandrien) der Hauptort Aegyptens geworden zu sein scheint. Denn als des Chalifen Omar's Feldherr `'Amr-ibn-el-'Àṣî` im Jahre 19 der Higra Babylon erobert hatte, befand er sich thatsächlich im Besitze des ganzen Landes und brauchte nur noch Alexandrien zu erobern. Dieses Babylon hieß nun zum Unterschiede von der berühmten gleichnamigen Stadt am Euphrat "das ägyptische Babylon", Bâbeliûn Misr, welche Bezeichnung sich, da die Araber lange Ortsnamen hassen, in Misr verkürzte, so daß Land und Landeshauptstadt gleichnamig wurden. Doch ist die `primo loco` gegebene Erklärung dieser unbedingt vorzuziehen.

Die übrigen Namen der Hauptstadt Aegyptens anlangend, so hieß dieselbe in den ersten Jahrhunderten des Islam el Fostât aus folgender Veranlassung. Als der vorerwähnte

'Amr-ibn-el-'Àşî Babylon belagerte, stand sein Lager an
der Nordseite der Stadt, und um sein Zelt, welches el Fostât
hieß, bildete sich nach und nach eine Baracken- und
Hüttenstadt, die sich erhielt und vergrößerte, da ein Theil
des Lagers auch nach Eroberung der Stadt stehen blieb.
Diese nomadische Niederlassung verwandelte sich nach und
nach in eine Vorstadt Babylons, die nach ihrem
Mittelpunkte dem ehemaligen Feldherrn-Zelte, el Fostât
genannt und deren Name allmälig auf die ganze Stadt
angewendet wurde, so daß die alte Benennung Babylon
außer Brauch kam. Doch findet man sie noch bei den
Geographen, welche sie bald Babeljûn, bald Hisn-el-Iûn
(Festung des Iûn) schreiben, indem die erste Silbe, welche
man für das arabische Bab Thor hielt, wegfiel.

Der Name el Fostât wurde seit der Occupation Aegyptens
durch den Fatimiten el Moizz li-din-Allah (369 d.H.)
verdrängt. Als Ganhal, sein Feldherr, mit dem
westafrikanischen Heere vor die Hauptstadt rückte, ging er
mit der Bevölkerung den Vertrag ein, daß seine Soldaten die
Stadt selbst nicht betreten, sondern außerhalb derselben in
Baracken und Zelten untergebracht werden sollten. Dieses
Lager, welches sich wie 350 Jahre früher dasjenige des 'Amr-
ibn-el-'Àşî allmälig in eine militärische Colonie
verwandelte und zugleich die Unterwürfigkeit der Stadt
gewährleistete, erhielt den Namen el Kâhira "die
Unterjocherin", der sich gerade wie früher el Fostât der
ganzen Stadt mittheilte.

Man unterscheidet bis auf den heutigen Tag die Stadttheile el
Kâhira, el Fostât und das ursprüngliche Misr. In amtlichen
Acten, bei denen es auf Genauigkeit der Ortsangaben
ankommt, heißt die Stadt Kâhirat Misr "Kairo in Aegypten",
oder auch Misr el Kâhira, was der gewöhnliche Mann als die
"siegreiche Stadt Misr" deutet.

Indem wir so der Auseinandersetzung des gelehrten Orientalen folgten, fügen wir noch hinzu, daß Wetzstein etymologisch das Wort Misr simitischen Ursprungs erklärt und sich der Ansicht zuneigt, es bedeute "die beiden eingeschlossenen Länder", nämlich Ober- und Unter-Aegypten. Wetzstein meint nämlich: "gehöre diese Benennung ursprünglich einer altägyptischen, d.h. einer Ruschitischen Sprache an, so ließe sich nichts über ihre Bedeutung sagen, denn das Koptische sei ein zu verkommenes Idiom und das Hieroglyphische mit seinen Schwestern eine zu unbekannte Sprachform, als daß sie Aufschlüsse geben könnten."

Genug! Wenn auch nicht an derselben Stelle gelegen, wissen wir und müssen das festhalten, daß die heutige Hauptstadt der Aegypter bei den Alten Babylon (bei den lateinischen Schriftstellern Babylonia), bei den ersten Arabern Fostât hieß und daß sie heute bei den Europäern mit den verschiedenen Variationen Kairo, bei den Aegyptern selbst Masr genannt wird. Die Namen Masr el-kahirah als Neustadt oder Masr el-attica als Altstadt haben nur officiellen Sprachgebrauch erlangt.

Man hat behaupten wollen, die Vorgängerin Kairo's, die Stadt Memphis, sei günstiger gelegen gewesen, als die jetzige Hauptstadt Aegyptens. Ich wüßte nicht, worauf man dieses Urtheil stützen wollte. Der natürlich vortheilhafteste Platz wäre wohl an der Spitze des Delta's selbst gewesen, aber die Entwicklung der Stadt selbst zeugt, daß man keineswegs eine ungünstige Position zur Anlage einer Stadt gewählt habe. Es ist heute freilich leicht zu sagen, die und die Stadt hat eine äußerst günstige geographische Lage. In unserer Zeit der Eisenbahnen, der Kunststraßen, der Kanäle &c. überläßt man sich gar zu leicht der Ansicht, die natürliche Lage der Stadt habe das Blühen und Gedeihen derselben verursacht, wenn es doch nichts Anderes war als eben jene modernen Kunstmittel.

Kairo liegt auf dem 30º 2' 4" N.B. und auf dem 28º 58' 30" O.L. von Paris. Die Erhebung der Stadt über dem Meere beträgt durchschnittlich 13 Meter; obschon einzelne Stadtteile höher sind, so liegt die Hassan-Moschee 30 Meter höher, als der Spiegel des Mittelmeeres.

Die mittlere Jahrestemperatur ist 23º C. Selten fällt im Winter der Thermometer unter 10º und steigt nur während der Zeit der Chamsinwinde auf über 40º. Während früher feuchter Niederschlag zu den Seltenheiten gehörte, hat man die Beobachtung gemacht, daß jetzt mit jedem Jahre die Regenfälle im Zunehmen begriffen sind; offenbar Folge der so sehr vermehrten Baumpflanzungen in der Stadt selbst und in der nächsten Umgebung derselben. Aber es liegen noch keine bestimmten Daten hierüber vor und so heben wir eben nur die allgemeine Thatsache hervor.

Obschon man wegen der immerhin bedeutenden Hitze nicht sagen kann, daß Kairo ein angenehmes Klima habe, so kann man doch auch keineswegs behaupten, es sei eine ungesunde Stadt. Im Sommer pflegen wegen der unerträglichen Hitze die dort wohnenden Europäer, auch der Hof, die ersten Würdenträger und reiche Eingeborene die Stadt zu meiden. Im Winter hingegen ist sie Aufenthaltsort zahlreicher Reisender und noch zahlreicherer Kranker, welche dort Herstellung ihrer Gesundheit zu finden hoffen. Namentlich für Schwindsüchtige wird die Luft Kairo's und, wie es scheint, mit Recht, empfohlen. Die sogenannte ägyptische Augenkrankheit eine Entzündung der Schleimhaut, der Conjunctiva des Auges, sowohl des Augapfels, als auch der Augenlider, welche ansteckend und in Aegypten endemisch ist, eine seit Hippokrates Zeit bekannte Krankheit, wurde durch die französische Invasion unter Napoleon I. und durch die Engländer nach Europa

gebracht; indeß befällt sie erwiesenermaßen Europäer
weniger, als die Eingeborenen und Letztere werden
besonders davon afficirt, weil sie nicht durch größte
Reinlichkeit die fortwährenden schädlichen Einwirkungen
des Staubes, von dem die Luft stets geschwängert ist,
unwirksam machen. Und zwar wirkt der Staub, der
unmittelbar in den Straßen aufgewirbelt wird und aus den
kleinsten Partikeln zersetzter organischer Stoffe besteht,
ebenso schädlich, als der kaum sichtbare Staub der Samum-
Winde. Woran die Europäer am meisten leiden, das sind
Krankheiten der Leber und der Milz, letztere zum Theil
hervorgerufen durch tertiäre Wechselfieber, und sind erstere
radical nur zu heilen durch Ortsveränderung, durch
Rückkehr nach Europa. Die Pest kommt seit Jahren nicht
mehr in Kairo vor und die Cholera eben auch nicht
häufiger, als in Europa.

Kairo ist eine unbefestigte Stadt, denn was die Kâsbah
betrifft, welche ursprünglich zur Verteidigung der
Chalifenstadt diente, nebst hohen Mauern, welche im
Mittelalter die Stadt umfriedigten, so ist erstere längst ihres
Festungscharakters beraubt, letztere aber sind geschleift und
abgetragen worden, oder in Ruinen zerfallen. Jedoch
zahlreiche Mauern im Innern der Stadt, ehemals äußere
Stadtmauern, zeugen von der beständigen Umwandlung
und Vergrößerung der Stadt, sowie die jetzige äußere Mauer
ebenfalls schon inmitten der Hauptstadt sich befindet. Heute
ist es kaum noch gestattet, von Masr el Kâhirah, von Masr
el Attika, von Bulak u.s.w. als unterschiedlichen Städten zu
reden, namentlich wird es ebenso falsch sein, zu sagen,
Bulak sei als *Hafen* Kairo's von dieser *Stadt* zu
unterscheiden, sowie man Unrecht hätte, Moabit nicht zu
Berlin zu rechnen. Heute liegt in der That Kairo am Nil:
Bulak ist ein Stadttheil der Hauptstadt geworden.
Höchstens darf man jetzt noch den Unterschied zwischen

dem Stadttheile machen, der seinen *morgenländischen* Charakter bewahrt hat und dem, der ganz *europäisch* ist.

Der erste Stadttheil, der sich an die Citadelle lehnt, welche selbst auf einem der äußersten Ausläufer des Mokattam-Gebirges gelegen ist, den man unter dem Namen Chalifenstadt begreifen kann, ist ein großes Labyrinth krummer und enger Straßen, oft durch Ueberbauten dunkel und so unscheinbar, daß man meinen sollte, man befände sich in einer Gasse des Hauptortes der Oase des Jupiter Ammon. Hier kennt man kein Pflaster, hier giebt es Abends keine Beleuchtung, geschweige denn von Gas zu reden; zahlreiche Sackgassen nötigen den nicht Eingeweihten, stets auf seine Schritte zurückzukommen, vom Eintritt eines bestimmten Platzes an bis zu einer bestimmten Grenze wird der Fremde, passirt er Nachts diesen Stadttheil, von einer klaffenden Meute hungriger Hunde verfolgt, welche wild und herrenlos, wie sie sind, doch unter sich eine genaue Besitzeintheilung hergestellt haben der Art, daß immer ein Theil eines Quartiers oder einer Straße von einer Meute besetzt gehalten wird, die auf's Eifrigste über die Unverletzlichkeit ihres Territoriums wacht. Wehe dem Fremden, der Nachts ohne Stock durch eine von diesen wilden Bestien bewachte Straße geht, namentlich wenn er ein Ungläubiger und in europäischer Tracht ist; aber noch mehr wehe, wenn einer ihres Gleichen, ein fremder Hund, sich unter sie verirren sollte, er ist unrettbar verloren, gelingt es ihm nicht, auf sein eignes Gebiet zurückzuflüchten.

Aber nicht immer haben wir enge und unscheinbare Gassen, in diesem Ur-Kairo ist Alles Ueberraschung. Hier giebt es auch Moscheen von allen Formen und allen Farben, einfache und prachtvolle, reich mit Arabesken und Sculpturen geschmückte und solche, welche äußerlich nur eine nackte Wand zeigen. Hier bemerkt man auch jene reich sculptirten Brunnen, meistens fromme Stiftungen, welche bis vor Kurzem, wo das Trinkwasser in Kairo so spärlich war, zu den größten Wohlthaten zählten, die ein frommer Moslim seiner Vaterstadt vermachen konnte. Hier findet man auch jene reizenden Muscharabiehen aus Holz geschnitzt, welche die Eifersucht des gestrengen Haremgebieters erfand. Muscharabiehen sind Jalousien, welche sich stark ausgebuchtet vor den Fenstern befinden. Sie sind aufs Kunstvollste aus Holz geschnitzt, oft so fein und zierlich, daß es sich von Weitem wie Filigran-Arbeit ausnimmt. Geheimnisvoll ragen sie im Halbdunkel der Straßen aus den Häusern hervor; manchmal scheinen sie sich bei den überhängenden Etagen der Häuser zu berühren. Dahinter lauert die junge Frau des Hausherrn, verlangende Blicke wirft sie auf das Leben zu ihren Füßen, sie hört es, sie sieht auch Alles, ohne selbst bemerkt zu werden; glühend eröthet sie, wenn ein jugendlicher Frangi vorübergeht, der ihr viel vorteilhafter dünkt, als jener alte, weißbärtige Mann, dem sie gezwungen war, ihr Leben zu opfern. Da erblickt sie gar in einer Carrosse dahersausend zwei hübsche Christendamen, sie sind unverschleiert. Sie lächeln, sie freuen sich des Lebens, während sie selbst, die Aermste, hinter ihrer Muscharabieh eine Thräne im Auge zerdrückt und ihr freudenloses Leben beklagt! Aber was ist das? Da biegt um die Ecke ein eleganter Phaëton, laut schreiend vor ihm rufen die Läufer ihr ewiges "Guarda, Guarda" oder schemalak ia chodja, l'iminak[53]. Darin sitzen im Wagen zwei reizende Moslemata[54], kaum verschleiert die dünne Tüllspitze ihr fröhlich lächelndes Gesicht; sie scheinen aber auch gar keine Lust zu haben, ihr Antlitz verbergen zu wollen, im Gegentheil, man sieht, daß sie nur scheinbar diesen Zwang mitmachen. Es sind Prinzessinnen, Töchter oder Nichten des Chedive; ahnungsvoll zieht sich unsere Schöne aus ihrer Muscharabieh zurück; ein dunkles Gefühl sagt ihr, daß auch für ihres Gleichen bald die Stunde der Befreiung schlagen wird.

Hier finden wir auch jene großen Bazarstraßen, wo die Produkte der drei Erdtheile sich einander begegnen und wo in immer geschäftiger Weise während des ganzen Tages das regste Leben und Treiben herrscht und Groß- und Kleinhandel getrieben wird. Von einigen dieser Bazars soll später noch die Rede sein.

Der andere Stadttheil, ganz neu und vorzugsweise eine Schöpfung des jetzigen Chedive, daher auch Ismaelia genannt, mit seinen seenartigen Gärten, seinen breiten wohlgepflasterten und täglich besprengten Straßen, seinen Palästen und Theatern, seinen Gascandelabern und prachtvollen Läden ist vollkommen europäisch. Dies moderne Kairo, welches heute schon von den Fluthen des Nils berührt wird, steht in Nichts den schönsten Städten Europas nach. Was luxuriöse Ausstattung der Gebäude und ihrer Fanden anbetrifft, so können sich die der ägyptischen Hauptstadt ganz messen mit denen am Ring in Wien oder denen der Boulevards von Paris.

Mit Recht sagt Levernay (guide annuaire d'Égypte 1873 p. 254): Hier ist die Vereinigung des Orients mit dem Occident, hier ist das Symbol der religiösen Freiheit; hier ist das Bündniß der Handelsfreiheit (?)[55] und der Völkergemeinschaft; findet man nicht in dieser Stadt zusammenlebend den flachshaarigen Scandinavier an der Seite des wollhaarigen Furer, den fanatischen Magrebiner von der Küste des atlantischen Oceans an der Seite des gelbhäutigen Indiers oder den südlichen Araber mit kaffeebrauner Haut an der Seite des halbeuropäischen Türken? Und dazwischen Tartaren, Perser, Turkomannen, Kurden und Chinesen. Ja, hier sieht man Hand in Hand gehend den gelehrtesten Professor aus der Hauptstadt der Denker mit dem von Steppe zu Steppe vagabondirenden

Nomaden, welcher, ohne Gesetze lebend, nur seinem eigenen Willen folgt. Ja, es ist ein eigenthümliches Leben in Kairo und glücklich Der, welcher Empfängnis hat für die Sitten fremder Völker oder der gar die Gabe besitzt, dem Gedankengange der Eingeborenen momentan folgen zu können. Hier an der ältesten Wiege menschlicher Cultur reichen sich Tag für Tag Asiaten, Europäer und Afrikaner die Hand, und wie schon zu verschiedenen Malen von hier aus die menschliche Entwickelung zu ihren jeweiligen höchstem Triumphen gelangte, so scheint auch jetzt ein neues Leben, ein neues gewaltiges Ringen zum Vorwärtskommen erwacht zu sein.

Die Zahl der Bevölkerung von Kairo dürfte man auf circa 400,000 Seelen für das Jahr 1875 beziffern. Genaue statistische Erhebungen sind in mohammedanischen Städten zur Zeit noch nicht auszuführen. Denn selbst wenn eine amtliche Zählung vorgenommen wird, so stößt diese immer auf unüberwindliche Hindernisse wegen der Haremverhältnisse und der weiblichen Sclaven.

Von diesen 400,000 Einwohnern dürften incl. 800 Perser etwa 20,000 Europäer sein. Aber man denke nicht, daß etwa die 380,000 verbleibenden Menschen alle einer Nationalität angehören. Da sind die verschiedensten schwarzen Stämme, da sind Syrier, ächte Araber, seit Jahrhunderten in Aegypten lebende Araber, Inder, Chinesen, endlich Fellahin und Kopten und eine große Anzahl von Türken. Alle diese stellt man, obschon sie es keineswegs sind, als "Eingeborene" oder "Rechtgläubige" den fremden Europäern gegenüber. Daß man die Perser ebenfalls als besondere Nationalität trennt, verdanken sie dem Umstande, weil sie in Aegypten besondere Consuln haben.

Man zählte im Jahre 1873 in Kairo 4200 Griechen, 7000 Italiener, 4000 Franzosen, 1600 Engländer, 1200 Oestreicher und Ungarn, 800 Deutsche, 500 Perser, 120 Spanier, 50 Russen, 25 Belgier, 9 Brasilianer, 5 Portugiesen, 2 Schweden und 1 Nordamerikaner. Was die letzte Zahl anbetrifft, so scheint sie uns nicht richtig zu sein, da allein in der chedivischen Armee an hundert nordamerikanische Officiere dienen, von denen wir bei den eigenen Verhältnissen in Aegypten kaum glauben können, daß sie ihre Nationalität aufgegeben haben. Wenn wir überhaupt zu diesen Zahlen größere Zuversicht haben dürfen, weil sie eben auf amtliche Ermittelung der bezüglichen Consulate fußen, so sind sie doch auch noch fern davon, eine so absolute Sicherheit zu gewähren, wie wir gewohnt sind, von unseren amtlichen, statistischen Erhebungen zu erwarten.

Kairo hat wenigstens 300 Moscheen, wenn man alle kleinen Kapellen und Bethäuser mitrechnet, also ein Gotteshaus auf circa 1200 Individuen; denn von den 400,000 Einwohnern sind, wenn wir die Kopten mitrechnen, wenigstens 50,000 Christen. Diese letzteren haben 44 Kirchen, was ohngefähr dasselbe Verhältniß ergiebt, und rechnet man in Kairo 7000 Juden und für dieselben 13 Synagogen, so erhält man das Resultat, daß diese am günstigsten daran sind, denn es beziffert sich für sie die Zahl der zu einem Tempel Gehörigen auf einige mehr als 500.

In der Hauptstadt des Chedive herrscht natürlich die vollste religiöse Freiheit, aber erst seit einigen Jahren. Wie aber Alles, was maßlos ist, zu Unzuträglichkeiten führt, so auch diese vollkommene religiöse Freiheit. Es offenbart sich dies am meisten bei jenen großen mohammedanischen Prozessionen, welche oft stundenlang den Verkehr auf den Straßen hemmen. Die Zeiten sind allerdings längst vorüber, wo ein Andersdenkender beim Zuschauen einer solchen mohammedanischen Prozession sein Leben gefährdet sah, und da die Muselmanen ja überhaupt nicht die Sitte des Hutabnehmens haben, so ist vom "Huteintreiben" oder

"Hutabschlagen", wie das in unseren toleranten und civilisirten Ländern vorkommt, nie die Rede.

Unerwähnt darf man auch nicht lassen, daß dies die einzigen Ausschreitungen sind, welche sich der Cult dem staatlichen Gemeinwesen gegenüber erlaubt, denn nicht würde der unbestraft bleiben, wäre er ein auch noch so hoher Geistlicher, der sich dem Staats-Gesetze widersetzen wollte.

Ueberhaupt lebt man in keinem Lande der Welt so sicher als in Aegypten und speciell in Kairo. Es ist wahr, daß auch hier manchmal große Diebstähle verübt werden, und ich erinnere nur an den berühmten Diamantendiebstahl Ende des Jahres 1874; aber er wurde in dem europäischen Viertel und von Europäern vollzogen. Von Mordtaten, Raubanfällen und größeren Verbrechen hört man fast nie.

Wenden wir uns zu einzelnen großen Bauten und Anlagen, so zieht vor allen im alten Stadttheile die Citadelle unsere Aufmerksamkeit auf sich. Schon von Weitem, wenn man mit der Bahn sich nähert, sieht man die hohe Kuppel und die eleganten schlanken Minarets der Moschee des Mohammed Ali, welche die Citadelle als krönendes Werk überragt. Denn die Citadelle ist keineswegs *eine* Baute, sondern besteht aus verschiedenen fortifikatorischen Gebäuden, aus Palästen, Kasernen und kleineren Gebäuden. Aber der aus Alabaster errichtete Dom, unter dem die Gebeine des großen Begründers der beutigen Dynastie ruhen, mit seinen imposanten Formen, in seiner dominirenden Lage, ist doch das Gebäude, welches den Fremden am meisten fesselt.

Hier auf der Citadelle ist auch der berühmte Brunnen in den Fels hinabgehauen; er ist fast 100 Meter tief und so breit, daß man bis zur Quelle mittelst Stufen hinabsteigen kann. Er heißt Josephs-Brunnen, hat aber nichts mit dem biblischen

Joseph gemein, sondern wurde von Joseph ben Agub oder Saladin, dem ersten aglubitischen Sultan, erbaut, damit im Falle einer Belagerung die Citadelle nicht des Wassers ermangele. Mittelst zweier Schöpfräder (Norias oder Sakias) wird das Wasser an die Oberfläche gehoben. Der Anblick von der Plattform der Citadelle auf die große Stadt zu ihren Füßen, auf Bulak, Rodha und den gewaltigen Nil, auf die Pyramiden und im Hintergrunde die mit dem Himmel verschwimmende Sahara gehört zu dem Großartigsten, was man sich denken kann; die kühnste Phantasie findet hier ihre Befriedigung. Und wenn man das Glück hat, bei der Betrachtung dieses Bildes die über dem Mokattam-Gebirge heraufsteigende Sonne als Frühbeleuchtung zu haben, so spottet das Ganze jeder Beschreibung, und selbst der eingebildetste Pedant, der nörgelndste Philister wird von der Großartigkeit dieses Panoramas überwältigt werden.

Von den übrigen Moscheen nennen wir zuerst die des Amru, die älteste, ungefähr um 640 errichtete, aber von ihrer ehemaligen Pracht ist wenig mehr übrig. Bei allen mohammedanischen Gotteshäusern, wie auch bei ihren Profanbauten kann man die Bemerkung machen, daß die Mohammedaner mit großer Vorliebe Bauten unternehmen, aber nie daran denken, ihre Bauten zu *erhalten*. Die Amru-Moschee ist ein Rechteck von 120 Meter zu 75 Meter. Der Säulenwald an der Ostseite des Hofes aus 21 Säulenreihen, in jeder Reihe 6 Säulen, ist imposant.

Interessant für die Geschichte der Architektur ist die im Jahre 877 von Ahmed ebn Tulun erbaute Moschee, 80 M. lang aus 76 M. Breite. Man findet schon ogivische Bogen in Anwendung und außerdem die Wände mit Kusischen Legenden geschmückt. Nach arabischen Inschriften soll der das Gebäude umgebende Karnies aus zusammengestampftem Amber gemacht gewesen sein, um den Eintretenden Wohlgerüche zuzuführen. Jetzt ist nichts mehr davon zu bemerken und auch diese Moschee zeigt Verfall.

Die große und glänzende el Asar-Moschee ist insofern von Wichtigkeit, als mit ihr die Hochschule verknüpft ist, die bedeutendste der ganzen mohammedanischen Welt. Fast 10,000 Studenten folgen hier dem Unterrichte von über 300 Professoren. Es wird aber fast nichts, als Religion gelehrt und besonders sind es die vier rechtgläubigen Riten, die Hambaliten, Schaffeïten, Hanesiten und Malekiten, welche hier ihre Vorlesungen halten. Schaffeïten und Malekiten haben die meisten Zuhörer: erstere über 4500, letztere 3700. Die Hanesiten, wozu sich alle Türken rechnen, haben ca. 1000, die Hambaliten nur ca. 50 Studenten. Alle diese Schüler haben freien Unterricht und freie Kost nebst Bekleidung, ebenso sind auch die Professoren vom Staate besoldet. Außer Religion wird etwas Poesie, Grammatik und Gesetzgebung, letztere natürlich auf Koran und Sunnah basirt, getrieben. Mit dieser Moschee ist verbunden ein großes Blinden-Hospital, eine Sauya für Pilger, deren Asylrecht heute aber im Strome der Civilisation untergegangen ist.

Eine merkwürdige Universität, wo man weiter nichts treibt, als religiöse Forschungen, über nichts Anderes nachdenkt, als über Dinge, die außerhalb dem Bereiche des Wirklichen liegen und deren Resultate deshalb für das Land, für die Menschheit von gar keinem Nutzen sind.

Die Moschee, welche am meisten die Bewunderung der Europäer auf sich zieht, die Hassan-Moschee, hat mich immer ziemlich kalt gelassen. Zum Theil kommt das wohl daher, daß ich nie Vorliebe für jenen *unmöglichen* Stalactitenbau habe gewinnen können, zum Theil, daß einen die Quadern zu sehr an die Bauten der alten Aegypter erinnern. Solche Vandalen, die nicht die Energie besitzen, zu einem so großartigen Gebäude eigenes Material zu nehmen, sondern andere Bauten *zerstören*, um sie zu den ihrigen zu benutzen, soll man die wohl achten? Und sieht man nun gar, wie die famosen Stalactiten-Nischen in der Hassan-Moschee nicht aus Stucco oder Stein bestehen, sondern elende Holznachbildung sind, so schwindet vollends alle Sympathie. Die Moschee wurde 1356 vom Sultan Hassan erbaut. Das danebenstehende Minaret hat 80 Meter Höhe; fügt man die Höhe des Bodens, auf dem die Moschee erbaut ist—30 Meter—hinzu, so hat man die Höhe von Assuan.

Ich übergehe die übrigen Moscheen, welche alle, wie z.B. die von Kalaum auch el Barkuk genannt, oder die von Sitti Seinab oder die der Hassanein oder die von el Moged für diejenigen, welche sich für ägyptisch-mohammedanische Architektur interessieren, sehenswerth sind, deren Besuch man sich aber sonst ersparen kann.

In der Stadt selbst hat der Chedive merkwürdiger Weise keinen einzigen Palast, der von Außen irgendwie Anspruch auf architektonische Schönheit machen könnte.

Wie alle gouvernementalen Gebäude ist seine dermalige Wohnung ein äußerst fensterreiches Gebäude, *ganz ohne Styl*. Inwendig lassen diese chedivischen Paläste allerdings nichts zu wünschen übrig, weder an Eleganz noch an Pracht, noch auch an Geschmack der Decoration oder an zweckmäßiger Raumvertheilung.

Die neue Börse, die Bibliothek, die Wohnungen der ersten Beamten zeichnen sich durch nichts Besonderes aus. Was die Bibliothek anbetrifft, so besitzt dieselbe ca. 30,000 arabische Bände, fast nur Handschriften, darunter viele äußerst kostbare. Da sieht man vor allen anderen jene Bücher von außerordentlicher Größe, deren Buchstaben von Gold mit so großer Regelmäßigkeit gemalt erscheinen, daß man meinen sollte, sie seien gedruckt. Natürlich ist der Inhalt weiter nichts als der Text des Koran.

Will man schöne Gebäude modernsten Styls, villenartig gebaut, von reizenden Gärten umgeben sehen, so wandere man durch den neuen Stadttheil. Hier liegt auch die schmucke deutsche protestantische Kirche, hier hat der Minister der Justiz, jetzt Scherif Pascha, sein von feenhaften Gärten umgebenes Palais.

Was die Theatergebäude betrifft, so läßt sich bezüglich der Bauten selbst nichts sagen, als daß es provisorische Gebäude sind, bestimmt, mit der Zeit anderen monumentalen Platz zu machen. Was aber innere Ausstattung, Inscenirung, Personal und Leitung betrifft, so stehen sowohl die chedivische italienische Oper, als auch das französische Schauspiel unseren ersten und besten Bühnen würdig zur Seite. Hierüber herrscht nur eine Stimme.

Den größten Zauber und Reiz besitzt Neu-Kairo heute in jenem Esbekieh-Garten, mitten in der Stadt gelegen, den ich selbst noch bis zum Jahre 1868 als einen großen pfützenreichen Platz von hohen Sykomoren beschattet gekannt habe. Umfriedigt von Prachtbauten, ähnlich wie die der Rue Rivoli zu Paris, ist der harten von einem hohen eisernen Gitter umgeben. Zahlreiche Thore, deren Eingänge mit Selbstzählern versehen sind, geben Einlaß. Bei dem sonderbaren Hange der Orientalen, stunden-, ja tagelang faulenzend auf irgend einem einladenden Platze sich dem Dolce far niente hinzugeben, war die Vorschrift, ein unbedeutendes Entrée zu erheben, unerläßlich, denn nur durch eine solche Maßregel konnte der prächtige Park rein gehalten werden von jenem ungemein stark in Kairo vertretenen Contingent, das seine Sache auf nichts gestellt hat und höchstens vom bequemsten Betteln lebt und sicherlich mit angeborener Frechheit die schönsten und anziehendsten Punkte des großen Gartens in Besitz genommen haben würde.

Es ist wunderbar, wenn man die Beschreibungen früherer Reisender durchgeht und liest, was die Esbekieh *war* und nun staunt, was sie jetzt ist.

Die ganze Esbekieh-Anlage von achteckiger Form mit einem Umfange von 940 Meter nimmt ein Areal von ca. 82,500 Quadratmetern ein. Die Länge der Wege beträgt 2 Kilometer 300 Meter. Das Flüßchen und die von ihm gebildeten Teiche, Alles durch Kunst geschaffen, bedecken eine Oberfläche von fast 5000 Quadratmeter. Die Teiche sind 2 Meter tief.

Außer den kostbarsten Gewächsen aller Länder und Zonen, welche trotz des kurzen Zeitraumes ihres jetzigen Bestandes dort seit 20 Jahren gegrünt zu haben scheinen, findet der Spaziergänger in diesem Garten Alles vereint, was nur das Leben angenehm macht. Da sind reizende Buden, wo Liqueure, Eis und Scherbets verkauft werden. Hier ist eine Bierhalle, wo das beste Drehersche oder Münchener Bier in Eis dem durstigen Nordländer Labung bietet, Kaffeehäuser mit reizenden Kiosken gut eingerichtete Restaurationen, ein kleines Theater-Concert, ein arabisches Kaffeehaus, Schaukeln, Carroussels, verschiedene andere Kioske und Sammelplätze, endlich last not least eine Grotte[56] aus Tuffsteinen, die ganz und gar aufs Treueste die Natur nachahmt und aus der das Wasser in Cascaden hervorsprudelt, welches die See'n und den Bach speist.

Diese Grotte ist von einem künstlich aufgebauten Pic überragt, aus großen Tropfsteinblöcken und Steinen errichtet. Man gelangt hinauf mittelst eines schattigen Weges oder auch auf äußeren und inneren Pfaden, die man durch den künstlich geschaffenen Fels gearbeitet hat. Ans der obersten Spitze hat man ein Belvedere angebracht, von wo aus man nicht nur den ganzen Garten übersehen kann, sondern von dem aus auch das ganze Panorama von Kairo zu den Füßen des entzückten Beschauers liegt.—Die Eisenarbeiten sind alle in Paris gefertigt.

Der Esbekieh-Garten bedarf zur Speisung seiner Springbrunnen, zum Besprengen der Wege, zum Unterhalten der Teiche eines täglichen Wasserquantums von 800 Kubikmeter; die Erleuchtung bei Abend, welche feenhaft ist, wird durch 106 Candelaber bewerkstelligt; alle diese Candelaber haben Blumenform, 5 Zweige mit je 5 Tulpen, so daß im Ganzen allabendlich 2500 Flammen brennen. Dazu spielt jeden Tag, sobald die Sonne sich unter den Horizont senkt, ein ausgezeichnetes Militärorchester europäische Symphonien und Stücke, auch wohl arabische Weisen, welch' letztere ungemein an Wagner'sche Compositionen erinnern.

Leider ist der Esbekieh-Garten lange nicht so besucht, wie er es verdiente, es ist eine für Kairo zu vornehme Anstalt; nicht etwa, weil das niedrige Entrée von den Besuchern als unerschwinglich bezeichnet würde; es sind auch die Genüsse innerhalb desselben dem Publicum zu theuer. Dazu kommt, daß das vornehme europäische Publicum, an der Spitze die Vertreter der europäischen Länder, blasirt, das vornehme mohammedanische apathisch und unempfänglich für solche Genüsse sich verhält, der gewöhnliche Mittelstand der Eingeborenen aber in diesem Entrée gleich eine Steuer des Chedive wittert und der gemeine europäische Mann lieber in den übrigen Vergnügungslocalen Kairo's seine Unterhaltung sucht.

Diese sind keineswegs in geringer Anzahl vorhanden. Der Deutsche findet in zahllosen Bierhäusern längs der Esbekieh nicht nur Drehersches, sondern auch bairisches Bier und zwar wohlgekühlt in Eis; der Franzose findet überall seine Café's; der Italiener findet in den Conditoreien und auf der

Straße seine Sorbetti und in zahlreichen Restaurants kann der Engländer, von Engländern bedient, sein Beefsteak und sein Glas "half and half" trinken. Nur der russische Traktir fehlt noch, aber wie lange wird es dauern und irgend ein speculativer Kopf erbaut ein solches mit einer mächtigen Orgel versehen an der Seite einer Fonda, wo man Polenta und Olla potrida verkauft.

Denn wenn man Abends durch die auf's Glänzendste von Gas beleuchteten Straßen geht und hört, wie einem allerorts Musik entgegenschallt, hier des Italieners "o che la morte honora" oder "madre in felice corro a salvarti" dort des Deutschen "Wacht am Rhein"; hier des Franzosen "partant pour la Syrie" dort des Engländers "god save the queen", wenn man sieht, daß alle diese Musikbanden aus nationalen Kräften bestehen (Kaffee- und Weinhäuser mit deutschen und deutsch-böhmischen Musikbanden, Sängern und Sängerinnen giebt es ein Dutzend in Kairo), so sollte man nicht glauben, in der Stadt zu sein, welche noch bis vor wenigen Jahren als das ächteste Bild einer orientalischen Stadt hingestellt wurde.

Und geht man gar in die elegant eingerichteten Spielsalons, wo hier eine Roulette, dort König Pharao den Gästen das Geld aus der Tasche lockt und die meistens als Aushängeschild die elegantesten Cafés chantants oder auch kleine Theater mit Ballerinen zeigen, so sollte man nicht meinen, daß man nur einige Stunden weit von den Pyramiden des Cheops und des Cephren sich befände.

Aber trotz dieses modernen Kairo ist noch ein gut Stück Alt-Kairo, d.h. orientalischer Stadt übrig. Jedoch verschwindet es allmälig schneller und schneller, und vielleicht schon nach einem Menschenalter wird jene alte orientalische Stadt, jene Stadt mit den maurischen Hufeisenbauten, mit den schlanken Minarets, mit den engen überdachten Gassen und ihren noch engeren Kaufläden—sie wird verschwunden sein, und finden können wir sie dann nur noch in den Büchern und Reiseberichten Derer, welche sie zu der Zeit besuchten. Und um so spurloser wird das alte Kairo vom Erdboden verschwinden, als die Wohnungen der Eingeborenen aus losem, schlechtem Material errichtet und selbst die Moscheen und Paläste aus Quadern erbaut sind, welche man von alten Monumentalbauten zusammengeschleppt hat; sind doch jetzt schon *alle* Moscheen und die Mehrzahl der Paläste früherer Vicekönige halbe Ruinen.

Wenn man aber sieht, mit welcher Rücksichtslosigkeit mitten durch die Quartiere der Eingeborenen eine gerade breite Straße gezogen wird, wie man weder die Medressen (Schulen) noch die Moscheen schont, wie man Untiefen auffüllt, Hügel abträgt, dann muß man staunen ob der Energie des Chedive. Aber "Gott soll ihn ewig mit den ungläubigen Christenhunden brennen lassen!" murmelt der fromme Mohammedaner, der aus seinem Heim vertrieben wird, welches seine Vorfahren inne gehabt hatten und wo er selbst schon seit Jahren wohnte. Aber er "murmelt" es nur, offen es auszusprechen, wagt er nicht. Ja er preist sich glücklich, wenn die chedivische Regierung ihm *umsonst* ein Stück Land anweist in einem ganz anderen Viertel der Stadt, mit der Erlaubnis, ein Haus zu bauen nach europäischem Style.

So vollziehen sich die Expropriationen in Aegypten und speciell in Kairo. Von Entschädigungen ist nirgends eine Rede. Sobald der Chedive beschlossen hat, eine Straße durch den orientalischen Stadttheil zu legen, wie er sich solche auf dem Plane der Stadt vorzeichnet, erhalten die betreffenden Anwohner des Viertels Befehl, innerhalb einiger Tage ihre Immobilien zu räumen. Von Entschädigung wird nicht gesprochen; nur wenn europäische Unterthanen von einer solchen Maßregel betroffen werden, dann bekommen sie vollen Ersatz für ihr genommenes Grundeigentum.

Die Straße, welche früher als Glanzpunkt des europäischen Lebens galt, die Muski, ist heute entthront; zwar findet man immer noch elegante Läden, aber elegantere giebt es in der Ismaelia (der neue Stadttheil von Kairo) und die Straße ist viel zu eng, als daß sie jemals ihren Rang wieder einnehmen könnte, nämlich die "Unter den Linden" Kairo's zu sein. Dazu kommt noch, daß man aus Utilitätsrücksichten geglaubt hat, davon abstehen zu müssen, sie mit Pflasterung zu versehen. Aber die Muski ist noch immer das Herz von Kairo, hier pulsirt das größte Leben, welches in seinem Dahinfluthen Aehnliches zeigt mit den Wogen des Strand von London. Hier ist auch die Vermittelungsstraße vom modernen europäischen zum alten orientalischen Kairo.

Wandern wir rasch durch die verschiedenen orientalischen Quartiere, durch die Bazars, ehe sie für immer verschwinden, um einer modernen "Avenue" oder einem "Boulevard" Platz zu machen.

Da ist der Khan el Khalil im Gammeliah-Quartier; der Name rührt daher, weil hier die Kamele (Gammel, Gemmel oder Djemel) ihre Waaren aufnehmen und abladen. Hier sind alle orientalischen Artikel zu haben. An endlosen, nicht sehr breiten überdachten Straßen hocken in engen Verkaufsläden die Eigentümer. Die Läden sind meistens so eng, daß Alles und Jedes im Bereiche des Hockenden ist. Hier finden wir alle Requisiten des orientalischen Rauchers. Hier sieht man jene reichen Teppiche aus Persien oder Damask, elegante orientalische Stoffe, Elfenbein und Straußenfedern und im Allgemeinen alle Artikel aus dem Sudan und Asien; reich eingelegte Waffen, Schmucksachen, unverarbeitete Edelsteine, Vasen etc. Die Hauptmarkttage von Khan el

Khalil sind Montags und Donnerstags.

Diese große Markthalle, wo fast ausschließlich eingeborene Kaufleute ihre Buden haben, wo aber manches europäische Haus mit großen Summen betheiligt ist, hat natürlich an allen Ecken und Enden feste und "fliegende" Café's. Erstere sind solche, wo der Kauadji eine größere oder kleinere Räumlichkeit besitzt, welche von seinen Gästen besucht wird, in denen man mitunter auch Musik findet. Letztere bestehen auf der Straße selbst einfach aus einem kleinen Kochapparat, wo Kaffee bereitet wird, den der Cafétier seinen bestimmten Kunden zuträgt. Jeder Budenbesitzer schlürft mehrere Male des Tages seinen Mokka, und da größere Käufe, welche natürlich längere Zeit in Anspruch nehmen, nur mit einer Tasse Kaffee in der Hand abgemacht werden, so haben solche fliegende Cafetiers auch eine ganz gute Kundschaft.

Hier findet man vereinzelt auch jene Haschisch-Buden, d.h. Kaffeehäuser, wo neben dem Tabaksrauchapparat, der in Narghileh, Tschibuck und Cigaretten besteht, vorzugsweise Haschisch geraucht und gegessen wird.

Gehen wir weiter, so kommen wir zum Hamsani-Bazar, wo man hauptsächlich Parfümerien, Papier, Porzellan, Krystallsachen, Kattunstoffe, Kramwaaren und Arzneien kaufen kann. Erstere, die Parfümerien, sind bei den Orientalen ein stark begehrter Gegenstand. Im Allgemeinen haben sie auch Vorliebe für dieselben Wohlgerüche, wie wir Europäer, aber bei einzelnen, welche bei uns die seine Gesellschaft schon zu "mauvais odeur" rechnet und welcher sich bei uns nur der demi monde bedient, nämlich Moschus und Patschuli—diese erklärt der Orientale als den Inbegrif des Vollkommensten, was man dem Geruchsorgan bieten könne.

Auch in vergangenen Jahrhunderten war dies so, die

Liebhaberei für derartige Düfte ist nicht neu. Als Beweis führe ich Leo[57] an, der in seiner Beschreibung "von der sehr großen und bewunderungswürdigen Stadt Kairo" sagt: "Auf einer anderen Seite (er hatte soeben das auch zu seiner Zeit so heißende Can el Halili beschrieben) der erwähnten Straße ist eine Gegend für Diejenigen, die mit Räucherwerken, z.B. Zibeth, Moschus, Ambra und Benzoin handeln; diese Wohlgerüche sind in solcher Menge vorhanden, daß wenn Jemand 25 Pfund verlangt, man ihm wohl 100 Pfund zeigen kann."

Hieran reihen sich noch andere Bazars, der von Gurich, wo hauptsächlich Seidenstoffe, Wollfabrikate und Tuche verkauft werden; ein eigener Zuckerbazar fehlt auch nicht und auch ein Waffenbazar dicht bei der berühmten Hassan-Moschee existirt noch immer. Man findet hier europäische und ägyptische Waffen, das Material indeß, die Klingen, Läufe und Schlösser kommen vom Abendlande, nur die Zusammensetzung und die Ausbesserungen werden hier vorgenommen.

Der Waffenmarkt hat übrigens bedeutend abgenommen, seitdem das Faustrecht in Aegypten aufgehört hat, an der Tagesordnung zu sein. Jeder Eingeborene sucht allerdings auch heute noch seinen Stolz darin, dermaleinst eine Flinte zu besitzen, um der Jagd, die ja in Aegypten frei ist, fröhnen zu können; aber eine *Notwendigkeit*, eine Waffe zu haben und zu tragen, wie das früher der Fall war, namentlich vor Mohammed-Alis Zeiten, die liegt heute nicht mehr vor.

Wenn nun auch Kairo nicht die erste Handelsstadt des Pharaonenreiches ist, das ist heute Alexandrien, so ist der Warenumsatz und geschäftliche Verkehr doch immerhin ein bedeutender und durchaus der Einwohnerzahl Kairos gemäß.

Der Haupthandel, namentlich der Engros-Handel, befindet sich in den Händen der Griechen, nach ihnen kommen die Engländer, Italiener, Franzosen und Deutschen; aber der größte Kaufmann, der, welcher allein mehr Geschäfte macht, als alle Eingeborenen und Ausländer zusammengenommen, das ist der Chedive. Noch größer, denn als Regent, zeigt sich Ismael als Geschäftsmann.

Die kaufmännischen Geschäfte werden zwischen den Eingeborenen und europäischen Handelsleuten mittelst Makler (arab. samsar, italienisch sensale) abgemacht. Meist wird der Verkauf mittelst Credit abgeschlossen, selten gleich baare Zahlung geleistet. Gewöhnlich sind die Eingeborenen die pünktlichsten Zahler, obschon sie es auch an der knauserigsten Feilscherei nicht fehlen lassen und um einen Para mehr oder weniger Himmel und Hölle in Bewegung setzen möchten.

Unter den Ausfuhrartikeln, welche stets in Kairo lagern, nennen wir als wichtig: Gummi, Elfenbein, Sennesblätter, Datteln, Weihrauch, Perlmutter, sogenannter Mokkakaffee, der aber zum größten Theil aus den Landstrichen südlich von Abessynien kommt, Straußenfedern, Felle, Opium, Schildpatt, Tamarinden, Wachs, Knochen, Hörner, Lumpen.

In industrieller Beziehung steht die Fabrikation von halbseidenen Stoffen oben an. Es giebt in Kairo augenblicklich 500 Webestühle, welche jenen unter dem Namen Kutnieh oder Alagieh bekannten halbseidenen Stoff fabriciren. Ferner ist die Zahl der Indigofärbereien nicht unbedeutend; fast alle Kattunstoffe werden ungefärbt importirt, aber die Eingeborenen tragen sie nur indigogefärbt.

Auch die Gerbereien werden en gros betrieben. Die Bewohner von Kairo verstehen ebenso gut das Leder zu gerben und zuzubereiten, wie die von Cordova, von Marokko oder Saffi, von welchen Städten die feinen Leder ihre speciellen Namen als Corduan, Maroccain oder Saffian erhalten haben. Auch Posamentirarbeiten, Mattenflechterei und Korbmacherei erfreut sich in der Hauptstadt eines großen Aufschwunges.

Wollstoffe, grobe Leinwand, welche vorzüglich in Fayum gewebt wird, haben in Kairo ihren hauptsächlichsten Umsatz für das ganze Land. In Bulak giebt es eine Papierfabrik, eine Kanonengießerei und eine bedeutende Schiffswerft. Bulak muß jetzt überhaupt schon als ein integrirender Stadttheil Kairo's betrachtet werden, und da wollen wir nicht unerwähnt lassen, daß das Sehenswertheste in diesem Stadttheile das von Herrn *Mariette* gegründete ägyptologische Museum ist.

Auch ein Irrenhaus, ein Bagno für weibliche Verbrecher, eine Kunst- und Gewerbeschule, das Arsenal, eine arabische und persische Druckerei befinden sich in Bulak.

Und vis-à-vis von Bulak ist die Perle des Nils, der Palast und Garten von Gesirah. Wer je einmal die Wundermärchen von "Tausend und Eine Nacht" gelesen hat, der glaubt, daß hier diese Zaubereien Wirklichkeit geworden sind. Der Palast selbst erinnert an das Meisterstück der Alhambra, den Löwenhof. Der Garten aber übertrifft an Ueppigkeit der Pflanzen, an prachtvollen Anlagen, an seltenen exotischen Gewächsen selbst noch den der Esbekieh inmitten der Hauptstadt.

Die Grasplätze, Stauden und Blumen, die Statuetten, Grotten, Felspartien, Bäche, Brücken, Candelaber, Springbrunnen &c., alles dies belebt von Thieren aller Art und Größe, machen diesen Garten zu einer Zauberei eigner Art. Namentlich Abends und Nachts, wenn einer jener officiellen chedivischen Bälle abgehalten wird, glaubt man beim Lichte jener 1000 Gasflammen der Wirklichkeit entrückt zu sein.

In der Mitte des Gartens ist jener herrliche Salamlik, ein Sommerpalast des Chedive, von einem Walde von Säulen getragen.

Eine Zierde dieses Wundergartens wird das Aquarium sein, welches von eben jenem fähigen Baumeister errichtet wird, Herrn *Combay*, welcher die prachtvolle Grotte im Esbekieh-Garten erbaut hat. Dasselbe erhält eine Grundfläche von 4800 Quadratmetern und besteht aus zwei Etagen. Die Idee ist ebenso großartig, wie kühn. Die prächtig nachgebildeten Stalaktiten, welche vom Gewölbe herab sich in die Grotten senken, die Korallen und Seegewächse, welche vom Boden aufsteigen, wirken wunderbar, und hier auf der Grenze zweier Meere, des rothen und des mittelländischen, inmitten eines der mächtigsten Ströme der Erde werden wir bald ein Aquarium besitzen, wie kein zweites auf der Welt, welches jedenfalls an Reichhaltigkeit lebender Bewohner von Salz- und Süßwasser selbst die Aquarien von Brighton und Neapel aus dem Felde schlagen wird.

Wie Bulak heute nur ein Theil Kairo's ist, so ist Masr el Attikah (Alt-Kairo, früher officiell so unterschieden als abgetrennte Stadt vom eigentlichen Masr, während wir im Verlaufe dieser Abhandlung mit Alt-Kairo das bezeichnen, was orientalisch ist, und Neu-Kairo das nennen, was neu ist, also vorzüglich den Stadttheil Ismaelia) es ebenfalls.

Geht man von der Esbekieh aus über den Abdin-Platz bei der Sitti Seinab vorbei, so befindet man sich angesichts des protestantischen und katholischen Kirchhofs und angesichts jenes Riesen-Aquaducts, den Saladin herstellen ließ, um dadurch die Befestigungen der Citadelle zu vervollständigen. Diese Wasserleitung ruht auf 289 Bogen und hat eine Länge von etwas über 2 Quadrat-Meilen. Eine schattige Alle führt, sobald man unter der Wasserleitung durch ist, nach Masr el Attikah.

Von den 8 christlichen Kirchen, welche hier sind, ist für den Fremden die am interessantesten, in welcher das Häuschen sich befindet, worin nach der Legende die heilige Familie geweilt haben soll; sie gehört den nichtunirten Griechen.

Gegenüber liegt die Insel Rhoda, welche zwar nicht zur Stadt Kairo gehört, aber wegen des hier befindlichen Nilmessers, Mekias von den Eingeborenen[58] genannt, welcher sich ursprünglich in Memphis befand, wird gewiß jeder Europäer, der als Reisender nach Aegypten kommt, zur Insel hinüberfahren.

Aber auch auf dieser Insel giebt es prächtige Paläste und Gärten, namentlich der Palast von Ibrahim Pascha ist eines Besuches werth. Auf dem südlichsten Ende der Insel befindet sich eine Pulvermühle.

Masr el Attikah ist mit Bulak durch eine Reihe schöner Paläste, Villen und Gärten verbunden. Das Palais von Soliman Pascha, unmittelbar am Nil gelegen, der Khalig-Kanal, bei dem alljährlich die Festlichkeiten stattfinden, welche bei der Nilüberschwemmung seit Tausenden von Jahren gefeiert werden, eine große Salpeterfabrik, das große Hospital Gasr el Ain, welches sowohl für Militär- als Civilpersonen eingerichtet ist, endlich das große Schloß Gasr el Nil, ein Hospital und eine ungeheure Kaserne, alle diese Bauten bereiten den Wanderer gewissermaßen auf eine der kolossalsten Thaten des Chedive vor, welche derselbe im Verlaufe seiner so wirksamen und ruhmgekrönten Regierung hat ausführen lassen. Wir meinen die feste Nilbrücke, im Februar 1872 eingeweiht; sie hat eine Länge von 406 Meter, hat auf dem rechten Nilufer eine Drehscheibe von 30 Meter Durchschnitt auf einem Thurme ruhend, der 50 Fuß tief in das Nilbett eingesenkt ist. Die Brücke hat

2,300,000 Frcs. gekostet. Ebenbürtig stellt sie sich den besten Brückenbauten der civilisirten Staaten an die Seite.

Aber wir halten, am anderen Ufer des Nils angekommen, an, denn die Beschreibung von Giseh, welches jetzt die Abfahrtsstation für Ober-Aegypten mit der Bahn geworden ist, die Pyramiden, auf der anderen Seite der versteinerten Welt Matarieh und Heliopolis, die Abassieh und die heißen Bäder von Hamman Heluan gehören nicht in den Rahmen dieses Bildes, der ja nur eine Uebersicht von Kairo, wie es jetzt ist, entwerfen sollte.

Eigenthümlich genug, daß die Generalconsulate und politischen Agenturen nicht in der Hauptstadt Aegyptens, sondern in Alexandrien sind. Dasselbe sehen wir sich wiederholen am westlichsten Punkte von Afrika, in Marokko, mit dem Unterschiede, daß im Innern von Marokko überhaupt noch keine Vertreter christlicher Mächte zu finden sind, während Tanger von den Staaten, die sich am meisten für das Land interessiren. Generalconsulate und Viceconsulate, beide von *einer* Macht, beherbergt. Kairo hat blos Consulate.

Der Grund dieser Abnormität, dieser stiefmütterlichen Behandlung der Hauptstadt schreibt sich aus den alten Zeiten her, wo der Christ sich jede Art roher Behandlung gefallen lassen mußte. Wurde nun einmal ein einfacher Consul geohrfeigt von einem Mameluk oder ägyptischen Pascha, so konnte das eher verschmerzt werden; wurde aber ein Generalconsul mit Füßen getreten, so mußte man schon Notiz davon nehmen[59]. Zudem konnte ein Generalconsul eher in einer Hafenstadt geschützt werden, als im Innern des Landes.

Da aber alle diese Ursachen längst aufgehört haben, so sollte auch jener abnorme Zustand aufhören. Oder denkt man vielleicht, mit der Souveränität von Aegypten müßten ohnedies neue diplomatische Verbindungen eintreten und die Unabhängigkeit des Landes werde wohl nicht lange mehr auf sich warten lassen? Das einzige Land Persien hat sein Viceconsulat in Alexandrien, sein Generalconsulat aber in Kairo, und auch dies bestätigt meine vorhin ausgesprochene Ursache.

Die verschiedenen christlichen Gemeinschaften in Kairo haben fast alle ihre eigenen Kirchen, so die katholische der Väter des heiligen Grabes, die unirten Griechen, die orthodoxen Griechen, die katholischen Armenier, die nichtkatholischen Armenier, die unirten Syrier, die katholischen Maroniten, die reformirten deutsch-französischen Christen, die amerikanischen Protestanten, die katholischen Kopten und die Jesuiten.

Auch die Juden theilen sich in Talmudisten und Thoraimisten, d.h. solche, welche nur das Gesetz Moses anerkennen.

Das Schulwesen in Kairo hat einen ganz neuen Aufschwung genommen unter der umsichtigen Leitung des Schweizers, Herrn Dohr. Sein Hauptstreben ist dahin gerichtet, die weibliche mohammedanische Jugend der Bildung theilhaftig werden zu lassen, derer sie bedarf, und wenn dies gelingt, so ist damit ein Hauptfactor zur wirklichen Civilisation des ganzen Volkes gegeben.

Hospitäler giebt es zwei, das schon genannte in Gasr el Nil, welches jährlich an 5000 Kranke aufnimmt, und das europäische, dessen Kranke in den Flügeln des großen Gasr el Ain untergebracht werden. Die Aufnahme der Kranken ist hier nicht gratis, sondern der Patient zahlt je 12, 6 und 3 Frcs. für den Tag. Dies Hospital steht unter Aufsicht eines der Consuln, welche zu diesem Zwecke einen der Ihrigen alljährlich hierzu auserwählen.

Sollen wir schließlich noch ein Wort über die Absteigequartiere der Europäer sagen, so beginnen wir mit dem sowohl äußerlich, wie innerlich gleich großartig ausgestatteten New-Hôtel, an der Esbekieh gelegen; es ist Eigenthum des Chedive und wird besonders von nach Indien reisenden Engländern besucht.

Schaper's Hôtel, jetzt Herrn Zech, einem Schwaben, gehörig, ebenfalls am Esbekieh-Platz gelegen, besonders von vornehmen Reisenden frequentirt; Art und Weise durchaus englisch.

Nil-Hôtel am Ende einer von der Muskistraße ausgehenden Sackgasse, besonders von Deutschen und Nordamerikanern besucht, mit reizendem Garten und trefflicher deutscher Bedienung bei vorzüglicher französischer Küche.

Andere Hôtels ersten Ranges, wie Hôtel d'Orient, Hôtel des Ambassadeurs, Hôtel Royal sind gleichfalls zu empfehlen. Auch gute Hôtels zweiten Ranges fehlen nicht, z.B. Hôtel des Colonies, de France, des Princes, du Commerce u.a.

Mit allen Hotels sind europäische Bäder verknüpft; von den zahlreichen maurischen Bädern ist das den Europäern am meisten zu empfehlende das Bad Tombaly nahe dem Scharieh-Thore.

Das ist das Kairo im Jahre 1875; heute schon halb eine europäische Stadt, wird diese Stätte uralter ägyptischer Cultur—denn Kairo ist doch eigentlich weiter nichts, als ein verjüngtes Memphis—bald wieder ein neues, ganz der neuesten Civilisation und Cultur sich anpassendes Kleid angelegt haben und nach Abschüttelung des Staubes und der Asche wie ein Phönix aus derselben emporsteigen.

Fußnoten:

[50] Uebersetzung nach Wetzstein; andere übersetzen auch "die Siegerin".

[51] Ich folge *hier* der Schreibweise Wetzsteins.

[52] Es ist dies in sofern interessant, als das Umgekehrte Regel ist, wenigstens in der Neuzeit. Von verschiedenen Völkern wird das türkische Reich nach seiner Hauptstadt Stambul genannt, also das Land nach der Hauptstadt. Im ganzen Orient benennt man das Kaiserreich der Preußen nach seiner alten Hauptstadt Muscu. Wir selbst nennen die Berberstaaten Tripolis, Tunis, Algier nach ihren Hauptstädten. In Deutschland haben die kleinen Länder fast alle ihre Benennung nach den Hauptstädten.

[53] Aufgepaßt, aufgepaßt, rechts Herr, links!

[54] Weiblicher Plural von Moslim.

[55] Was das anbetrifft, so müssen wir doch anderer Meinung sein. In einem Lande, wo eigentlich nur *ein* Kaufmann ist, nämlich der Chedive, kann von Handelsfreiheit nicht wohl die Rede sein.

[56] Siehe p. 275: guide annuaire par Fr. Levernay.

[57] Uebersetzung von Lorsbach p. 519.

[58] [Greek: neiloschopion] der Griechen.

[59] Der Schlag mit dem Fliegenwedel ins Gesicht des französischen Consuls in Algier führte zur Unterwerfung der Regentschaft; leider wurden ähnliche Insulten von anderen Mächten nicht so energisch geahndet, sonst hätte das Piratenwesen etc. nicht aufkommen, wenigstens nie eine solche Macht werden können und die schändliche Menschenräuberei, welche bis 1830 trotz der europäischen Mächte von den muselmanischen Beys und Deys betrieben wurde, wäre viel eher unterdrückt und ausgerottet worden.

11. Meine Heimkehr aus der Libyschen Wüste.

Schon einen halben Tag vorher, als wir noch inmitten der ödesten Steinwüste waren, bemerkten wir die Nähe des lebenspendenden Nilthales. Es war gegen 2 Uhr Nachmittags, und in verschiedenen Gruppen zu Fuß gehend waren wir den langsamen Kamelen vorausgeeilt; wir unterhielten uns gerade über die Möglichkeit, noch am selben Abende oder früh am Morgen an's Nilthal zu kommen, als lautes Gejodel hinter uns ausbrach. Es waren unsere Diener, die nun heranstürmten und uns auf eine hohe Dampfsäule aufmerksam machten, die gerade vor uns im Osten majestätisch gen Himmel aufwirbelte. Sie konnte nur aus einem jener Fabrikschornsteine herrühren, welche man jetzt in Aegypten, vom Delta an bis nach Assuom hinauf, als Zeugen einer höheren Kultur antrifft.

Mit erneuertem Eifer eilten wir voran und eine Stunde vor Sonnenuntergang hatten wir den Rand der Sahara, das felsige Steil-Ufer des Nil, erreicht. Ja, auf einem erhöhten Vorsprunge konnten wir, in weiter Entfernung allerdings, den Nil selbst und seinen grünen Rahmen, die schlanken Palmen, erkennen. Sobald die Kamele herangekommen waren, wurde dann noch mit Vorsicht der Abstieg ausgeführt, wollten wir doch vor allen Dingen noch am selben Abende der traurigen Hammada (steinigen Hochebene) entfliehen und der Wüste für immer Lebewohl sagen.

Aber wenn wir auch die Genugthuung hatten, am Fuße des felsigen Ufers unsere Zelte aufschlagen zu können, so war es doch zu spät geworden, um das eigentliche Nilthal, das, welches unter der unmittelbaren Einwirkung des belebenden Wassers steht, erreichen zu können. Die Schwierigkeiten, die beladenen Kamele durch die enge, abschüssige Felsspalte hinabzutreiben, waren so groß, daß es schon dunkelte, als wir unten am Ausgange der majestätischen Schlucht ankamen. Aber ein prachtvoller Lagerplatz war es. Da standen unsere Zelte am Fuße der jäh abfallenden Kalkwände, vor uns öffneten sie sich, der Ausgang winkte uns Leben entgegen, hinter uns thürmten sie sich himmelhoch auf, eine riesige Mauer als Scheidewand der ewig todten Sahara vom fruchtbarsten Thale der Welt. Und nun ging der Mond auf und ergoß sein Licht über unser malerisches Lager; die Feuer prasselten, behaglich hatten sich die müden Kamele in den weichen Sand gestreckt und zermalmten langsam ihr wohlverdientes Futter; die deutschen Diener provocirten jubelnd durch Revolver und Gewehrschüsse das vielfache Echo, während wir Anderen uns vor unsere Zelte gesetzt hatten und die Freuden der Nilreise erwogen, welche wir sicher schon am andern Tage antreten zu können hofften.

Das war unser letztes Lager, unsere letzte Wüstennacht, die gewiß Jedem von uns unvergeßlich sein wird.

Früher als sonst waren wir am anderen Morgen bereit. Schnell wurden die Zelte gerollt, die Kamele beladen und vorwärts ging es. Aber so schnell war dennoch Esneh, wo wir uns einzuschiffen hoffen konnten, nicht erreicht. Wir waren allerdings im Nilthale, aber noch weit von Esneh, dessen Palmen noch nicht einmal zu sehen waren. Ein regelrechter Tagemarsch mußte noch zurückgelegt werden und zwar kein angenehmer, denn das Thermometer zeigte im Schatten über 30 Grad. Indeß zogen wir immer längs der fruchtbaren Nilfelder nach Süden und rechts das hohe Ufer bot in seiner wechselvollen Form Unterhaltung genug, um die Zeit rasch schwinden zu machen.

Nachmittags erreichten wir denn auch die ersten menschlichen Bauten, zwar nur Ruinen, aber interessanter Art. Es waren die Reste eines ehemaligen bedeutenden koptischen Klosters, welches auch heute noch für die ägyptischen Christen ein berühmter Wallfahrtsort ist. Hierher kam in der Mitte des vierten Jahrhunderts der Pater Pachomius, ein Held der koptischen Kirche. Die Kirche des Klosters, eine Rotunde, ist noch gut erhalten, ja einige Zellen, mit Matten belegt, geben Zeugniß, daß manchmal Tage lang noch Gottesdienst hier verrichtet wird. Einige in Stein gehauene griechische Inschriften deuten auf das hohe Alter des merkwürdigen Klosters hin. Am interessantesten sind aber die hübschen Mausoleen in der Nähe des Klosters; hier ruhen die Gebeine der christlichen Märtyrer, welche im Jahre 303 n. Chr. auf Befehl vom Kaiser Diocletian hingerichtet wurden. Reizende Grabkapellen, deren hübsche architektonische Formen sich nur vergleichen lassen mit der berühmten Nekropolis in Chargeh und die um so bemerkenswerter sind, weil sie zu den wenigen Bauüberresten gehören, welche aus *ungebrannten* Thonziegeln errichtet sind.

Jetzt tauchten auch die Gärten von Esneh auf und bald darauf erblickte man die größeren Gebäude und die schlanken Minarets der Moscheen. Unser Factotum, Mohammed Daud, hatte ich vorausgeschickt, um uns beim Mudir anzumelden, und eine halbe Stunde vor der Stadt kam uns auf einem prächtigen weißen Berberhengste der Unter-Mudir entgegen, um uns willkommen zu heißen. Zittel und ich waren vorausgegangen und betraten bald darauf das hübsche Lustschloß des Chedive, unmittelbar am Nil gelegen.

Sobald wir im Schlosse, welches der Chedive ganz zu unserer Verfügung gestellt hatte, eingerichtet waren, namentlich Jeder von uns sein Zimmer in Besitz genommen hatte, stellten sich die Honoratioren der Stadt ein und im großen Saale wurde Empfang gehalten. Wir aber forschten vor Allem, ob in Esneh ein Trunk Bier zu haben sei, und siehe da, die Stadt erwies sich in dieser Beziehung sehr civilisirt, denn bald darauf standen vermiedene Flaschen Ale auf dem Tische. Seltsames Verlangen, welches wohl nur der Deutsche, vielleicht auch der Engländer besitzt—ich glaube, in Esneh ist während der kurzen Zeit unseres Aufenthalts so viel Bier wie nie vorher verkauft worden.

Das Schloß des Vicekönigs war reizend gelegen, obschon es sich sonst keineswegs durch architektonische Schönheit auszeichnete. Von Mohammed Ali erbaut, der fast jeden Winter einige Monate in Esneh zuzubringen pflegte, zeigt es im Allgemeinen dieselbe Anordnung der viceköniglichen Palais aus jener Periode, d.h. länglich viereckig ist das innere Parterre durch ein großes Kreuz getheilt. Sonderbare Vorliebe, welche die Aegypter für's Kreuz besitzen, denn sogar die berühmte Mulei-Hassan-Moschee in Kairo zeigt ja, wie ich früher schon erwähnte, in der Grundform ein Kreuz. In der Bel-Etage war ein großer Saal mit verschiedenen Zimmern daneben; letztere hatten wir unter uns vertheilt; der Salon, nach türkischer Sitte nur mit einem Divan, der sich rund um die Wände zog, möblirt, diente als gemeinsames Speisezimmer und als Empfangszimmer. Die Teppiche waren überaus schön und auch die Möbelstoffe, Gardinen etc. waren einst schön gewesen, aber vom Zahne der Zeit etwas angegriffen.

Ich schlief in der ersten Nacht im Bette Mohammed Ali's, aber in den folgenden Nächten zog ich mein Feldbett doch vor. In den Wandschränken der Zimmer fand sich überdies der reichste Vorrath von Leinenzeug, seidenen und wollenen Decken, Kissen etc., vielleicht seit zwanzig Jahren unberührt liegend, denn der jetzige Chedive und seine beiden Vorgänger haben nie in diesem Palaste genächtigt.

Ringsum ist ein reizender Garten, da wetteifern Palmen mit Oliven, Feigen mit Agaven, Granaten mit Orangen in ewig grüner Pracht, wer am ersten seine duftenden Blüthen offenbaren soll. Und vor dem Palais selbst ist, ehe man zu den Fluthen des Nils kommt, ein zweiter schöner Platz, stets schattig, denn herrliche Lebek-Akazien überwölben ihn.

Unsere Freude, den Nil erreicht zu haben, wieder in civilisirter Umgebung sein zu können, wurde aber etwas getrübt, weil kein Dampfer, um uns zu holen, gekommen war. Leider war der Brief, den ich von der Jupiter-Ammons-Oase aus an unseren Generalconsul in Alexandrien geschickt hatte, acht Tage später angekommen, durch die unverzeihliche Nachlässigkeit des arabischen Boten, welcher geglaubt hatte. "Acht Tage früher oder acht Tage später, was macht das aus?" So fanden wir nur ein Telegramm vor, welches besagte, es sei Befehl gegeben, uns von Assuan her eine Dahabieh zu besorgen, da Dampfer des niedrigen Wasserstandes wegen nicht mehr fahren könnten. Letzteres war nun allerdings eine Unwahrheit, aber jedenfalls war die Zeit zu kurz geworden, um jetzt noch einen Dampfer von Kairo zu erwarten.

Wir mußten uns also mit Geduld in unser Schicksal ergeben und Jeder nutzte die Zeit aus, so gut es ging. Zittel durchforschte noch einmal die interessanten Schichten des Nilufers, Jordan operirte mit dem Theodolit, Ascherson suchte mit seinem Diener Korb Pflanzen und Herr Remelé photographirte im Tempel; nur ich selbst hatte meine Thätigkeit geschlossen, denn mit der Erreichung des Nils hatte die Reise ihr Ende erreicht. Aber ganz unthätig war ich auch nicht, lag mir doch ob, unsere ganze Expedition noch stromabwärts bis zum Mittelmeere zu führen, und da gab es noch Mancherlei zu besorgen und anzuordnen.

Esneh mit circa 7000 Einwohnern ist günstiger gelegen, als

Siut, insofern als es unmittelbar am Nil liegt, aber dennoch ist letztere Stadt bedeutend wichtiger für Handel und Wandel. Der jetzige Name Esneh ist der alte, ursprünglich ägyptische, wie Quatremère und Champollion aus koptischen Urkunden nachgewiesen haben. Letzterer bringt das Wort mit Sna was auf koptisch Garten bedeutet, in Verbindung. Der griechische Name Latopolis kommt, wie Strabo (Bd. XVII, S. 817) sagt, von der Verehrung des Fisches Latos her, dem hier mit Minerva göttliche Ehre erwiesen wurde. Dies bezeugt der prächtige Tempel, dessen Vorhalle, unter Mohammed Ali's Regierung bloßgelegt, zu den wohlerhaltensten Denkmälern gehört, welche Aegypten besitzt.

Im Ganzen genommen liegt Esneh äußerst malerisch auf circa 25-30 Fuß hohem Nilufer. Der Palast des Chedive, die große Cavallerie-Caserne, welche jetzt allerdings leer steht und welcher der Verfall droht, das Mudirats-Gebäude, die Wohnung des Schich el Bled, alle am Nil gelegen, dann die große Zahl der imposanten und bunt bekalkten Taubenschläge verleihen der Stadt ein größeres Aussehen, als sie in Wirklichkeit hat. Ich habe früher schon dieser colossalen Taubenschläge erwähnt; ein einziger solcher Thurm, viel luxuriöser gebaut, als die danebenstehende menschliche Wohnung, beherbergt oft 500 und mehr Tauben. Hauptzweck der Taubenzucht ist die Erzielung von Guano, und Leute in Esneh gaben mir die Versicherung, daß der Jahresbetrag eines großen Taubenschlags oft für 40 bis 50 Ducaten Guano betrage. Man sieht also, daß nicht allein die Gewässer des Nils es sind, welche die fruchtbaren Fluren erzeugen, sondern daß auch noch durch Dünger nachgeholfen werden muß.

Und da ich doch einmal bei den Tauben verweile, möchte ich hier die interessante, schon von Darwin mitgeteilte Thatsache hervorheben, daß die Tauben, um zu trinken, direct in den Nil fliegen; natürlich gehen sie in so seichtes Wasser, daß sie Grund finden. Aber wie lange wird es dauern und Gewohnheit, Notwendigkeit und Zuchtwahl werden zusammenwirken, es werden sich Schwimmhäutchen an den Füßen bilden und nach 10,000 Jahren oder mehr hat Aegypten vielleicht schwimmende Tauben.

Eine Eigenthümlichkeit hat Esneh noch, welche sich vielleicht in den anderen ägyptischen Städten auch findet, aber nicht so hervortritt, nämlich ein ganzes Viertel, wo nur Hetären wohnen. In der Nähe sind türkische Kaffeehäuser und von da konnten wir die interessantesten Beobachtungen anstellen. Da sah man eine ganze ethnographische Musterkarte weiblicher Geschöpfe: hier eine blendend weiße Deltabewohnerin, vielleicht mit tscherkessischem Blute in ihren Adern, dort eine pechschwarze Dame aus Fur, hier eine rothe Dongolanerin, dort eine Fellahin aus dem Nilthal mit goldgelber Haut und großen schwarzen Augen, hier eine Jüdin, dort eine Christin, hier eine Mohammedanerin, dort eine Schwarze, welche vielleicht noch Heidin war, kurz, fast alle Racen, jedes Alter und jede Religion war vertreten.

Wir luden diese zuvorkommenden Wesen ein, uns im Palais einen Besuch zu machen, aber da erfuhren wir, daß sie aus der Grenze ihres Stadtviertels ohne besondere Erlaubniß des Gouverneurs nicht herausgehen durften. Unser Photograph, Herr Remelé, wollte nämlich ein Gesammtbild dieser ethnographisch interessanten Frauen herstellen. Die Erlaubniß war indeß schnell erwirkt. Unter Führung des Unter-Mudir und verschiedener Polizisten erschienen sie Nachmittags, gewiß 30 an der Zahl, im Garten des chedivischen Palais. Alle waren im höchsten Putze und die Aermste hatte mindestens 40-50 Goldstücke zu einer Kette vereint um den Hals. Große goldene und silberne

Armbänder, Fußspangen, bunte Kleider, goldgestickte Schuhe, Alles hatten sie angethan, um möglichst vorteilhaft zu erscheinen. Natürlich mußte die Sitzung bezahlt werden, aber es gelang Herrn Remelé doch, zwei höchst gelungene Aufnahmen zu machen.

Sonst hat die Stadt nichts von Interesse; der Marktplatz, die Buden, die Straßen sind eng und klein, aber es ist Alles zu haben. Mehrere von Griechen gehaltene Schenken sind mit leiblichen Bedürfnissen aller Art wohl versehen.

Doch noch einmal kehren wir zurück zu dem Tempel, der gleich hinter dem Marktplatze gelegen ist und sicher zu den staunenswertesten Denkmälern Aegyptens gehört. Dabei kam mir der Gedanke, wie angenehm es für uns gewesen war, diese alten ägyptischen Bauten immer in aufsteigender Weise kennen gelernt zu haben. Nachdem wir zuerst auf unserer Hinreise die ziemlich kunstlos gearbeiteten Hypogeen (Katakomben) von Beni Hassan, die Grüfte von Siut, gesehen, waren wir zum kleinen Tempel in Dachel, dann aber zum viel prächtigeren großen von Chargeh gekommen und nun hatten wir hier ein Werk vor uns, das uns die Pracht und die Herrlichkeit der ägyptischen Baukunst aufs Vollkommenste vergegenwärtigte. Leider ist der größte Theil des Tempels noch unter Schutt, nur der Porticus ist zugänglich. Aber seine gewaltigen Dimensionen deuten genugsam auf die bedeutenden Bauten hin, welche uns augenblicklich der neidische Boden zusammengefallener Hütten und Häuser verbirgt.

24 Säulen, über 33 Fuß hoch, in vier Reihen stehend, mit einer Peripherie von 16 Fuß jede Säule, lassen in diesem Vortempel nur ahnen, welche großartige Verhältnisse dahinter liegen. Die französische Expedition schätzt die Grundfläche des ganzen Tempels auf 5000 Quadratmeter, und Alles ist mit Hieroglyphen und bildlichen

Darstellungen bedeckt. "Könnte ein Steinmetz auch ein Zehntel Quadratmeter in *einem* Tage mit solchen Hieroglyphen bedecken, so wären doch 50,000 Tage zur Beendigung der ganzen Decoration nöthig[60]."

Man sieht überall den Widderkopf des Jupiter Ammon; auch über der Thür, welche ins Innere des Tempels führt und die vermauert ist, sieht man ein widderköpfiges Bild. Die Säulen, deren Architrav, die Decke des Tempels sind alle wohl erhalten und die *erhaben* gearbeiteten Hieroglyphen im Innern des Porticus sind von einer Genauigkeit der Arbeit, als ob sie erst gestern aus der Hand des Künstlers hervorgegangen wären. Warum sind in dem Innern der Tempel die Hieroglyphen erhaben, an der äußeren Seite aber meist vertieft gearbeitet? Das sind Fragen, die Einem einfallen; vielleicht hat ein Brugsch oder Lepsius, oder gar schon Champollion darauf geantwortet. Ich weiß es nicht, ich verweise daher den, der sich mit diesen Gegenständen eingehend beschäftigen will, auf die dahin einschlägige Literatur. Interesse hat eine solche Baute gewiß für Jedermann; auch der Gleichgültigste muß bewundern und selbst der blasirteste Mensch muß verstummen unter dem mächtigen Eindrucke dieses Menschenwerks. Schade, daß die Dunkelheit nicht erlaubt, die Deckengemälde genauer zu betrachten, wo namentlich ein Thierkreis, durch die Sauberkeit seiner Arbeit ausgezeichnet, von großem Interesse sein soll. Ich habe ihn nicht gesehen; die Dunkelheit wird hervorgebracht durch Schutt, der, fast so hoch wie der Tempel selbst, davor liegt; man muß mittelst einer Treppe hinabsteigen.

Fünf Tage waren wir in Esneh, von Assuan kam immer noch kein Schiff. Am vierten Tage aber hatten wir schon einen Entschluß gefaßt. Vertraut mit den Versprechungen, welche ägyptische Beamte zu machen, aber nicht zu halten pflegen, hatten wir eingesehen, daß auf eine Dahabieh nicht zu rechnen sei. "Kairo ist weit und der Chedive thront hoch", denken auch die ägyptischen Mudire in Oberägypten. Möglich, daß keine Dahabieh in Assuan zu haben war, möglich, daß man dahin noch gar nicht um eine solche telegraphirt hatte; genug, es kam keine.

Aber in Esneh selbst fanden sich zwei allerdings kleine, aber doch taugliche Schiffe, und mit Hülfe des Mudir wurden sie gemiethet. Der Mudir verstand etwas Englisch und war einer der besten ägyptischen Provinzialbeamten, den ich noch gesehen hatte: Wie fein und "gentlemanlike" war sein Benehmen gegen das des Siuter Mudir, der ein ehemaliger Sclave von Abbas Pascha war! Der Mudir von Esneh hatte aber auch früher an der Spitze der Asisieh-Dampfer-Compagnie gestanden, er war noch früher See-Capitain gewesen und hatte als solcher die Welt kennen gelernt.

Auch die anderen Honoratioren der Stadt waren ordentliche Leute. Da war der Unter-Mudir, ein sehr gefälliger Mann; da war der Medicinalrath, der etwas Französisch redete, sich auch eine ägyptische Zeitung, die in französischer Sprache erschien, hielt, sie nur nie las. Er war so liebenswürdig, sie mir täglich zu schicken, aber ich gestehe, nachdem ich einige Mal dies Blatt, "l'Egypte" genannt, durchgesehen hatte, stand ich ebenfalls davon ab, es zu lesen. Kann man sich einen langweiligeren Inhalt denken: einige amtliche Bekanntmachungen, Auszüge aus den Verhandlungen irgend welcher obscurer französischer Gesellschaften, irgend ein französischer Sensationsroman und einige Annoncen. Selbst telegraphische Berichte waren nicht einmal vorhanden und politische Nachrichten, Leitartikel oder sonstige Raisonnements fehlten gänzlich. Glückliche ägyptische Beamte, die mit einem solchen officiellen Blatte abgespeist werden, "l'Egypte" ist das Organ der Regierung.

Da war dann noch der Mufti, der Kadhi, der Schich el Midjelis[61], der Ukil[62] des Palais des Vicekönigs und einige andere Notablen, die uns alle Abende einen Besuch machten; aber einen kurzen, das muß ich zu ihrer Ehre nachrühmen; die langen Sitzungen, wie sie uns von der Behörde in Dachel täglich aufoctroyirt wurden, hatten wir hier nicht mehr zu erdulden.

Bezaubernd in gewisser Weise waren auch die Tage in Esneh, so recht für's Dolce far niente angethan. Wenn des Morgens in die offenen Fenster hinein die sich mischenden Düfte des Jasmin und Orangenbaumes zogen, wenn die Schwalben ihr jubelndes Zwitschern erschallen ließen und wir selbst, Zittel und ich, uns auf die Terrasse begaben, um in aller Ruhe Kaffee zu schlürfen, zu schreiben oder zu lesen,—oder aber, wenn Abends die Sonne sich hinter die Nilufer gesenkt hatte und nun die gegenüberliegenden weißlichen Kalkberge in den herrlichsten Farben geschmückt prangten, der Himmel und der Nil selbst von ganz anderen Tinten übergossen erschien, als man es je anderswo schauen mag—so ließen alle diese Bilder Eindrücke zurück, welche nur Der zu würdigen weiß, der selbst Aehnliches erlebt und gesehen hat.

Mittags hatten wir die Dahabiehen gemiethet, Nachmittags um 5 Uhr konnten wir schon abfahren. Aber die Dahabiehen sind keineswegs alle von gleicher Beschaffenheit. Man hat sehr große und schöne, so wie die europäischen Nilreisenden sich dieselben in Kairo zu einer Reise auf dem Nil miethen; man hat kleinere für eingeborene Reisende und solche, die gleichsam für den Waarentransport eingerichtet sind.

Uns standen zwei kleinere zu Gebote, die mit vielen Nachtheilen den Vortheil verbanden, daß sie schneller fortzubewegen und besonders, daß sie bedeutend billiger waren, als die großen Dahabiehen. Wir verteilten uns also in die zwei Schiffchen und zwar so, daß Zittel, Ascherson und ich mit zwei europäischen Dienern das eine, Herr Remelé und Jordan mit drei ebenfalls europäischen Dienern das andere Schiff einnahmen. Räumlich waren letztere besser daran, als wir, denn bei gleich großen Cajüten waren sie zu Zweien, wir aber zu Dreien. Jedes Schiff hatte nämlich an seinem hinteren Theile zwei kleine Cabinen; in unserem bezogen Zittel und ich die eine, Ascherson die andere; letztere diente zugleich als Speisesaal und als Ort, wo unsere Kisten standen; beide Cajüten waren durch einen nicht näher zu bezeichnenden Ort getrennt, dessen unangenehme Einschaltung wir aber dadurch unschädlich machten, daß wir uns Allen den Zutritt verboten.

Oben auf den beiden Cajüten wurde gesteuert, dort schliefen der Rais, unsere beiden europäischen Diener und der Schich unserer eingeborenen Leute. Die Mitte des Schiffes hatte Raum für den Mastbaum, für drei improvisirte Bänke, welche die sechs Ruderer inne hatten, und unter Deck war unsere Bagage; ganz am Vordertheile des Schiffes befand sich eine Art von Küche. Das war die Einrichtung des Schiffes. An Möbeln hatten wir Feldtische und Stühle von einem Dampfschiffe des Chedive, welches vor Kurzem bei den Ssilsilla-Bergen oberhalb Esneh gescheitert war. Unsere eignen Feldstühle waren durch die Reise ganz unbrauchbar geworden.

An Proviant hatten wir drei Schafe, mehrere Puter, Eier, Mehl, Butter, Reis, Linsen, Brod, Kaffee, Wein und Bier; in dieser Beziehung waren wir also wohl versorgt, und um ja zu vermeiden, daß an Bord des anderen Schiffes nicht Unzufriedenheit ausbräche, theilte ich die Lebensmittel und Getränke stets so, daß jedes Schiff die Hälfte bekam, trotzdem wir zu drei Herren, das andere Fahrzeug aber nur mit zweien besetzt war.

Langsam entschwand Esneh unseren Blicken. Es war der erste Abend, den wir wieder auf dem Nil verlebten, ein herrlicher in jeder Art, und nun konnten wir auch schon mit ziemlicher Gewißheit vorher berechnen, wann wir in Kairo, wann wir in Alexandria und wann wir in Neapel sein würden, besonders Zittel und ich, die wir gemeinsam zurückreisen wollten, wir gaben uns oft diesem frohen Gedanken hin. Da saßen wir nun oben auf der Cabine, ein Glas Bier vor uns, schauten auf die in prächtigen Farben schimmernden Berge, auf die ruhigen Fluthen des Nil, auf die Barken, die leise darüber hinglitten, auf die friedlichen Ufer, wo hier ein Schäfer seine Heerde heimtrieb, dort Büffel, die das steile Gehänge hinanklommen, hier Männer mit Sicheln bewaffnet, Heubündel einheimsend, hier die jungen Fellahmädchen, die Kühe zum Melken herantreibend, — ein Bild der Ruhe und des Friedens. Und diese Leute sollen so bedrückt sein, daß sie kaum mehr das Geld erschwingen können? So fragte ich mich beim Anblick dieses Bildes. Es leuchtete doch nur Zufriedenheit und Frohsinn aus aller Leute Gesicht. Hier wurde laut gelacht, dort wurde gesungen. Wie stimmt das mit den Klagen über unerschwingliche Steuern?

Ach, es ist leider nur zu wahr, in Aegypten giebt es wohl gar keine Gegenstände mehr, die unbesteuert sind und die Steuern sind wirklich für das Volk fast unerschwinglich. Die Zufriedenheit und der frohe Sinn, die ewige Heiterkeit der armen Fellahin erklärt sich nur daraus, daß sie es nie besser gewohnt waren. Seit mehr als 4000 Jahren immer im Sclavenjoch, ist es einer Generation am Ende einerlei, ob sie mehr bezahlen muß, als die andern früher bezahlten. Auch die Väter haben keine Reichthümer gesammelt und haben, trotzdem sie vielleicht weniger steuerten, auch nichts hinterlassen.

Was war das? Da tönte von der anderen Barke mit einem

Male "Ein lustiger Musikante marschirte einst am Nil" &c. herüber und hernach noch andere Lieder. Das Singen ist ansteckend; wir antworteten und so etablirten sich Wechselgesänge oder auch, wenn die beiden Barken ganz nahe waren, sangen wir zusammen. Zittel mit seiner wirklich schönen Stimme mußte die Palme zuerkannt werden, — doch nein, ich übertraf ihn. Denn wenn ich mit der Kraft meines ganzen Körpers und mit unbeschreiblichem Ausdruck mein Schnadahüpfln sang, dann folgte immer ein allgemeines "bis, bis, noch ein Mal!" Ja, wie von einem Niemann oder Betz, wie von einer Lucca oder Patti (ich vereinige den Zauber und den Schmelz der verschiedensten Stimmen, einerlei, ob aus männlichen oder weiblichen Kehlen) wurde stets mein Lied drei oder vier Mal zu hören verlangt.

Die Nächte auf dem Schiffe waren nicht allzu angenehm. Daß Ungeziefer der verschiedensten Art einheimisch war, sollten wir bald genug erfahren, aber in unserem Fahrzeuge waren außerdem noch Wasserratten, die auf lästige Art oft unseren ohnedies nicht festen Schlaf störten. Ja, eines Nachts sprang eine freche Ratte durch das kleine Fenster gerade auf mein Gesicht und als ich erschreckt in die Höhe fuhr, mit einem Satze auf Zittels Kopf, der dicht an meiner Seite schlief. Als sie auch hier keinen angenehmen Empfang fand, verschwand sie in unserem Brodkorbe, den sie sich als Lieblingsaufenthalt ausersehen hatte.

Das war die erste Nacht, aber man gewöhnte sich an derartige Unannehmlichkeiten, und die mächtig wirkende Sonnengluth bei Tage suchte man durch leichtere Kleidung zu dämpfen, oder es wurde an seichten Stellen ein Bad genommen, das freilich nur eine momentane Abkühlung bewirkte.

Wir näherten uns Theben, wo reich die Wohnungen sind an

Besitzthum:

> "Hundert hat sie der Thor', und es ziehen
> zweihundert aus jedem, Rüstige Männer zum Streit
> mit Rossen daher und Geschirren."

So singt Homer, aber ach!—nur Ruinen deuten heute noch auf die einstige Größe der Stadt, nach der im grauesten Alterthume, wie Herodot uns sagt, ganz Aegypten genannt wurde.

Pocht nur, ihr modernen Städte und Staaten, auf eure Unvergänglichkeit, du prahlerisches Rom mit deinen paar Tausend Jahren nennst dich die "ewige Stadt". Blicke auf Theben zurück, dem nicht einmal der Name geblieben ist. Ja, es ist traurig, die heutigen Bewohner des Ortes kennen den Namen Theben nicht. Angesichts der colossalen Ruinen, Angesichts eines Tempels, in welchem der Dom von St. Peter fünfmal stehen kann, ahnen sie nicht einmal die Bedeutung und die Macht, die früher diese Stätte hatte.

Man hätte es sich selbst nie verzeihen können, bei Theben vorbeizufahren, ohne wenigstens die hauptsächlichsten Denkmäler gesehen zu haben. "Auf Luxor zu halten!" riefen wir, und siehe da: auf einem stattlichen Hause unmittelbar am Nil flatterte eine große deutsche Fahne empor. Auf dem deutschen Consulate hatte man zwei mit deutschen Flaggen versehene Dahabiehen bemerkt, und da man ohnedies von unserer Ankunft unterrichtet war, wollte uns der Consul dadurch eine Aufmerksamkeit beweisen. Des Consuls Salutschüsse wurden von unseren Schiffen sogleich erwidert und bald darauf legten wir dicht bei seinem Hause vor Anker und begaben uns hinauf. Ein liebenswürdiger Mann, dieser Vertreter Deutschlands, dem nur Eins fehlt, nämlich Gehalt, was doch immerhin nothwendig wäre bei der öftern Repräsentation und der Gastfreundschaft, welche dieser freundliche Kopte allen Deutschen erweist. Es wäre dies um so wünschenswerther, als die Vertreter der übrigen Mächte in Theben, z.B. die von England, Frankreich und Oesterreich, auch Gehalt beziehen. Allerdings sind dort keine Deutschen zu beschützen oder sonst irgendwie deutsche Interessen wahrzunehmen, aber wenn man schon einmal die Nothwendigkeit eines deutschen Consuls für einen Ort anerkannt hat, dann soll man ihn auch honoriren.

Es macht einen angenehmen Eindruck, im Hause des Consuls einen europäisch eingerichteten Salon zu finden, an den Wänden: unseren Kaiser, den Kronprinzen, die Schlachten mit den Franzosen und verschiedene Photographien von Deutschen, die Luxor, so heißt dieser Theil von Theben, wo die Consulate sich befinden, besucht haben.

Hier befindet sich auch das berühmte Fremdenbuch, worin Engländer und Franzosen unsern Lepsius so begeiferten, indem sie unkluger Weise ihm die Zerstörung der Ruinen schuld gaben. Kindischere Bemerkungen über die Trümmerfelder von Theben sind wohl nie geschrieben worden. Sie bedachten wohl nicht, daß Theben schon zur Zeit Strabo's zerstört war. Strabo (Bd. XVII, S. 816) sagt ausdrücklich: "Es ist mit Tempeln, die größtenteils von Chambyses zerstört worden sind, erfüllet und wird gegenwärtig als kleiner Flecken bewohnt &c." Also schon vor ca. 1900 Jahren war Theben, so wie es heute ist, aber vor ca. 3500 Jahren war es in seiner Glanzperiode, an Rom dachte man damals noch nicht. Dies Fremdenbuch wurde von Dümichen, als er unseren Kronprinzen auf seiner ägyptischen Reise begleitete, an Lepsius geschickt, der es zurücksandte mit der einfachen Bemerkung, er habe Kenntniß davon genommen. Auf dem Consulate sind übrigens zwei Fremdenbücher, ein allgemeines und ein nur für Deutsche bestimmtes. Das allgemeine Album rührt noch aus der Zeit her, wo der Consul verschiedene andere Nationen gleichzeitig mit vertrat.

Das Verbrechen von Lepsius bestand in Wirklichkeit darin, daß er viele der Tempel von Schutt reinigen ließ und zu der Zeit die Erlaubniß erhielt, gefundene Kunstgegenstände nach Berlin bringen zu dürfen; aber zerbrochen hat Lepsius nichts. Eine solche Barbarei z.B., wie das Ausbrechen des Thierkreises aus dem Tempel zu Dendera ist, ist nie von Deutschen begangen worden. Derselbe ist jetzt im Louvre.

Nach einem kurzen Besuche auf dem Consulate, wo der übliche Kaffee, Scherbet und Araki geschlürft und ein Tschibuk geraucht wurde, gingen wir sodann, den Tempel von Luxor zu sehen und ritten darauf nach dem Heiligthum von Karnak, dem größten Gebäude der Erde, welches jemals einer Gottheit geweiht war. Da eine Beschreibung dieser Bauten mit ihren Obelisken, Pylonen und Sphinxen nicht in meiner Absicht liegt, so fahre ich gleich fort im Berichten unserer Erlebnisse.

Wir waren Abends am Bord unseres Schiffes, schwelgend in der Erinnerung an jene staunenswerten Kunstwerke längst vergangener Generationen, nicht vergangener Völker, denn die heutigen Nilthalbewohner sind doch am Ende nur die Abkömmlinge jener Titanen, welche diese Riesenwerke aufbauten, deren Kraft und Schönheit wir jetzt täglich zu bewundern Gelegenheit hatten.

Und der folgende Tag sollte fast einen noch größeren Genuß gewähren: wir setzten hinüber auf die andere Seite des Nils, auf die linke, um die Königsgräber, die Memnon-Colosse, das Rameseum mit seinen herrlichen Bildwerken &c. in Augenschein zu nehmen. Ein ganzer Tag ging damit hin und dennoch sahen wir keineswegs alle Denkmäler, sondern nur die bemerkenswerthesten. Dankend muß ich erwähnen, daß uns vom Consulate ein sehr intelligenter Führer mitgegeben war, ein geborener Schlauberger, der dadurch die Backschische der Deutschen reichlicher zu fließen machen hoffte, daß er bei jeder Gelegenheit, und wenn diese auch von einem Steingemäuer (in Ermangelung eines Zaunes) gebrochen werden mußte, auf die Franzosen schimpfte, wie er andererseits muthmaßlich nicht verfehlte, auf die Deutschen zu schimpfen, wenn er Franzosen zu führen hatte.

Abends vereinigte uns ein solennes Souper auf dem Consulate. Man muß aber ein solches Essen mitgemacht haben, um über die Zahl der Gänge und Gerichte einen Begriff zu erhalten. Einigermaßen wird man sich eine Idee machen können, wenn ich sage, daß drei unserer complicirtesten Diners zusammengesetzt etwa ein koptisches bilden würden. Um uns besonders zu ehren und uns ganz in die koptische Sitte einzuführen, hatte der Consul es auf einer messingenen Riesenschüssel auftragen lassen, und während er selbst die Honneurs machte, ohne am Essen Theil zu nehmen, bat er uns, mit den Fingern zuzugreifen. Sein Sohn aber, ein liebenswürdiger junger Mann, der gut Englisch und etwas Deutsch sprach, nahm Theil an unserem Mahle. Als ich aber sah, daß einige von unserer Gesellschaft über das adamitische Essen ungeduldig zu werden anfingen (der Gang nach den Königsgrüften war ganz danach gewesen, den Appetit mehr als gewöhnlich zu reizen), bat ich den Consul, Messer und Gabeln bringen zu lassen, und nun ging es rascher von Statten. Aber fast hätte man sich diese wieder weggewünscht, denn es folgten so viele Gerichte, so viele Speisen, daß es kaum möglich war, von allen auch nur zu kosten. Rothwein, Champagner, dann und wann ein Gläschen Araki, um den Magen zu schnellerer Bewältigung der Speisen zu reizen, bildeten das Getränk und am Schlusse selbstverständlich eine Tasse Mokka mit dem Tschibuk.

Es war schon dunkel, als wir dankend vom Consul Abschied nahmen, uns an Bord begaben und noch am selbigen Abend abfuhren. Da erleuchteten, als wir dem Consulate gegenüber waren, bengalische Flammen sein Haus und gluthübergossen zeigte sich daneben der Tempel von Luxor mit seinem hohen Obelisk, dessen Bruder jetzt auf dem Concordienplatze in Paris steht. Flinten- und Revolverschüsse tönten dazwischen als Gruß für uns in die Heimath. Aber diesmal konnten wir den liebenswürdigen Consul überbieten, denn wir hatten noch viel Magnesiumdraht übrig behalten: wie durch Zauber erhellten wir die ganze Gegend mit sonnengleichem Lichte, noch einmal sahen wir den Karnaktempel, Medinet Abu, die Memnonssäulen, das Rameseum und alle die Herrlichkeiten der alten hundertthorigen Stadt und dann war lautlose Stille und tiefschwarze Nacht hüllte uns ein, selbst die Ruderer sangen nicht, sondern trieben durch leise Ruderschläge die Schiffe gen Norden.

Nachts kamen die Schiffe meistens auseinander; das, worauf Jordan war, hatte, weil es kleiner war, zwei Ruderer weniger; der Rais (Capitain) schlief gern, das Fahrwasser schien er nicht zu kennen, so daß es häufig aufrannte, aber des Morgens kamen wir doch immer wieder zusammen.

Unser Botaniker Abu Haschisch erwarb sich, wie überall in den Oasen, so auch bei unseren Matrosen, schnell die Sympathie derselben; sie hatten ein Gedicht auf ihn gemacht und unterließen nicht, ihn mehrere Male täglich zu besingen. Da war in ihrer Poesie von einem Garten, von Granatblüthen, von Pflanzen, von einem Quell die Rede, und namentlich wurde in gebundenen Worten sein Hemd besungen, welches diese Ehre durch einen ungeheuren Tintenklecks erworben hatte. Am Tage war nämlich die Hitze so groß, daß wir Alle, wie schon erwähnt, in einem möglichst leichten Costüm auftraten.

Hatten wir in Theben das großartigste der ägyptischen Baukunst betrachten können, so bot uns Dendera Gelegenheit, den Triumph der griechischen und ägyptischen Architektur zu bewundern; denn der Denderatempel, vollkommen von Schutt befreit und in allen Theilen erhalten, ist das Vollendetste, was von den neueren ägyptischen Bauwerken noch erhalten ist.

Sodann fuhren wir ohne weiteren Aufenthalt (nur in Girgeh wurde eine Stunde angehalten, um Proviant einzunehmen) nach Siut, von wo aus unsere Expedition abgegangen war. Obgleich wir in früher Morgenstunde, um 6 Uhr, landeten, war Herr Khaiat, des deutschen Consuls Sohn, schon in Homra, dem Hasenplatze von Sint. In der Erwartung, daß wir kommen würden, hatte er die ganze Nacht dort zugebracht. Hier hatten wir einen längeren Anfenthalt, Jordan hatte noch eine astronomische Messung zu machen, sodann waren noch sämmtliche Kisten, unsere Sammlungen enthaltend, an Bord zu nehmen. Während der Zeit ließ es sich das Consulat nicht nehmen, ein Frühstück zu arrangiren. Dem Consul und seinem Sohne, welche von der koptischen zur reformirt-koptischen Kirche übergetreten sind, pflichten wir den größten Dank. Während der ganzen Expedition haben Beide mit unermüdlicher Sorgfalt mit uns Verbindung gehalten, unsere Post besorgt, uns Lebensmittel und Alles, was sonst nöthig war, nachgeschickt. Ohne sie wäre der Verlauf der ganzen Expedition keineswegs so zusammenhängend und ohne Störung von Statten gegangen.

Durch ihre Vermittlung gelang es uns auch, die Erlaubniß zu bekommen, uns einem Dampfer eines Pascha's anhängen zu dürfen, zwar nur bis Monfalut, aber wir gewannen dadurch doch bedeutend an Zeit. Und dann erreichten wir bald mit günstigem Chamsin-Winde[63] Rhoda, die südlichste Eisenbahnstation. Abends dort angekommen, gelang es uns noch am selben Tage, alle unsere Bagage auszuladen und in einem Gepäckwagen der Eisenbahn zu verpacken. Der Chedive hatte uns bereitwilligst freie Fahrt bis Kairo bewilligt. Die Nacht, welche wir in zwei Zimmern des Stationsgebäudes zubrachten, gehörte allerdings nicht zu den angenehmsten: Schnaken und tausend Insecten plagten uns derart, daß an Schlaf nicht zu denken war.

Anderen Tages fühlte man sich fast wie in Europa; die Eisenbahn hat etwas eigenthümlich Heimisches; da, wo das Dampfroß schnaubt, glaubt man schon mit einem Fuße wieder in der Heimath zu sein, und in der That, von Rhoda aus steht man ja mit jedem größeren Orte Europas, ja der ganzen Welt in ununterbrochener Dampffahrt-Verbindung. Vorsorglich hatte ich Herrn Friedmann, dem Besitzer des Nil-Hôtel, telegraphirt, uns Wagen an der Station Giseh bei Kairo bereit zu halten; wir fanden solche auch und im Trapp ging's dann nach der Chalifenstadt hinein, durch die schöne neue Allee von Lebeckbäumen, die, wie durch Zauber entstanden, von Kairo bis zu den Pyramiden führt, über die neue Brücke und dann direct ins Nilhôtel, den sichersten Hafen für Reisende, welche, wie wir, so lange den civilisirten Genüssen fern gestanden hatten.

Und wie sahen wir aus! Als wir das Hôtel betraten, riefen mir zwei Amerikanerinnen "shocking, shocking" entgegen und flohen in den Gartenpavillon. Vor einem Spiegel sah ich denn auch, daß ich keineswegs ein gesellschaftsmäßiges Aussehen hatte; Schweiß, Staub und Hitze von der Eisenbahnfahrt hatten mein Gesicht, das ohnehin verbrannt war, zu einem Mohrenantlitz gestempelt, in allen möglichen dunkeln Farben schillernd. Ein Bad brachte jedoch Alles in Ordnung und Abends bei der Table d'hôte fand unsere ganze Reisegesellschaft einen freundlichen Empfang.

Ueber meinen Aufenthalt in Kairo habe ich diesmal nicht viel zu sagen. Natürlich wurden wir vom Chedive wieder in Audienz empfangen, auch war abermals eine Sitzung des Institut Égyptien und Gesellschaften bei unseren Freunden —uns aber zog es, je näher wir Europa kamen, desto mächtiger der Heimath entgegen.

Zittel's und mein ursprünglicher Plan, unsere resp. Frauen nach Cairo kommen zu lassen, mußte aufgegeben werden. Die Hitze und der Staub waren nun schon so unerträglich, daß die Damen von einer solchen Reise keine Annehmlichkeit und keinen Genuß gehabt hätten, aber dafür gaben wir uns in Neapel Rendezvous. Und nachdem alles Geschäftliche abgewickelt war, ging es in Alexandria an Bord. Zittel und ich hatten uns für das französische Boot entschieden, aber es war so übervoll, daß wir keine Cabine bekommen konnten, sondern uns blos mit einem Platze erster Classe ohne Bett begnügen mußten. Das war freilich schlimm, denn es standen uns noch immerhin vier Nächte bevor. Zittel eroberte sich indeß eines der zwei Sophas und ich begnügte mich mit einem Seitentische oberhalb seines Lagers. Eine eigenthümliche Gesellschaft war am Bord dieses Dampfers, ein Abbild des heutigen Franzosenthums. Mit Ausnahme von einigen Amerikanern und uns bestand die ganze Passagiergesellschaft aus Schauspielern, Pfaffen und Pfäffinnen—Kirche und Theater.

Da war ein Kapuzinermönch, da waren Augustiner, Dominikaner und einige Weltgeistliche, im Ganzen, mit einem protestantischen Reverend, vierzehn heilige Leute; da waren Schwestern vom heiligen Herzen Jesu und andere auffallend gekleidete Nonnen; den ganzen Tag hatten sie ein kleines Brevier in der Hand und den unvermeidlichen Rosenkranz, welchen Buddhisten, Mohammedaner und Katholiken in brüderlicher Liebe gleichmäßig als Gebetzähler adoptirt haben.

Nicht so langweilig wie diese augenverdrehende Gesellschaft war das lustige Theatervölkchen, ja eines Abends hatten wir sogar den Genuß, von einer der Damen, mit Begleitung des am Bord befindlichen Pianos, hübsche Lieder vorgetragen zu hören. Nirgends ist man auf dem Mittelmeere besser aufgehoben, als an Bord der französischen Messagerie nationale[64]. Die Officiere wie der Capitain sind meist gebildete, liebenswürdige Leute und, bei der weltverbreiteten Bedeutung dieser französischen Dampfer, sind sie frei von jener krankhaften Neigung, in jedem Deutschen einen Feind zu sehen. Die Cabinen sind vortrefflich und jede nur zu zwei Betten eingerichtet. Die Küche vorzüglich, ebenso die Getränke.

Wir hatten die Annehmlichkeit, an einem kleinen Tische allein zu speisen, nur zwei Yankees, die Erbauer der Pacific-Bahn, ein ägyptisch-arabischer Kaufmann, ein Jude und der katholische Patriarch von Jerusalem waren unsere Genossen. Man kann sich denken, daß da die Unterhaltung eine äußerst mannigfaltige war, wenngleich die Verschiedenartigkeit der Sprachen bisweilen wohl etwas hindernd erschien.

Die Fahrt durch die unvergleichlich schöne Meerenge von Messina, die Einfahrt in den Busen von Neapel werden für Jeden von uns gewiß unvergeßlich sei. Da ankerten wir nun im Angesichte der stolzen Königin des Mittelmeeres, ungeduldig des Zeichens gewärtig, das Schiff verlassen zu dürfen. Eifrig suchten wir unter den hundert kleinen Booten, die den Dampfer umkreisten, ob nicht in einem unsere Frauen sein könnten. Aber vergebens, keine blonde Dame war unter ihnen. Hier war ein Boot mit hübschen schwarzen Damen, auf Verwandte wartend, dort waren Hôteldiener, um Fremde zu angeln; hier hatte ein Policinello in schaukelnder Jolle sein Theater aufgestellt, hier trillerte ein Leierkasten, dort kam ein Schiff mit Mönchen, ja es drängte sich sogar eine ganze Musikbande heran; aber so sehr wir auch suchten, unsere Frauen waren nicht erschienen.

Endlich erlaubte man uns, an's Land zu gehen. Die italienische Douane war höflich und nachsichtig, und in schneller Fahrt eilten wir zum `Hôtel de Russie`, `vis-à-vis` von St. Lucia unmittelbar am Golf gelegen. Aber eine neue Enttäuschung erwartete uns: "Zwei Damen logiren hier nicht," sagte uns der Portier.—Aber eine genauere Nachforschung Zittel's brachte uns die Gewißheit, daß am Abend vorher unsere Frauen angekommen, doch momentan spazieren gefahren seien. Man kann sich unsere Ungeduld denken, die indeß eine nicht zu lange Probe zu bestehen hatte; denn kaum hatten wir Jeder unser Zimmer bezogen, als mächtig große Camelien-Bouquets hineingeworfen wurden und gleich mit ihnen die Frauen hereinstürmten. Ein Wiedersehen nach fünfmonatlicher Trennung kann Jeder, der verheirathet ist, sich ausmalen, zumal wenn so weite Räume, so beschwerlich zu durchziehende Gegenden von der Heimath einen entfernten.

Ich verweile nicht bei Neapel, wo an einigen angenehm verlebten Tagen die Reize dieser bevorzugten Stadt uns den freundlichsten Empfang auf europäischem Boden bereiteten. Die Chiaja, das neue zoologische Institut unter der Direction des Deutschen Dorn[65], eines hervorragenden Gelehrten, Sorrent, Capri und Abends unter den Fischerhallen von St. Lucia bilden unverwischliche Glanzpunkte Neapels. In Pompeji war ich mit Baron v. Keudell, einer alten Bekanntschaft von mir, zusammengetroffen; Se. Excellenz lud mich freundlich ein, ihn in Rom zu besuchen. Der Einladung folgend, traf es sich aber so unglücklich, daß wir an dem Abende, wo meine Frau und ich den Vorzug haben sollten, bei ihm zuzubringen, nicht zu Hause waren, da wir die Einladung zu spät erhalten hatten; am anderen Morgen vor der Abreise hatte ich indeß Gelegenheit, die prachtvolle Wohnung der deutschen Gesandtschaft auf dem Capitol zu bewundern. Herr v. Keudell zeigte mir selbst die Räumlichkeiten, den Garten und die köstliche Aussicht.

"Nach Deutschland" drängte es immer lebhafter in mir, und nur in Mailand, der Stadt des Marmor-Doms, hatten wir dann noch einen eintägigen Aufenthalt. Im Hôtel Reichmann fanden wir eine ganz freundliche Aufnahme, und wenn dies Hotel eine kleine Weile seinen Nimbus einbüßen konnte, so ist derselbe seit Kurzem wieder hergestellt. Herr Reichmann jun. verwaltet jetzt aufs Ausgezeichnetste dies von den Deutschen am liebsten besuchte Hôtel.

Fußnoten:

[60] Jollois description p. 14.

[61] Präsident des Gemeinderathes.

[62] Verwalter.

[63] Chamsin heißt fünfzig, die Eingeborenen nennen diesen Wind so, weil er 50 Tage lang wehen soll aus SSO.

[64] Messagerie nationale hat, wenn Frankreich Kaiserreich oder Königreich ist, den Titel m. impériale oder m. royale.

[65] Kein Deutscher, der Neapel besucht, sollte versäumen, das Gebäude des zoologischen Instituts, an der Chiaja gelegen, zu besuchen. Dort bekommt man den besten Begriff eines reichen Aquariums, wie ein solches weder in Brighton, noch Hamburg oder Berlin vorhanden ist.

12. Bei den Zeltbewohnern in Marokko,

eine ethnographische Schilderung.

Geburt, Beschneidung, Hochzeit und Begräbniß.

Wie geschäftig die Frauen seit dem Morgen schon die Esel zusammentreiben! Unter Lachen und Schreien haben die Knaben und Jünglinge dabei geholfen, die Langohren vor einem großen Zelte (es gehört dem Kaid Abu Ssalam) zusammenzuhalten.

Heute wird eine große Festlichkeit vor sich gehen; man erwartet stündlich die Entbindung der zweiten Frau des Kaids, der Lella Mariam, einer jungen, reizenden Frau von vornehmstem Zelte. Kaid Abu Ssalam, der selbst nicht aus dem Geschlechte Mohammed's ist, sonst aber auch aus einem großen Zelte[66] stammt, hat durch seinen Reichthum es möglich gemacht, eine Scherifa zur Frau zu bekommen, d.h. eine Dame vom Stamme des Propheten. Um so mehr ist das zu bewundern, als Abu Ssalam schon eine Frau besitzt und Lella Mariam nicht nur jung und schön, ihr Alter betrug 15 Jahre, sondern auch reich ist. Aber welch' stattlicher Mann ist auch Kaid Abu Ssalam und wie geachtet und unabhängig im ganzen Lande! Selbst der Sultan liebt ihn.

Vom Stamme der Beni-Amer hatte er vor etwa 30 Jahren, als die Ungläubigen das Gebiet von Tlemßen besetzten, die dortige Gegend verlassen und nach einer dreijährigen Wanderung, immer nach Westen ziehend und oft genug mit der langen Flinte sich einen Weg bahnend, hat er den eigentlichen Westen erreicht, den Rharb el djoani, das gelobte Land der Gläubigen. Der Sultan ertheilte gern die

Erlaubnis zum Bleiben, und nachdem die üblichen Abgaben geregelt waren, erhielt Abu Ssalam, es war das schon zu Lebzeiten des Sultans Mulei Abd-er-Rhaman-ben-Hischam, die Erlaubniß, seinen Stamm an die Ufer des Ued Ssebu zu führen.

Abu Ssalam herrschte über drei Duar (Zeltdörfer), von denen das größere sich aus circa 30 Zelten zusammensetzte und dem er selbst vorstand; die beiden kleineren, aus je 20 und 24 Zelten aufgeschlagen, waren von seinen jüngeren Brüdern beherrscht. Bei dem Jüngsten lebte außerdem noch ihr gemeinschaftlicher Vater, der Hadj Omar-ben-Edris, der aber schon lange die Kaidschaft an seinen ältesten Sohn abgetreten hatte.

Die drei Duar, so ziemlich in einer Linie gelegen, machten Front nach Westen und lehnten sich an einen Bergrücken; hier bestand derselbe aus herrlichen Wiesen, während nach dem Gipfel zu immergrüne Bäume, aus Korkeichen, Lentisken und Juniperen bestehend, den Berg bedeckten. Etwa eine Viertelstunde unterhalb der drei Zeltdörfer schlängelte sich der Ued Ssebu vorbei und ganz in der Ferne erglänzte der blaue Ocean. Der Raum zwischen den Dörfern und dem Flusse war durchweg beackert, aber unmittelbar neben den Zeltdörfern befanden sich auch kleine Gemüsegärtchen, eingezäunt von großen Dorngebüschen des stacheligen Lotusstrauches, das, obschon todt, dennoch hinlänglichen Schutz gewährte gegen weidende Thiere.

Von dem großen Zelte Abu Ssalam's also zogen sie ab, eine ganze Karawane lachender Frauen und Mädchen, einige zwanzig Esel mit leeren ledernen Schläuchen beladen vor sich hertreibend. Wohl manche mochte hoffen, heute bei der Festlichkeit das Herz eines Jünglings zu fesseln; die jungen Mädchen erzählten sich, wie viele Armbänder sie anlegen würden. Da sagte eine Andere, sie würde ihr Haar frisch machen lassen[67], und unter Jubeln und Lachen war der Ssebu erreicht.

Das Füllen der Schläuche aus einem mächtigen Strome ist leichte Arbeit. Die jungen Mädchen gingen bis an die Knie in den Strom, ließen das Wasser hineinlaufen und nachdem sodann noch Einige die Zeit benutzten, ein Bad zu nehmen, wurden die Schläuche, je zwei, einem Esel aufgeladen und zurück ging es zum Duar.

Unter der Zeit war die Geburt vor sich gegangen und Abu Ssalam's größter Wunsch war erfüllt, seine junge Frau hatte ihm einen kräftigen Knaben geschenkt. Zu Ehren seines Vaters erhielt derselbe noch *am selben Tage* den Namen Omar. Es ist Sitte, daß das Namengeben noch am Tage der Geburt geschieht. Wie war nun die Geburt vor sich gegangen? Wir können nur nach Hörensagen berichten, denn nie, und wenn auch die Frau dadurch vom Tode hätte gerettet werden können, darf ein Mann, ein Arzt oder Geburtshelfer bei einem solchen Acte zugegen sein.

Es scheint, daß bei Lella Mariam die Geburt leicht von Statten ging; Abends vorher waren Hülfsweiber gekommen, und als am anderen Morgen die Frauen vom Wasserholen zurückkamen, ertönte durch die Duar der Ruf: "El Hamd ul Lahi mabruck uldo", "Gott sei gelobt, der Sohn sei ihm zum Segen". Und vor dem Zelte, aus einem Arbater Teppiche, saß Abu Ssalam und empfing die Glückwünsche der männlichen Bevölkerung der drei Zeltdörfer. Auch manche alte Frau, ja manches junge Mädchen kam herbei, beugte rasch ein Knie und küßte Abu Ssalam's Hand den Gruß flüsternd: "Rbi ithol amru", Gott verlängere seine Existenz. Und er konnte recht stolz sein, unser Abu Ssalam; sein heißer Wunsch, einen Nachfolger, einen Sohn zu haben, war erfüllt. Zwar sein Stamm konnte so leicht nicht aussterben; den Stammbaum direct bis zum Chalifen Omar

233

zurückführend, waren die Beni-Amer jetzt einer der mächtigsten Stämme unter den Arabern, ihre Duar zogen sich durch ganz Nordafrika. Seine eignen Leute näherer Verwandtschaft, die er nach dem Rharb (Marokko) geführt hatte, zählten über 100 Leute männlichen Geschlechts. Genau hatte Abu Ssalam sie nie gezählt, denn ein rechter Gläubiger zählt die Seinigen nicht. Aber er selbst hatte von seiner zuerst angeheirateten Frau Minana nur zwei Töchter, und Minana mit ihren 21 Jahren schien ihm wenig Hoffnung zu machen, ihm noch einen Sohn zu geben. Daher hatte er denn auch vor etwa neun Monaten die liebliche Lella Mariam geheirathet.

Jede Vorkehrung war aber auch diesmal getroffen worden, damit Abu Ssalam einen Sohn bekäme. Er selbst war nicht nur vor mehreren Monaten nach Uesan gepilgert, um die Intervention Sidi-el-Hadj-Abd-es-Ssalam's anzurufen, er hatte sogar das feste Versprechen Sidi's[68] erlangt, daß der Allerhöchste ihm einen Sohn schenken würde, und der Großscherif hatte freundlich dafür ein Pferd als Geschenk anzunehmen geruht; ja, um ganz sicher zu gehen, war er nach Fes zum Grabmal Mulei Edris gepilgert und hatte den Tholba (Schriftgelehrten) der Djemma (Gotteshaus) des Mulei Edris fünfzig Duros geopfert; mußte da Allah ihm nicht einen Sohn schenken?

"Gott segne den Großscherif!" rief Abu Ssalam, "Gott gewähre Mulei Edris alle Freuden des Paradieses," fügte er hinzu, "denn sie waren es, die mir den Knaben schenkten." Und da kam auch schon Lella Mariam aus dem kleinen Zelte, welches neben dem Zelte ihres Mannes war, nicht in Festgewändern, aber doch in einen neuen Haik gehüllt. Sie hatte vor sich das Knäblein und niederknieend legte sie den neuen Familienstammhalter vor ihren Gatten hin. Sie selbst in aufgelöstem Haare[69], da sie genau nach den Vorschriften des Gesandten Gottes lebte, hielt sich knieend abseits, da ihr

Mann sie doch nicht, weil sie unrein war, berühren durfte. Nachdem die junge Mutter und das Knäblein den Segen vom Manne und Vater erhalten und der daneben sitzende Fakih (Doctor der Theologie) der Zeltdörfer das Fötah (erstes Capitel des Koran) gebetet hatte, ging sie ins Zelt zurück; schon am anderen Morgen machte sich die junge Frau an ihre gewöhnlichen Beschäftigungen, denn ein Wochenbett abhalten, wie bei uns die Frauen in Europa es zu thun gewohnt sind, kennt man in Marokko nicht.

Am selben Abend aber war großes Festessen vor dem Zelte Abu Ssalam's. Er hatte viele Hammel und Ziegen schlachten lassen zu Ehren des Tages und die Frauen des Duars hatten den ganzen Tag Kuskussu bereiten müssen, der in größeren hölzernen Schüsseln für die Gäste hingesetzt wurde.

Was mich anbetrifft, so wollte ich gern Näheres über den Geburtsact erfahren. Auf mein Befragen erzählte man mir, es sei Sitte, wenn eine Frau in Nöthen sei, so lasse man zuerst einen Fakih kommen, der durch Weihrauch und fromme Sprüche den Teufel zu bannen versuche, denn der Teufel ist auch in Marokko die Ursache allen Uebels. Hilft das nicht, so bekommt die Frau Koransprüche, die auf eine hölzerne Tafel geschrieben werden, zu trinken, indem die Sprüche von der Tafel abgewaschen werden; hilft auch das Verfahren noch nicht, so werden Koransprüche auf Papier geschrieben, zerstampft und mit Wasser gemischt der Leidenden eingegeben. Aber manchmal hat der Satan das Weib derart in Besitz genommen, daß er selbst durch das heilige Buch nicht ausgetrieben wird. Dann werden allerlei Amulete angewandt, z.B. die in ein Ledersäckchen eingenähten Haare eines großen Heiligen, die man der Kreißenden auf die Brust legt, oder Wasser vom Brunnen Semsem, welches man ihr zu trinken giebt, oder Staub aus dem Tempel von Mekka[70], welchen man auf ihr Ruhebett legt. In einigen Fällen läßt sodann der Teufel seine Beute los und der Vorgang erfolgt für die Mutter auf glückliche Weise. Es kommen jedoch genug Fälle vor, wo der Iblis (Teufel) derart sich des Weibes bemächtigt, daß er keinem Mittel weichen will; die Hülfsweiber nehmen dann selbst den Kampf mit ihm auf. Unter Beschwörungen und fortwährend rufend: Rham-ek-Lab! (Gott erbarme sich Deiner!) wird die Frau ergriffen, ein starkes Band um den Rücken und unter die Achsel durchgeschlungen und so in die Luft gezogen. Dadurch wollen sie die Wehen beschleunigen, und zeigt sich möglicherweise ein Theil des Kindes, entweder der Kopf oder die Füße, so versuchen sie, diese Theile zu ergreifen und durch starkes Reißen und Ziehen das Kind zu Tage zu befördern. Nur selten gelingt das, meist wird das Kind zerrissen und fast immer ist der Tod der Mutter Folge dieses barbarischen Verfahrens: Gott verfluche den Teufel!

Der kleine Omar wuchs kräftig heran; wie sollte er auch nicht! Zwei Jahre hatte ihn seine Mutter Lella Mariam selbst gesäugt und nur wenig war er während dieser Zeit Tags vom Rücken seiner Mutter gekommen und Nachts aus dem Schooße derselben. Denn die Frauen pflegen ihre Kinder so aufzuziehen, daß sie mit Ausnahme der Augenblicke, wo dem Kleinen die Brust gereicht wird, Tags über in einer Falte des Haiks (großes Umschlagetuch) auf dem Rücken der Mutter in *reitender* Stellung sich befinden. Es hat das zur Folge, daß die meisten Marokkaner sowohl männlichen wie weiblichen Geschlechtes Säbelbeine haben. Nachts aber ruht das Kindchen vor seiner Mutter, die während der zwei Jahre beständig allein lebt, obschon es ihrem Manne nach Ablauf von drei Perioden gestattet ist, sie wieder zu besuchen und mit ihr Umgang zu pflegen. Nachdem die zwei Jahre vorbei waren und Omar statt der süßen Muttermilch jetzt saure Buttermilch und Abends Kuskussu zu essen bekam, wurde ihm auch zum ersten Male das Kopfhaar geschoren; aber sein Vater Abu Ssalam gab wohl Acht, daß am Scheitel des Kopfes eine Locke, Gotaya, sowie an der rechten Seite des Kopfes außerdem ein Streifen von Haaren in der Form eines Halbmondes stehen blieb, denn die Kinder der Beni-Amer hatten seit undenklichen Zeiten einen solchen Schmuck getragen. Am selben Tage gab er seinem Zelte[71] einen Hammel zum Besten, sonstige Festlichkeiten fanden nicht statt.

Dafür wurde aber die Beschneidung Omar's in seinem achten Jahre desto festlicher begangen. Omar war jetzt ein kräftiger Bursche geworden; fortwährend in der freien Natur hatte er tagelang die Schafe und Ziegen seines Vaters mit hüten helfen und gewöhnlich auch das Pferd mit zur Schwemme reiten müssen; er verstand es schon, die eignen Kamele oder die der etwa ankommenden Fremden mit niederknien zu machen und der Thaleb[72] der Zeltdörfer hatte ihn das erste Capitel des Koran gelehrt.

Der feierliche Augenblick war gekommen, wodurch der kleine Omar jetzt in die Gemeinschaft der Muselmanen aufgenommen werden sollte. Um den Glanz des Festes noch mehr zu erhöhen, hatte Abu Ssalam es übernommen, sämmtliche gleichalterige Knaben der drei Zeltdörfer der Beni-Amer, und es waren deren noch sieben, auf seine Kosten beschneiden zu lassen. Ja, ohne den Neid und die Mißgunst seines eignen Fakih's (Doctor der Theologie) und der Tholba[73] der Duars zu erregen, weil sie auch ihre Gebühren bekamen, hatte er einen in hohem Ansehen stehenden Schriftgelehrten aus Fes kommen lassen. Die Gebühr für die Beschneidung, 3 Metkal, erlegte er im Voraus. Wie reich aber mußte Abu Ssalam sein, daß er so große Summen zahlen konnte, denn zahlte er doch, wie schon gesagt, seinen eignen Schriftgelehrten die nämliche Summe. Und wenn man bedenkt, daß man in Marokko für die Beschneidung sonst nichts zu bezahlen braucht, der bemittelte Mann höchstens eine Maß Korn oder ein Huhn oder einige Eier dem Schriftgelehrten für seine Bemühung giebt, so kann man ermessen, wie freudig die Eltern ihre Söhne herbeibrachten. Das Glück, vom heiligen Sidi Mussa aus Fes beschnitten zu werden, war zu groß. Abu Ssalam aber hatte es von jeher als eine Regel der Klugheit betrachtet, mit den heiligen Leuten, mit der Geistlichkeit, auf gutem Fuße zu leben und er hatte längst eingesehen, daß man mit der Geistlichkeit nur dann auf gutem Fuße lebt, *wenn man sie tüchtig zahlt.* Aber dafür war er auch des Paradieses sicher; der Segen, den sie ihm ertheilten, war *länger* als der für die übrigen Gläubigen, und durch die vielen Wohlthaten, die er den Fakih's und Tholba erwiesen hatte und noch immer erwies, war Abu Ssalam selbst in den Ruf großer Frömmigkeit gekommen.

Die acht Knaben wurden vor das Djemmazelt[74] in einer Reihe aufgestellt, und nachdem vom Fakih Sidi Mussa ein langes Gebet war gesprochen worden, ging er auf Omar zu, der von seinem Vater gehalten und ermahnt wurde, standhaft zu sein, ergriff sodann das Präputium und trennte es mit einem raschen Schnitte von der übrigen Haut; das noch übrig gebliebene Frenulum wurde mit einem zweiten Schnitte getrennt und sodann kam ein anderer Thaleb und streuete pulverisirten Schöb (Alaun) auf die blutenden Ränder. Standhaft hatte der Knabe Omar ausgehalten, seine Zähne zusammenbeißend murmelte er fortwährend: "Gott ist der größte, es giebt nur einen Gott." Sein Vater trug ihn, Omar war fast ohnmächtig geworden, nun gleich ins väterliche Haus zurück, während ein Sclave ein ganz neues Hemd und eine neue weißwollene Djilaba[75] vor ihm hertrug, Festgeschenke seines Vaters, welche aber erst angelegt werden durften, wenn der Kranke vollkommen genesen war. Die Beschneidung der übrigen Knaben erfolgte auf dieselbe Weise, nur daß einige von ihnen ein entsetzliches Geschrei ausstießen, und merkwürdiger Weise war einer unter ihnen ohne Präputium, oder doch nur mit einer Andeutung davon. Natürlich wurde er gleich für heilig erklärt, denn wie selten trifft es sich, daß ein Mensch beschnitten zur Welt kommt. Die Geschichte (d.h. nach der Auffassung der Marokkaner) nennt nur Mulei Edris, Sidna Mohammed, Sidna Brahim, Sidna Daud und Sidna Mussa als von Gott beschnittene Leute, d.h. ohne Präputium zur Welt gekommen. Der so ausgezeichnete Knabe, Namens Hamd-Allahi, hat denn auch später eine wichtige Rolle gespielt; er war von Gott beschnitten, er war ein Heiliger vor Gott und wer weiß, ob er nicht einst berufen ist, alle Menschen zum Islam zurückzuführen, damit alle Menschen des Paradieses teilhaftig werden, das Gott ihnen durch seinen Liebling Mohammed verheißen hat.

Aber wie segensreich sollte überhaupt diese Beschneidung für die acht Knaben werden, wie überhaupt für den ganzen Stamm der Beni-Amer! Die Beschneidung nämlich war vollzogen worden mit einem Mus min Hedjr[76] (Steinmesser). Seit undenklichen Zeiten vererbte sich ein Steinmesser vom Vater auf den Sohn in diesem Stamme der Beni-Amer, und einer schriftlichen Tradition zu Folge soll die Beschneiduug Sidni Omar's, des Stammvaters der Beni-Amer und zweiten Chalifen, mit diesem selben Messer vorgenommen worden sein. Wie ein Heiligthum wurde dasselbe in der Familie bewahrt, und selbst als es bei der Eroberung der Provinz Tlemsen durch die Ungläubigen, bei der Plünderung des Duars durch die Christenhunde, verloren gegangen war, kam es durch ein Wunder wieder in den Besitz des Kaids Abu Ssalam. Der Chalif Sidni Omar hatte es ihm selbst eines Nachts zurückgebracht, er fand es unter seinem Kopfkissen. Alle umliegenden Stämme beneideten die Beni-Amer um einen so köstlichen Schatz.

Die meisten Marokkaner lassen sich mit gewöhnlichen Rasirmessern beschneiden, d.h. diese haben den Namen Rasirmesser, sind aber weiter nichts, als die elendesten Klingen dieser Art.

Omar verbrachte nun die nächsten Jahre damit, den Koran zu lernen, d.h. schriftlich und auswendig; denn heute gilt es in Marokko für einen Mann, der einst Kaid seines Stammes sein will, für unerläßlich, *selbst* lesen und schreiben zu können. Nicht, als ob er jemals diese Wissenschaften praktisch verwerthen würde, aber es gehört zum guten Ton, und wie auch in Marokko in dieser Beziehung die Mode anfängt, unerbittlich zu sein, so mußte sich Omar den langweiligen Unterrichtsstunden im Koranlesen und Buchstabenmalen unterwerfen. Sein Vater war glücklicher gewesen; zu seiner Zeit erheischte man noch nicht von den jungen Leuten, Lesen und Schreiben zu lernen. Omar machte dann in Gemeinsamkeit mit seinem Vater mehrere Reisen in Marokko, denn Kaid Abu Ssalam hatte den Entschluß gefaßt, die Pilgerfahrt nach Mekka erst dann zu machen, wenn sein Sohn eine Frau habe: dann solle die ganze Familie das Haus Gottes besuchen. Aber er lernte doch Fes kennen, er sah in Mikenes den Sultan, er unternahm eine Siara (Pilgerreise) nach der heiligen Stadt Uesan, er kam nach Tanger, um dort die Feuerschiffe der ungläubigen Hunde zu bewundern, und hatte das achtzehnte Jahr erreicht, um daran denken zu können, eine Frau zu nehmen.

Bei den freien Zeltbewohnern Marokko's ist es keineswegs Sitte, daß die Frauen sich verschleiern, wie in den Städten; Jünglinge und Jungfrauen haben daher auch Gelegenheit, sich zu sehen, kennen zu lernen und zu lieben. Auf dem Lande werden daher auch häufig genug Heirathen aus wahrer Neigung geschlossen. Omar hatte seit längerer Zeit Gelegenheit gehabt, die Reize und Vorzüge eines jungen

Mädchens kennen zu lernen, welches nur einige Stunden von seinem Duar entfernt lebte. Es war das Aischa bent Abu Thaleb vom Stamme der Uled Hassan. Die beiden Väter waren seit Langem durch Freundschaft verbunden; der Duar der Uled Hassan lag auf dem Wege vom Ssebu nach Fes. Wenn nun Abu Ssalam nach der Hauptstadt reiste, was häufig genug vorkam, so nächtigte er nicht im allgemeinen Dar diaf (Fremdenzelt) der Uled Hassan, sondern ging zum Zeltendes Abu Thaleb selbst, und umgekehrt machte es dieser so, wenn sein Weg ihn in die Nähe des Ued Ssebu führte.

Omar war dann mehrere Male in Begleitung seines Vaters gewesen und seit vier Jahren war ihm die wunderbare Schönheit Aischa's aufgefallen; Aischa selbst mochte, als er sie zum ersten Male sah, 10 Jahre alt sein, jetzt hatte sie 14. Kein Mädchen hatte seiner Meinung nach so feurige Gazellenaugen, keine hatte einen kleineren Granatmund und längeres schwarzes Haar, keine hatte so volle Formen und kleinere Hände und Füße.

In seinen Augen verstand kein anderes Mädchen so gut die Ziegen zu melken wie Aischa, oder mit gleich lieblicher Anmuth einen Teller Brod anzubieten oder eine Schale mit Milch zu credenzen. Aber was war Alles dies gegen den Zauber ihrer Stimme? Zwar hatte Omar selbst nur einmal mit ihr gesprochen, als er ermüdet das Zelt ihres Vaters erreichte und um einen Trunk Wasser bat. Da schoß Aischa wie ein Reh davon, und aus dem Schlauche eine Tasse füllend, überreichte sie dieselbe mit den Worten: "Bism Allah!" (im Namen Gottes). Das war Alles, was Aischa direct zu ihm gesprochen hatte. Aber von dem Augenblicke sagte Omar zu sich: "Du kannst nur Aischa zum Weibe nehmen und keine andere." Er glaubte nun auch zu wissen, daß Aischa gern seine Frau werden würde, er schien bei ihr eine gewisse Sympathie für sich bemerkt zu haben, und ohne daß man mit Worten seine Gedanken auszutauschen braucht, merken die jungen Leute in Marokko ebenso leicht wie bei uns, was Liebe ist.

Omar war im Frühling, nur von Gefährten und Sclaven begleitet, von Fes zurückgekommen, er hatte wieder bei Abu Thaleb die Nacht zugebracht, er hatte die großen Augen Aischa's wiedergesehen, er hatte sie plaudern hören mit ihren Gespielinnen und von dem Augenblicke war sein Entschluß gefaßt. Als er am anderen Abend den eignen elterlichen Duar erreichte, rief er seine Mutter bei Seite; er gestand ihr seine Liebe zu Aischa und bat sie, mit dem Vater deshalb zu sprechen.

Obschon seine Mutter, Lella Mariam, eigentlich ein anderes junges Mädchen für ihren Sohn im Auge hatte, er sollte eine weitläufige Verwandte, die ebenfalls Scherifa (aus dem Stamme des Propheten) war, heirathen, so lag ihr das Glück ihres einzigen Sohnes doch viel zu sehr am Herzen, als daß sie hätte Schwierigkeiten erheben wollen. Zudem wußte sie wohl, daß, obwohl sie großen Einfluß auf ihren Mann hatte, die Entscheidung einer so wichtigen Angelegenheit von ihm abhing. Sie beeilte sich daher, ihrem Manne Mittheilung davon zu machen, und wunderte sich, daß derselbe ihres Sohnes Liebe ziemlich gleichgültig, fast kalt aufnahm.

Kaid Abu Ssalam war ein praktischer Mann, auch er hatte längst eine Schwiegertochter im Auge; das war aber keineswegs Aischa, die Tochter seines armen Freundes, sondern Sasia, die Tochter eines reichen Kaids der Uled Sidi Schich, deren Zelte in der Nähe von Udjda standen. Seit Jahren hatten die Väter dieses Project genährt. Die Uled Sidi Schich waren ebenfalls aus der Provinz Tlemsen vertrieben, aber sie waren nur über die Grenze gegangen. Safia mußte um diese Zeit etwa 13 Jahre alt sein und noch vor Kurzem hatte ihr Vater an Abu Ssalam geschrieben, nach Udjda zu kommen und seinen Sohn mitzubringen und dieser hatte es versprochen.—Jetzt sollte aus dieser Heirath, die Abu Ssalam fast schon als abgemacht fand, nichts werden, er sollte sein Wort brechen.—Aber Omar, der einzige Sohn, kam selbst, er beschwor den Vater, ihm Aischa zu verschaffen, er würde sterben, wenn Aischa nicht sein Weib würde, und dann flehte die Mutter, Lella Mariam, zu Gunsten des Sohnes; wie konnte da der Vater, der Gatte widerstehen?

Vor allen Dingen schickte er daher Leute ab an den Kaid der Uled Sidi Schichs, um ihm anzuzeigen, er könne und wolle sein Versprechen nicht halten, sein Sohn Omar habe sich eine andere Frau genommen. Sodann ging man gleich an die Brautwerbung, um jetzt die Hochzeit so rasch wie möglich zum Abschluß zu bringen.

Unter dem Vorwande, nach Fes reisen zu wollen, brach Abu Ssalam, von seiner Frau Mariam begleitet, auf und erreichte Nachmittags den Duar der Uled Hassen, um bei seinem Freunde Abu Thaleb abzusteigen. Die Begleitung der Lella Mariam erregte natürlich das größte Aufsehen und im ganzen Zeltdorfe flüsterten die Frauen und jungen Mädchen über dieses Ereigniß und prophezeiheten eine baldige Hochzeit. Abu Thaleb, der, wie schon gesagt, nicht begütert war, besaß nur ein Zelt, aber durch eine Scheidewand von wollenen Stoffen war eine Abtheilung für seine Frau hergestellt und in diese begab sich sogleich Lella Mariam zur Mutter Aischa's.

Sie fing damit an, von gleichgültigen Sachen zu sprechen und kam dann allmälig auf die Vorzüge ihres Sohnes; sie pries dessen Kraft und Schönheit, sie deutete an, daß er dereinst Kaid seiner Stämme werden würde, sie betonte, daß er von väterlicher Seite das Blut des Chalifen Omar, von mütterlicher das des Propheten habe und meinte schließlich, daß jedes Mädchen glücklich sein müsse, das er sich als Frau auserwählen würde. Sodann fügte sie noch hinzu, daß Aischa ein hübsches und tugendhaftes Mädchen sei, die wohl für Omar passen möchte. Aischa, wohl ahnend was kommen würde, war gleich im Anfange dem Zelte entschlüpft und hatte sich draußen etwas zu thun gemacht. Die Mutter Aischa's hingegen hatte nicht genug Lob für ihre Tochter, keine sei so schlau wie sie, keine verstehe so dauerhafte Haiks (Umschlagetücher) zu weben wie sie, keine verstehe die Kügelchen zum Kuskussu so fein zu reiben wie sie und ihre Keuschheit und Sittsamkeit sei über alles Lob erhaben; aber schließlich meinte auch sie, daß Aischa wohl für Omar passen würde.

Als nach dem Abendessen, welches die beiden Männer gemeinsam eingenommen hatten, ein jeder sich mit seiner Frau allein befand,—Aischa selbst war für die Nacht zu einer Freundin gegangen,—erfuhren sie von ihren Frauen den Gedankenaustausch und Abu Ssalam beschloß nun, am anderen Morgen von Aischa's Vater ihre Hand für seinen Sohn zu verlangen. Ob Aischa einwilligen würde, daran dachte er wenig, zumal er nach seines Sohnes Worten vermuthen durfte, daß eine gegenseitige Neigung vorhanden sei.

Da Kaid Abu Ssalam entschlossen, seinem Sohne (er hatte ja nur den einzigen) schon bei Lebzeiten einen Theil seiner Heerden abzutreten, so war er bald mit Aischa's Vater, dem Abu Thaleb, einig, er bezahlte ihm 200 Duoros, also einen bedeutend höheren Preis[77], als sonst üblich ist. Es wurde außerdem festgesetzt, daß Aischa drei neue silberne Spangen (um das Gewand festzustecken), zwei silberne Armbänder, zwei silberne Fußringe, im Ganzen im Gewichte von fünf Pfund Silber, bekäme, daß sie zwei Sack Korn, eine neue große kupferne Gidra[78], einen Teppich von Arbat, im

Werthe von 20 Duoros, ein neues Hemd, einen neuen Haik, ein neues seidenes Kopftuch und eine neue seidene Schürze als Aussteuer bekäme, daß endlich das Maulthier, auf dem sie hergeleitet würde, Eigenthum ihres Mannes bliebe. Es war also genau so viel der Braut an Gegenständen mitzugeben, als der Schwiegervater dem Abu Thaleb an Geld gezahlt hatte; einer alten Sitte gemäß hatte überdies Aischa noch für ihren Zukünftigen das Hemd selbst zu nähen, welches er am Hochzeitstage zu tragen hatte, auch eine rothe Mütze mußte sie ihm mitbringen, wofür der Bräutigam am Festtage der Braut einen silbernen Ring und eine Halsschnur von Bernstein überreichte.

Nachdem die beiden Väter dieses unter sich abgemacht hatten, begaben sie sich zum Kadhi der Uled Hassan, wo alle diese Bestimmungen zu Papier gebracht und von Beiden unterzeichnet wurden; auch wurde der Tag der Heimführung der Braut, der Hochzeitstag, bestimmt und Alles dies durch ein gemeinsames Fötah (Segen, d.h. das erste Capitel des Koran wird gesprochen) besiegelt.

Abu Ssalam mit seiner Ehehälfte zog sodann eiligst nach Hause, denn da die Hochzeit schon nach acht Tagen stattfinden sollte, mußten jetzt rasch die Vorbereitungen zur Festlichkeit gemacht werden. Es mußten die Einladungen ergehen an nahe wohnende Freunde, Geschenke für die Geistlichkeit mußten gemacht werden, damit diese den Segen Gottes auf das neue Ehepaar herabflehe, Lämmer und Ziegen mußten ausgesucht werden zum Schlachten, und Tag für Tag waren die Frauen der drei Duar beschäftigt, Kuskussukügelchen[79] zu rollen, denn Hunderte von Personen waren am Hochzeitstage zu bewirthen.

So nahete der Tag. Einige Tage vorher saß Aischa schon mit umwickelten Händen und Füßen; denn während sonst die Frauen es für genügend halten, während einer Nacht, um eine rothe Färbung hervorzubringen, ihre Gliedmaßen in zerstampftes Hennahkraut einzuwickeln, hatte Aischa's Mutter, um eine recht rothe Farbe hervorzurufen, es für nothwendig gehalten, dies während mehrerer Tage hindurch zu thun. Ihre Augenlider wurden mit Kohöl geschwärzt, ebenso die Brauen, und auf ihre Stirn hatte ihre Mutter ihr ein reizendes Blümchen gezeichnet, während auf die Außenfläche der rothen Hand verschiedene schwarze Zickzacklinien gemalt wurden. Ihre Freundinnen und Gespielinnen waren alsdann behülflich, sie anzukleiden, nachdem Aischa im nahen Flusse ein Bad mit ihnen genommen hatte. Aber weniger prunkvoll, wie dies die Städterinnen zu thun pflegen, war das bald geschehen: ein seidenes Tuch um den Kopf geschlungen, nur mit Mühe das lange hervorquellende Haar zurückhaltend, welches sorgfältig gekämmt, geölt und geflochten war, ein neues Hemd, ein neuer weißer Haik, der über den Kopf und um den ganzen Leib geschlungen wurde, eine seidene Schürze von Fes, das war nebst rothen Pantöffelchen an den Füßen der ganze Anzug; denn Hosen, Westen, Kaftane und dergleichen Kleider, wie sie die Städterinnen in Fes, Mikenes oder einer anderen Stadt tragen, kennen die Töchter eines Zeltes nicht. Sodann wurde Aischa mit Rosenwasser übersprengt, mit Bochor und Djaui (Sandelholz und Weihrauch) durchräuchert und in die Kubba aufs Maulthier gesetzt.

Unter Thränen hatte sie Abschied von ihrer Mutter und von ihren Freundinnen genommen, denn die Sitte erheischte, daß diese daheim blieben; nur die männliche Bevölkerung der Uled Hassan und zu beiden Seiten des Maulthieres zwei ehrwürdige Greise, ihr Vater und ihr Oheim väterlicher Seits, begleiteten sie. Früh aufgebrochen, waren sie schon Mittags Angesichts der drei Duar der Beni-Amer, und sobald der Zug sichtbar war, kamen sämmtliche

Leute der Beni-Amer und viele Fremde der Umgegend, die Pferde hatten, auf sie losgesprengt und bewillkommneten die Braut durch Flintenschüsse. Der Bräutigam war aber nicht dabei.

Im Duar des Bräutigams selbst angekommen, wurde sie sogleich nach dem Zelte ihrer Schwiegermutter geführt, und jetzt, unter lauter ihr fremden Frauen, zeigte sie sich zum ersten Male ihren neuen weiblichen Verwandten; denn wenn die Frauen des Zeltes auch nicht verschleiert sind, so war Aischa doch in der Kubba, d.h. in einer Art Käfig, der auf dem Maulthiere ruhte, hergekommen und war somit allen Blicken entzogen. Die Frauen verbringen jetzt die Zeit mit Essen und Trinken. Unterdeß haben sich aber auch die Männer versammelt, sie ziehen vor das Zelt des Bräutigams, der, in neue Gewänder gehüllt, heraustritt. Sein Kopf ist vollkommen mit einem Turban umwickelt, nur ein schmaler Spalt für die Augen ist gelassen. Man heißt ihn ein Pferd besteigen und sodann reiten Alle aus dem Duar heraus, um ein Lab, d.h. ein Wettrennen mit Schießen, abzuhalten. Der Bräutigam allein nimmt nicht Theil. Er hält gegenüber dem Zelte, wo man weiß, daß die Braut mit den übrigen alten und jungen Frauen sich aufhält, und nimmt so gewissermaßen Angesichts seiner Braut eine Parade ab. Weder kann er sie sehen, noch sie ihn, denn das Zelt ist bis auf einige Schlitze dicht zusammengezogen und sein Kopf ist verhüllt. Endlich ergreift, nachdem Alle schon mehrere Male das Pulver haben sprechen lassen, Omar ebenfalls eine Flinte, er schwingt sie um seinen Kopf, er saust davon, macht Kehrt, um im rasendsten Ritte auf's Zelt seiner Braut loszugehen, und angekommen, drückt er seine Flinte ab, schwenkt seitwärts, nachdem er noch die Flinte hoch in die Luft geschleudert und geschickt wieder aufgefangen hat.

Es wird Abend und der Bräutigam wird nach seinem Zelte zurückgeführt. Nun beginnen allgemeine Schmausereien;

aber die Frauen, immer in ihrer Mitte noch die Braut Aischa behaltend, setzen den Kampf gegen die Kuskussuschüsseln allein fort, frischen Muth dazu dann und wann durch eine Tasse stark mit Münze aromatisirten Thee's schlürfend. Die meisten Männer und Jünglinge essen im Freien, denn die Zelte bieten weder Raum noch Helligkeit, nur der Bräutigam bleibt allein. Es scheint sich ein wahrer Wettstreit unter den Gästen im Essen zu entwickeln; aber wenn man weiß, wie ausnahmsweise und selten in Marokko den Leuten die Gelegenheit geboten wird, Fleisch zu essen, so kann man sich vorstellen, wie es dann bei einem Mahle hergeht, wo Fleisch in Hülle und Fülle vorhanden ist und man seine Höflichkeit und Freude am besten dadurch kund zu geben meint, wenn man so viel ißt, als man überhaupt nur essen kann.

Die Dunkelheit ist nun völlig hereingebrochen. Da sieht man plötzlich aus dem Zelte der Frauen einen Zug herauskommen, voran die Braut, sie allein verschleiert; ihr zur Seite gehen andere junge Mädchen, in der einen Hand eine Papierlaterne tragend, in der anderen ein mit Rosenwasser geschwängertes Tuch, womit sie der Braut wohlriechende Luft zuwehen; andere Frauen, und zwar zunächst die Schwiegermutter Lella Mariam, folgen, alle haben Laternen. Sie gehen auf das Zelt Omars zu, der fortwährend allein geblieben war, und da von der anderen Seite auch die Männer herbeigekommen waren, so ruft Abu Thaleb: "Omar ben Abu Ssalam, bist Du im Zelte, so erscheine und bezeuge im Namen des einigen Gottes, daß Du meine Tochter Aischa als Deine Frau aufnehmen und ernähren willst." Omar erschien und bezeugte es im Namen Gottes. Sodann ruft sein Vater: "Ich bezeuge im Namen des Höchsten, daß ich an Abu Thaleb 200 Duro gezahlt habe; hast Du sie bekommen, o Freund?"—"Mit Hülfe Gottes habe ich das Geld empfangen und laß Deinen Sohn morgen zeugen, ob die Morgengabe Aischa's richtig ist."—Darauf wurde das Fötah gebetet und die Mutter Omars, die Braut ihm zuschiebend, schlug das Zelt über Beide herab, und Omar und Aischa lagen einander in den Armen.

Draußen wurden aber die Schwelgereien im Essen fortgesetzt. Kaid Abu Ssalam hatte Sänger und Lautenspieler kommen lassen, Tänzerinnen hatten sich eingestellt, kurz, es fehlte nichts einer, einem so reichen und mächtigen Kaid würdigen Hochzeitsfeier. Aber stürmischer Jubel brach los, als einige Zeit nachher Lella Mariam, die Mutter Omar's, die vor dem Zelte Platz genommen hatte, aufstand und ein Hemd, das der gewesenen Braut Aischa, durch die Luft schwenkte. Das Hemd enthielt Blutstropfen, Omar konnte also den sichtbaren Beweis der Jungfräulichkeit seiner Braut liefern und dieser mußte Allen, die an der Hochzeitsfeier Theil nahmen, gezeigt werden. Kann dieser nicht beigebracht werden, so ist überhaupt die Heirath, *wenn der Gatte will*, als nicht geschehen zu betrachten.

Drei Tage dauerten diese Schmausereien, während welcher Zeit aber das junge Paar meistens allein blieb, um ganz das Glück der ersten Liebe zu genießen; vielleicht hätte auch Kaid Abu Ssalam die Festlichkeit noch länger ausgedehnt, da bei sehr reichen Familien acht Tage lang festirt wird, wenn nicht ein Ereigniß eingetreten wäre, das den Lustbarkeiten ein jähes Ende setzte.

Wohl durch zu viele Arbeit, die der alte Omar, Vater Abu Thalebs, seinem Magen aufgebürdet hatte, vielleicht auch durch Uebermaß des sonst ungewohnten Fleischgenusses, erkrankte er und schon nach einigen Stunden hatte er aufgehört zu leben.

Sobald man den Tod des alten Omar als sicher constatirt hatte, wurden alle alten Weiber vor sein Zelt beordert, um das Klagen und Weinen zu besorgen, während die Männer den noch warmen Leichnam wuschen, räucherten und in ein neues Stück Kattun einwickelten. Dies dauerte einige Stunden, sodann wurde eine Tragbahre geholt und der Verstorbene hinaufgelegt, denn bei den Zeltbewohnern herrscht die Sitte, den Todten in einen Sarg oder eine Truhe zu legen, nicht. Vier Männer bemächtigten sich der Bahre und sodann ging es fort in so schnellem Schritte, als man, ohne zu laufen, nur gehen konnte. Beständig wurde nach einförmiger Melodie gesungen: Lah illaha Il Allaha, und wenn dies etwa hundert Mal wiederholt worden war, bildete der Satz: Mohammed ressul ul Lah den Schluß, um aber gleich wieder von vorn anzufangen. Alle zwanzig Schritte lösten sich die Leute im Tragen ab, damit Jeder der Ehre, den Todten zur letzten Stätte zu tragen, theilhaftig werden könne. Nach dem Gottesacker der Beni-Amer, der ziemlich entfernt vom Duar gelegen war, waren aber schon vorher einige Leute geschickt worden, um die Gruft zu bereiten, und als der Trauerzug ankam, war Alles in Ordnung.

Ein letztes Fötah wurde gebetet und die Sure: "Sag', Gott ist der Einzige und Ewige. Gott zeugt nicht und ist nicht gezeugt und kein Geschöpf gleicht ihm," wurde von allen Anwesenden gelesen[80] und darauf unter dem Ausrufe: "Bism Allah!" (im Namen Gottes) der Leichnam in die Gruft gelegt. Ein Jeder der Anwesenden warf eine Hand voll Sand auf den Körper und hierauf wurde durch Hacken die Grube schnell mit Erde gefüllt. Damit nicht etwa Hyänen das Grab eröffnen könnten, wurden sodann zum Schlusse schwere Steine über das Ganze gelegt. Zurück wurde der Weg eben so rasch und ebenfalls unter dem Gesange: "Lah illaha Il Allaha" gemacht. Acht Tage lang mußten außerdem Trauerweiber, die zum Theil bezahlt waren, klagen und weinen, die Männer aber gingen ihren gewöhnlichen Beschäftigungen nach, pflegten sich aber auch Abends beim Trauerzelte einzufinden, weniger um der Vorzüge und Tugenden zu gedenken, die der verstorbene Omar ben Edris gehabt haben sollte, als um an der Mahlzeit Theil zu nehmen, die sein Sohn während der achttägigen Klagezeit allen Mittrauernden spenden mußte. Die Trauer durch besondere Kleider, z.B. schwarze Gewänder, auszudrücken, ist aber bei den Zeltbewohnern so wenig Sitte, wie bei den mohammedanischen Städtern.

Daß der Kaid der Uled Sidi Schich die Kränkung nicht ruhig hinnahm, weil man seine Tochter verschmäht hatte, versteht sich von selbst. Und so erschien er denn eines Tages mit zwanzig Reitern nach gefahrvollen Märschen; es gelang ihm auch, eine Nachts außengebliebene Heerde fortzutreiben. Doch die schnell aufgebotenen Beni-Amer, im Verein mit einigen Uled Hassan, ereilten die Räuber, ein kurzes Gefecht entspann sich, einige Kugeln wurden gewechselt. Die Uled Sidi Schich zogen natürlich den Kürzeren, im Triumphe wurde die geraubte Heerde zurückgebracht und seit der Zeit lebt Omar zufrieden und ruhig am Ued Ssebu, lebt wie sein Vater und seine Vorfahren gelebt hatten und wie seine Söhne und Nachkommen unwandelbar nach denselben Sitten und Gebräuchen weiter leben werden.

Fußnoten:

[66] Wie man bei uns sagt, er stammt aus einem großen Hause, so sagt man in Marokko min cheima kebira ("von einem großen Zelte").

[67] In Marokko flechten und kämmen die Frauen und Mädchen ihr Haar keineswegs alle Tage, sondern nur bei festlichen Gelegenheiten.

[68] Sidi ist der Titel des Großscherifs der heiligen Stadt Uesan.

[69] Mohammed sagt im Koran: "Niemand trage seine Haare in Flechten bis zu den Schultern herab." Weil, S. 251.

[70] Obschon es Mohammed ausdrücklich verboten ist, Staub aus dem Tempel von Mekka als Reliquie mitzunehmen, thun es die meisten marokkanischen Pilger doch.

[71] Man sagt so, natürlich sind die Insassen des Zeltes gemeint.

[72] Schreiber.

[73] Plural von Thaleb.

[74] In jedem marokkanischen Duar befindet sich ein Zelt, das zum Abhalten des freitäglichen Chothagebetes bestimmt ist und Situn el Djemma heißt; in der Regel dient es auch als Herberge für Fremde und heißt dann Situn el Diaf.

[75] Wollenes Uebergewand.

[76] In einzelnen Familien haben sich behufs der Beschneidung Steinmesser oder vielmehr scharfe Steinscherben vom Vater auf den Sohn vererbt und wahrscheinlich sind sie aus Arabien mit herübergebracht worden.

[77] Der gewöhnliche Preis ist auf 60 französische Thaler, in Marokko Doro oder Duoro genannt, fixiert.

[78] Kupferner Kessel.

[79] Die Kuskussukügelchen aus Weizen- oder Gerstenmehl, auf einem Palm- oder Strohteller gerieben, sind von der Größe unserer Perlgrütze. Getrocknet halten sie sich monatelang, ja über ein Jahr. Man nimmt sie auch als Provision auf Reisen mit.

[80] Der Araber braucht das Wort "ikra" er liest, nicht blos von der Handlung in unserem Sinne, d.h. wenn man aus einem Buche etwas abliest, sondern auch, wenn Jemand aus dem Koran oder sonst einem Buche ein Capitel hersagt.

www.ingramcontent.com/pod-product-compliance
Lightning Source LLC
Chambersburg PA
CBHW020558030726
47497CB00007B/1987